NINGXIA ZONGHE JIAOTONG
LÜSE FAZHAN LUJING YU ZHANLÜE

宁夏综合交通
绿色发展路径与战略

陆化普　王　芳
呙润华　许　飒　等 编著

人民交通出版社
北京

内 容 提 要

本书与交通强国战略研究中的绿色交通发展战略研究成果相衔接,结合宁夏回族自治区的自然地理、发展阶段和发展使命特点,展开了深入细致的研究,初步回答了交通强国的"五绿"战略,即绿色规划引领、绿色方式主导、绿色设施支撑、绿色工具主体、绿色政策(管理)保障的内涵和实现全环节绿色交通发展战略的关键对策。

本书适合绿色交通领域相关管理、技术人员阅读,也可供其他感兴趣的读者参考。

图书在版编目(CIP)数据

宁夏综合交通绿色发展路径与战略／陆化普等编著
.—北京:人民交通出版社股份有限公司,2024.8
ISBN 978-7-114-19562-4

Ⅰ.①宁… Ⅱ.①陆… Ⅲ.①交通运输业—绿色经济—经济发展—研究—宁夏 Ⅳ.①F512.743

中国国家版本馆 CIP 数据核字(2024)第 111740 号

书　　名:	宁夏综合交通绿色发展路径与战略
著 作 者:	陆化普　王　芳　吕润华　许　飒　等
责任编辑:	屈闻聪　董　倩
责任校对:	赵媛媛　魏佳宁
责任印制:	刘高彤
出版发行:	人民交通出版社
地　　址:	(100011)北京市朝阳区安定门外外馆斜街3号
网　　址:	http://www.ccpcl.com.cn
销售电话:	(010)59757973
总 经 销:	人民交通出版社发行部
经　　销:	各地新华书店
印　　刷:	北京科印技术咨询服务有限公司数码印刷分部
开　　本:	787×1092　1/16
印　　张:	13.25
字　　数:	258 千
版　　次:	2024 年 8 月　第 1 版
印　　次:	2024 年 8 月　第 1 次印刷
书　　号:	ISBN 978-7-114-19562-4
定　　价:	80.00 元

(有印刷、装订质量问题的图书,由本社负责调换)

顾 问

傅志寰

编 委 会

主　　任：陆化普
副主任：王　芳　彭　虓
委　　员：呙润华　许　飒　丁新建　冯海霞
　　　　　张永波　张晓笛　吴洲豪　张　晶
　　　　　缑永涛　赵旭东　苏明亮　赵尚坤
　　　　　姚自俊　李瑞杰　桂嘉伟　郑　好

前　言
PREFACE

　　绿色既是高质量发展的底色和前提，也是高质量发展的基本特征。在加快建设交通强国的今天，系统梳理和回顾对综合交通绿色发展的理解和认识，探索绿色交通的中国道路，是非常紧迫、有价值和应用意义的课题。

　　在这种背景下，作者及其联合研究团队非常幸运地承担了中国工程院院地合作项目"宁夏交通运输绿色发展路径与战略研究"重大咨询研究课题，这是作者在参加中国工程院"交通强国战略研究"，支持国家综合立体交通网评估工作，以及开展正在进行中的中国工程院品牌咨询项目"综合交通运输体系效率提升战略研究"的背景下承担的，因此从这个角度说，宁夏项目就是一个以省级空间为研究对象，紧密结合该区域的实际，对交通强国战略研究中绿色交通发展战略的内容细化和实践探索。

　　"宁夏交通运输绿色发展路径与战略研究"在中国工程院傅志寰院士带领下，与"交通强国战略研究"中的绿色交通发展战略研究成果相衔接，结合宁夏回族自治区的自然地理、发展阶段和发展使命特点，较为系统地展开了更为深入细致的研究，初步回答了交通强国的"五绿"战略，即绿色规划引领、绿色方式主导、绿色设施支撑、绿色工具主体、绿色政策（管理）保障的详细内涵和实现全环节绿色交通发展战略的关键对策。本书正是依据"宁夏交通运输绿色发展路径与战略研究"项目成果编写而成的。

　　期待本书能与其他绿色交通相关研究成果一起，汇成一股清流，守望生生不息的绿色家园，为交通运输领域的高质量发展、为加快建设交通强国提供参考和借鉴。

　　本书执笔分工如下：第一章陆化普；第二章陆化普、张永波；第三章和第四章呙润华、郑好；第五章冯海霞；第六章陆化普、吴洲豪；第七章王芳、苏明亮、赵尚坤；第八章王芳、苏明亮、姚自俊；第九章丁新建、桂嘉伟；第十章许飒、彭虓；第十一章张晚笛、彭虓。在此首先感谢项目组所有成员的辛勤劳动。同时，对在本书编写过程中给予大力支持和帮助的相关行业及机构领导专家深表谢意！

　　由于时间和作者水平有限，书中难免有错漏之处，请广大读者批评指正。

作　者
2024 年 3 月

目 录
CONTENTS

第一章 综合交通绿色发展概述 ··· 001
    第一节　绿色交通的定义与内涵 ··· 002
    第二节　绿色交通的主要影响因素 ··· 004
    第三节　综合交通绿色发展的必然性及其中国内涵 ··························· 006
    第四节　绿色交通的发展目标与任务 ······································· 008
    第五节　绿色交通发展的战略重点 ··· 010
    本章参考文献 ·· 019

第二章 宁夏综合交通绿色发展顶层设计及其实现途径 ······················· 020
    第一节　宁夏绿色交通现状与问题分析 ····································· 021
    第二节　宁夏综合交通绿色发展路径 ······································· 024
    第三节　宁夏绿色交通发展目标与重点任务 ································· 030
    第四节　宁夏绿色交通发展实施保障体系 ··································· 034
    本章参考文献 ·· 037

第三章 绿色建设的发展目标与实现路径 ··································· 038
    第一节　绿色建设的内涵、原则和基本任务 ································· 039
    第二节　绿色建设国内外发展水平对比分析及经验借鉴 ······················· 044
    第三节　交通基础设施绿色建设发展目标 ··································· 046
    第四节　基于固废资源利用的宁夏公路绿色建设方案 ························· 047
    本章参考文献 ·· 058

第四章 绿色运维的发展目标与实现路径 ··································· 059
    第一节　绿色运维的发展目标及其实现路径 ································· 060
    第二节　绿色运维国内外发展水平及经验借鉴 ······························· 062

第三节　交通基础设施检测与决策方案设计 ………………………………… 065
　　第四节　交通基础设施建设运维全生命周期数字化管理 …………………… 069
　　本章参考文献 ……………………………………………………………………… 075

第五章　交通运输节能减排与"双碳"目标 ……………………………………… 076
　　第一节　交通运输碳排放 ………………………………………………………… 077
　　第二节　公路运输节能减排 ……………………………………………………… 082
　　本章参考文献 ……………………………………………………………………… 091

第六章　基于智能化提升运输效率和实现绿色发展 …………………………… 092
　　第一节　交通运输绿色化发展与智慧效能提升的关系 ……………………… 093
　　第二节　宁夏综合交通运输体系智能化发展现状 …………………………… 094
　　第三节　宁夏综合交通智能化效能提升思路与目标 ………………………… 096
　　第四节　综合交通绿色智能重点任务与实现途径 …………………………… 097
　　第五节　综合交通绿色智能发展的关键技术 ………………………………… 103
　　第六节　综合交通绿色智能发展政策建议 …………………………………… 106
　　本章参考文献 ……………………………………………………………………… 107

第七章　宁夏绿色物流发展思路与发展情景分析 ……………………………… 108
　　第一节　绿色物流概论 …………………………………………………………… 109
　　第二节　宁夏绿色物流发展重点及实施路径 ………………………………… 115
　　第三节　宁夏绿色物流发展实践应用 ………………………………………… 118
　　本章参考文献 ……………………………………………………………………… 126

第八章　绿色交通与全域旅游的深度融合发展 ………………………………… 127
　　第一节　交旅融合基本情况 ……………………………………………………… 128
　　第二节　宁夏全域旅游发展策略及交旅融合发展的顶层设计 ……………… 133
　　第三节　全域旅游空间结构优化策略 ………………………………………… 134
　　第四节　一站式服务功能提升策略 …………………………………………… 136
　　第五节　打造全国自驾游最佳目的地策略及示范 …………………………… 137
　　第六节　贺兰山东麓交旅深度融合方案设计及示范 ………………………… 139
　　第七节　宁夏交旅融合体制机制及政策保障建议 …………………………… 141

本章参考文献 ······ 143

第九章　宁夏综合交通绿色可持续发展的实践与经验 ······ 144
　　第一节　宁夏高速公路材料可持续利用 ······ 145
　　第二节　宁夏高速公路能源可持续利用 ······ 150
　　第三节　宁夏载运工具能源利用清洁化 ······ 156
　　第四节　宁夏综合交通运输服务资源整合 ······ 161
　　第五节　宁夏综合交通绿色发展经验总结 ······ 165
　　本章参考文献 ······ 166

第十章　宁夏综合交通绿色可持续发展与投融资创新 ······ 169
　　第一节　交通基础设施投资建设政策环境 ······ 170
　　第二节　宁夏公路基础设施可持续发展思路 ······ 178
　　第三节　宁夏交通基础设施可持续发展路径 ······ 180
　　第四节　政策建议 ······ 183
　　本章参考文献 ······ 184

第十一章　宁夏综合交通绿色发展的体制机制 ······ 185
　　第一节　完善综合交通行政管理体制 ······ 186
　　第二节　优化综合交通协同管理机制 ······ 193
　　第三节　健全绿色交通发展标准体系 ······ 196
　　第四节　改革农村公路养护管理体制 ······ 198
　　本章参考文献 ······ 200

第一章

综合交通绿色发展概述

第一节　绿色交通的定义与内涵

绿色既是高质量发展的底色和前提,也是高质量发展的基本特征。在加快推进交通强国建设的今天,系统梳理和回顾对综合交通绿色发展的理解和认识,探索绿色交通的中国道路,是非常有价值、有应用意义和紧迫需求的课题。为此,本节首先简述绿色交通的提出背景和发展目标。

一、绿色交通的提出

在全球范围内,伴随城镇化、机动化进程的加快和社会经济的不断发展,地球的生态环境不断恶化、不可再生资源日益枯竭、全球范围内环境污染日益加剧,人类的可持续发展面临严重威胁。这些严峻现实使人类认识到,必须将经济社会发展同资源节约和环境保护结合起来,传统的发展模式已难以为继,人类在实现社会经济不断发展的同时,必须要高度重视生态环境的保护与资源能源的节约。

1972年,罗马俱乐部发表了震撼世界的著名研究报告《增长的极限》,该报告对迄今为止以资源(包括能源)的高消耗、污染的高排放和生态的严重破坏为代价的高增长理论首次进行了深刻反思,提出了对指数式增长持续性的怀疑,通过揭示"高增长"的不可持续性,直接推动了可持续发展观的形成。同年,联合国在斯德哥尔摩召开"人类环境会议",发表了著名的《人类环境宣言》,引起了全球对环境问题的重视,特别是对环境恶化和"跨越边境的环境污染问题",以及经济发展与环境保护之间的关系高度关注。

1980年,世界自然保护联盟(IUCN)、联合国环境规划署(UNEP)、世界自然基金会(WWF)联合发表了《世界自然资源保护战略》,第一次明确提出了可持续发展(Sustainable Development)的概念。

1994年,经济合作发展组织(OECD)在墨西哥召开大会,会议主题为"实现清洁交通:能源效率与节能汽车",会上首次出现了"可持续交通"的提法。同年,加拿大学者克里斯·布拉德肖(Chris Bradshaw)根据交通对环境的影响程度率先提出"绿色交通体系"的概念,并同步提出"绿色交通等级层次"体系,即绿色交通工具使用的优先级,依次为步行、自行车、公共交通、共乘车、单人驾驶的私家车。

2002年,联合国约翰内斯堡峰会(Johannesburg Summit)明确提出了可持续交通的发展目标:改变现有交通发展模式,减少交通污染和对人体健康的危害。

二、可持续交通的定义及其与绿色交通的关系

2006—2008年,清华大学针对可持续交通开展了为期三年的交叉学科系统研究,给出了可持续交通的定义:可持续交通是以最小的资源投入、最小的环境代价、最大程度地满足社会经济发展所产生的合理交通需求的综合交通系统,该系统应该具有安全、便捷、畅通、舒适、环保、节能、高效率和高可达性、以人为本的基本特征。在这一系统中,各种交通方式分工合理、互相协调,以绿色交通为主导;不同交通出行者具有同等的交通权利,对交通方式具有可选择性;该系统与城市需求特性相匹配、与系统周边土地利用性质相协调(图1-1)。

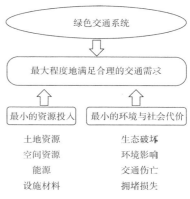

图1-1 可持续交通的定义

交通运输系统的高效率和高可达性是保障国民经济持续快速发展、提高人民生活水平、保障国家安全的关键。高效率是指各种交通方式分工合理、无缝衔接、无效交通少、行程时间短。高效率的交通运输系统,能够大幅降低生产成本、促进区域经济发展、降低物流成本、提高国际竞争力。高可达性是指综合交通系统的覆盖率高、利用方便、可选性好,且体现公平性原则。

绿色交通是一个理念,是以减少交通拥挤、降低能源消耗、促进环境友好、实现"双碳"目标、节省建设维护费用为目标的城市综合交通系统。

绿色交通的狭义概念更加强调交通系统的环境友好性,主张在城市交通系统的规划建设和运营管理过程中注重环境保护和生活环境质量。

绿色交通的广义概念包含了推动公交优先发展、促进人们在短距离出行中选择自行车和步行的出行模式,节约能源、保护环境、建立绿色交通主导的城市综合交通系统。低碳交通则进一步强调了减少温室气体(GHG)排放这一全球性命题和关乎人类社会命运前途的关键问题,重在强调采取各种措施减少交通运输带来的CO_2排放量。

图1-2 绿色交通、可持续交通、低碳交通关系

从广义上看,绿色交通等价于可持续交通;从狭义上看,可持续交通包含绿色交通,如图1-2所示。本书所说的绿色交通取其广义概念,即绿色交通等价于可持续交通。

2017—2019年,中国工程院开展的"交通强国战略研究"中对绿色交通进行了专题研究,在上述绿色交通定义的基础上指出,绿色交通是交通强国的建设目标和关键特征之一,是交通强国建设的重要切入点和创新空间。

第二节 绿色交通的主要影响因素

从交通系统和交通服务的构成因素角度分析,绿色交通发展的主要影响要素及其对交通运输特性的影响如图 1-3 所示。

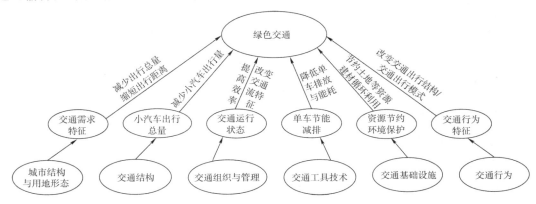

图 1-3 绿色交通主要影响要素

一、城市结构与用地形态

城市结构与用地形态决定交通需求特性,进而影响交通结构,是实现交通绿色发展的第一要素。要实现多中心、组团式的城市结构,以组团为单位推进混合用地,实现职住均衡,以 5min 范围为对象组织城市邻里生活、以 10min 范围为对象组织街坊生活、以 15min 范围为对象组织社区生活,提供完善的高质量生活设施配套。

二、交通结构

不同交通方式在节能减排、运输能力和运输效率方面差异很大。基于各种交通运输方式周转量和总能耗进行测算分析(表 1-1),得出铁路、公路客运、航空、私人小汽车完成单位客运周转量的能耗比为 1∶3∶9∶50,水路、铁路、公路完成单位货运周转量的能耗比为 1∶2∶7。

城市间各交通方式能耗强度对比　　　　表 1-1

运输方式	单位客运能源消耗强度 [t 标准煤/(百万人·km)]	单位货运能源消耗强度 [t 标准煤/(百万 t·km)]
铁路	4.5	4.8
公路客运	14.5	18.0
航空	38.8	—
水路	—	2.7
私人小汽车	224.4	—

由表 1-2 可知,城市轨道交通、常规地面公交、小汽车的人公里单位能耗比和碳排放比分别为 1∶2.2∶8.7 以及 1∶17∶99。可以看出,公共交通运输方式具有环保节能的明显优势。因此,城市间应突出发挥铁路、水路运输的作用,城市内应保障步行、自行车、公共交通的优先发展,构建以绿色交通为主导的综合交通运输体系。

城市内部不同交通各方式经济技术特性　　　　表 1-2

交通方式		运输特性					适用范围	造价 (亿元/km)
		运量 (人/h)	运输速度 (km/h)	道路面积占用 (m²/人)	能耗 [kW·h/(人·km)]	碳排放量 [kg/(人·km)]		
自行车		2000	10~15	6~10	0	—	短途	—
小汽车		3000	20~50	10~20	1.17	4.83	较广	0.3~0.7（双向4车道）
常规公共汽车		6000~9000	20~50	1~2	0.3	0.82	中距离	—
轨道交通	轻轨	10000~30000	40~60	高架轨道:0.25 专用道:0.5	0.135	0.049	长距离	2~4
	地铁	30000 以上	40~60	不占用地面积			长距离	4~8
有轨电车		5000~8000	20~80	4	0.07	0.01	中距离	1~3

三、交通组织与管理

交通系统的运行效率、能耗和排放水平与交通组织管理水平密切相关。低速、怠速行驶工况与畅通行驶工况相比能耗更大、排放更多。

四、交通基础设施

实现交通基础设施的绿色建设和运维,是交通系统全面实现绿色化的重要环节。交通基础设施在建设、管理、养护等全环节对生态环境都会产生直接或间接的影响及干扰,包括占用大量空间资源、影响和改变动植物栖息环境、造成水土流失和植被破坏、产生大量粉尘污染及噪声污染、产生大量的建筑垃圾等。需要在交通建设、养护和运维等全环节全面贯彻落实绿色低碳循环发展理念,落实建设运维的绿色化,提高土地、线位、桥位、岸线等资源的集约利用程度,实现建筑垃圾的再利用等。

五、交通工具

交通工具的绿色化程度直接影响交通系统的能耗及排放。交通工具动力技术的提升和清洁能源的使用将降低单车排放量,实现交通运输工具的节能减排,应着力推进航空生物燃油、电气化铁路、电动汽车的研发及应用。

六、交通行为

人的交通行为包括选择行为和守法行为。出行者交通行为状态直接影响交通基础设施使用效率、智能交通系统目标的达成程度以及道路交通流状态。在一定程度上,可以说人的交通行为是实现节能减排的根本因素之一。因此,引导出行者向绿色交通方式转变,以及通过严格交通执法、宣传教育及征信体系建设,促进良好交通秩序与绿色交通文化的形成,是走向绿色交通不可或缺的关键内容。

第三节 综合交通绿色发展的必然性及其中国内涵

一、综合交通绿色发展是中国的必然选择

一个国家或地区应该采用何种交通结构、以哪种交通方式为主导,取决于国家或地区的交通需求特性、自然资源条件、环境条件和发展理念。我国的国情特点,决定了交通绿色化是我国综合交通发展的根本战略。

(一)人口特性

我国人口基数大,2022年末中国总人口为14.12亿(未计港澳台地区),但人口分布不均匀、地区间人口密度差异大。1935年,胡焕庸先生在《论中国人口之分布》中揭示了我国人口分布规律即提出了"胡焕庸线",该线东南侧占全国43.18%的国土面积,集聚了全国93.77%的人口和95.70%的国内生产总值(GDP),人口密度为311.7人/km^2,西北侧占全国56.82%的国土面积,占全国6.23%的人口和4.30%的GDP,人口密度为15.7人/km^2。

不同的人口密度决定了不同的交通需求特性,进而决定了不同的交通发展模式和合理交通结构。在胡焕庸线以东的高人口密度地区以及西部的超特大城市,通道交通需求强度大,个体交通方式无法满足这种需求特性,必须以集约化的交通方式为主体。

(二)资源环境

近年来,随着我国工业化、城镇化进程不断推进,资源短缺和环境污染问题也逐渐成为亟待解决的重要问题。

伴随我国经济的快速增长,我国能源消耗持续增长。2022年石油对外依存度为71.2%,能源安全问题突出。交通运输、仓储和邮政行业石油消费总量占比约45%。高昂的油价以及石油的不可再生性,决定了以石油为主要动力来源的小汽车发展模式不符合我国国情和可持续发展的要求。

为满足汽车出行需求,扩建城市道路、修建为汽车服务的设施,占用了大量城市有限的土地资源,特别是中国大部分经济快速发展的城市,多位于我国可耕地集中地区,城市盲目扩大以改善城市交通状况的做法将减少我国有限的、宝贵的耕地面积,造成严重的、不可逆的后果。因此我国城市交通发展战略及相应的政策,应鼓励发展绿色低碳集约化的出行模式,以避免过多地占用有限的可耕地面积。

在交通强国建设和发展过程中应具有较强的可持续性,需要考虑中国不同地区自然生态环境的脆弱性。我国能源结构多煤少油,环境脆弱,污染严重,还是发展中国家,不能走发达国家以汽车为主的老路,尤其不能借鉴美国"汽车+飞机"的模式,要在环境能够承受的范围内,大力发展公共交通、绿色交通,大力发展综合立体交通方式,从而抑制小汽车等个体机动化交通方式的使用需求,减少大气环境和交通噪声等污染。

在这一大环境背景下,加速推进"绿色交通建设",减少交通对环境的影响和资源与能源消耗,强化交通系统绿色发展和交通污染综合防治,既是必然要求,也是严峻挑战。

二、绿色交通的中国内涵

我国人口密集地区面临的两大主要问题是交通拥堵和大气污染,这是我国社会经济持续健康发展面临的严峻挑战,任何政策,尤其是城市交通政策,都必须以破解交通拥堵、实现节能减排为根本任务,因为只有这样,才能满足人民群众的美好生活需求,才能实现以人民为中心的城市发展目标。从减少交通排放和破解交通拥堵双重目标出发,显而易见,由于个体交通工具无法支撑城市交通廊道上的高强度通道交通需求,所以即便个体交通实现了电动化和清洁能源化,个体交通方式也无法在城市交通中成为主导的交通方式。因此,作为个体交通工具的私人小汽车,在我国的综合交通体系中,只能作为城市居民出行的辅助交通方式。

由此可知,基于我国人口密度大、土地资源和能源紧缺、城市区域环境容量有限的基本国情,以集约化、低碳化的交通运输方式为主导是中国特色绿色交通的本质特征。

据此,我国的绿色交通系统在城市间主要指铁路、水运和长途客运(公交)系统;在城市内主要指城市公共交通、自行车和步行交通系统。

在集约化方面,绿色交通包括铁路运输、水路运输、公路长途客运和城市公共交通。在低碳化方面,绿色交通要求使用清洁能源、低排放、对环境影响小、对生态冲击程度小的交通方式及交通工具,包括步行、自行车、公共交通和绿色车船。

第四节　绿色交通的发展目标与任务

一、绿色交通的发展目标

结合《交通强国建设纲要》要求和宁夏实际,项目组提出宁夏综合交通绿色发展的总体目标和 2035 年及 21 世纪中叶两个阶段目标如下。

总目标:建成"因地制宜、城乡一体、绿色主导、节能环保、以人为本、引领创新"的绿色综合交通运输体系,实现满足人民美好生活需要、支撑社会经济不断创新发展的目标。

2035 年目标:绿色交通主导;实现交通全环节、全生命周期绿色化;铁路客货运量、多式联运占比明显提升;城市绿色出行分担率达到 85%;新增车船中清洁能源车船占比超过 50%;建成完善的步行与自行车道路系统,部分领域进入世界前列。

21 世纪中叶目标:成为绿色交通发展中国特色区域之一,建成便捷舒适、绿色智能的综合立体交通运输体系。

绿色交通是综合交通的发展方向,是加快建设交通强国的重要工作之一。绿色交通不仅是概念,更应该成为各级政府、职能部门和全体人民的共同行动。

二、绿色交通发展的战略架构

根据交通强国战略研究,绿色交通发展有三大主要任务、五大战略重点,如图 1-4 所示。

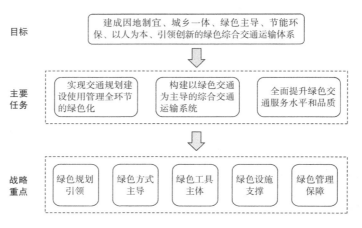

图 1-4　绿色交通发展战略架构图示

（一）构建交通集约节约资源能源利用和绿色低碳发展机制，实现交通规划建设使用管理全环节的绿色化

推动交通在规划、建设、运营、管理等全环节对资源的集约利用，包括土地资源、建筑材料、运输能源等，实现全寿命周期的绿色化，最大限度地合理保护环境、减少浪费和排放，实现交通绿色发展。

（1）强调混合用地模式、集约化利用土地，切实实施综合交通枢纽与周边用地的一体化开发（Transit-Oriented Development，TOD，也称"公共交通导向发展模式"），从源头减少交通需求总量，减少长距离出行，减少交通碳排放。完善法律法规和机制保障，明确TOD模式的综合管理职责和事权划分，对公共交通走廊、综合交通枢纽及沿线土地实施统一规划和开发；完善一体化规划与开发的相关制度、流程及规范标准，保证TOD的健康发展。

（2）构建交通运输体系绿色低碳发展机制，着力推进交通基础设施建设运维的绿色化进程，逐步制定交通运输绿色发展的规划、设计、建设、管理、运维等标准体系；交通规划应考虑节约土地资源、减少生态冲击、降低环境影响、使用环保材料和循环利用资源等；提高基础设施绿色养护技术水平；提升交通运输环境监测管理的智能化水平，强化交通基础设施的环境保护和绿色发展；促进资源综合集约利用，积极推动废旧路面、沥青等材料再生利用等；从基础设施和交通装备着手，有效防治公路和铁路沿线的噪声和振动，减小大型机场噪声对生态环境及居住环境的影响；构建强有力的绿色发展综合协调管理体制机制和持续推动绿色发展的政策保障体系。

（二）构建绿色交通主导的综合交通运输体系，破解交通拥堵和交通环境问题

以交通结构和交通工具为抓手，抓住以大运量铁路、水路及城市公共交通为主体的集约化交通方式和以混合动力、电动化及清洁能源为主的低碳化交通工具，以及与步行交通、自行车交通等推动交通绿色化的关键，构建绿色综合交通运输体系。

（1）大力发展铁路、水运和城市公共交通、城市步行和自行车交通系统，因地制宜，充分发挥各种运输方式的比较优势。区域、城市群、都市圈客流主通道上的高强度交通需求由高速铁路、城际轨道承担，长距离出行由常规公共汽（电）车满足，末端交通由步行、自行车等绿色交通方式完成；大城市内构建以轨道交通为骨干，以公共汽（电）车、步行和自行车交通为主体，以私人小汽车为补充的综合交通系统。

（2）推进铁路、公路、水路、民航各交通方式的无缝衔接，尤其是要实现客运高速铁路与城市轨道交通和航空交通深度融合；城市轨道交通与常规公共汽（电）车、步行、自行车交通无缝衔接、零距离换乘。

（3）优化交通能源结构,加大新能源和清洁能源的应用。推动交通运输装备节能减排等相关技术的研发及推广应用,加速更新老旧和高能耗、高排放交通工具,鼓励新能源与清洁能源交通装备技术研究、推广和使用。推动车路协同技术发展,提高交通工具的运行安全水平和使用效率。

（三）创新发展绿色交通管理与服务,全面提升绿色交通服务水平和品质

运输质量和运输效率是制约绿色交通广泛应用的主要因素。要进一步提高绿色交通的服务水平,保障客货运输服务品质,重点要创新运输组织模式,增强绿色交通核心竞争力,促进个性化交通工具多样化、资源和数据共享化,并提高个性化交通资源的使用效率。

（1）促进各种运输方式的有效衔接和深度融合,推动实现客运"零换乘"、货运"无缝衔接",普及"一站式"客运服务和"一单式"货运服务,让人民群众更多更好地分享绿色交通的成果。

（2）大力发展多式联运、城市共同配送等高效运输组织模式,着力提升高速铁路货运分担率,不断提升综合运输的组合效率。

（3）推广共享模式应用,探索交通资源、交通工具、交通服务的共享形态,创新交通发展模式,减少无效交通,提高效率效益,促进绿色交通发展新模式。

（4）通过基于交通大数据综合分析研判平台的智能一体化交通管理与服务体系,实现精准化交通组织管理和高效优质的交通服务,提升交通系统运行效率和服务品质。

第五节　绿色交通发展的战略重点

如前所述,全环节绿色交通发展的五大战略为:绿色规划引领、绿色方式主导、绿色设施支撑、绿色工具主体、绿色管理保障,如图1-5所示。

一、绿色规划引领：通过绿色规划引领，实现全环节的综合交通绿色发展

规划是龙头,通过规划实现对资源的集约利用,最大限度地合理保护环境、减少浪费和排放,实现交通绿色发展。

（一）绿色交通理念贯穿交通全环节,实现综合交通一体化规划

做好各种运输方式的一体化规划,合理配置交通资源,集约使用土地、岸线和水域等资

源,形成节约集约利用资源的绿色交通发展模式,实现交通建设用料循环利用,减少生态冲击,降低环境影响。

(二)切实推动 TOD 模式,引领城市布局集约发展,建设温馨城市环境

交通与土地使用之间是互动反馈关系。交通发展与土地使用协调可以促进实现生态城市、绿色交通的发展目标,反之将导致两者的相互制约,产生交通问题。从交通发生源的角度看,实现交通与土地的深度融合,可减少无效出行量,大幅度缩短交通出行距离,优化出行空间布局。交通系统与土地一体化发展需要从以下三方面开展。

图 1-5　全环节交通绿色化发展五大战略

1. 沿轨道交通干线布局城市

城市群、都市圈、城市实施以公共交通为导向的空间发展战略,以大运量轨道交通满足通道交通需求,引导城市(都市圈)沿大容量公共交通走廊紧凑、有序发展。

沿轨道交通干线布局城市,以轨道交通枢纽为中心建设新区和城市组团,将轨道交通站点设置在大型客流集散点的中心,是实现交通便捷高效,提高公共交通分担率的根本举措。

在人口密集地区沿轨道交通主通道布局城市,实现布局紧凑、集约高效的区域空间发展,并以轨道交通串联城市核心区、重要的功能区和主要城市地区,实现联动发展,加强轨道交通站点与周边用地紧密结合。通过这种方式,使中小城市保持结构紧凑、混合用地特征,使居民出行距离多数在步行和自行车交通的合理服务范围内,以自行车及步行为主,交通资源向行人与自行车倾斜。

2. 交通方式选择与土地使用性质和交通需求强度相匹配

不同的土地使用布局、土地使用性质和土地使用强度对应着不同的交通需求。城市土地使用决定了城市交通的需求特性,包括需求总量、需求的空间分布以及出行距离特性等,从而在客观上决定了城市交通的需求结构,不同的城市土地使用状况要求不同的交通方式与之对应,如高密度的土地使用就要求高运载能力的公共交通方式与之适应,反之,低密度的土地使用则导致个体交通工具为主导的交通方式。

一旦确定了用地形态和开发强度,交通需求特性就随之确定,要采用与之相匹配的交通方式和制式,提供的综合交通供给总量以及供给结构要与需求总量及需求特性结构相一致。

3. 切实实施综合交通枢纽与周边土地一体化开发，实现公共交通走廊、综合交通枢纽及沿线土地一体化规划和开发

TOD模式是实现紧凑型城市建设，引导交通与土地利用一体化发展，促进人们利用公交出行的技术途径和重要手段。其核心要点是在综合交通枢纽或公交站点附近实施高强度开发与混合土地使用；提供良好的步行与自行车出行环境，实现短距离出行利用步行和自行车，TOD范围内配置完善的生活设施和公共配套设施等，中长距离出行利用公共交通的绿色用地模式和绿色交通模式。

综合交通枢纽站点的土地性质调整和控制应分层次分重点进行，对不同级别的站点适宜布局的用地功能进行综合定位。

站点周边开发建设强度控制采取容积率控制的办法进行引导。采取容积率非均衡分布策略，在城市各个区位以及单座车站周围空间分布上，容积率与土地价值总体上成正比关系。

为此，应制定交通系统与土地使用一体化发展的相关法律法规及实施细则，将轨道交通站点与周边影响范围内的土地作为一个整体，规定枢纽用地是以交通用地功能为主的综合功能用地，在确保交通功能的前提下进行一体化开发；制定一体化开发的土地管理办法，包括土地来源、土地开发权、土地使用性质（综合用地）、土地使用权、土地收益归属等的相关规定，从法规、标准、规划审批、开发流程全环节为实施一体化开发提供保障；建立相应的一体化开发的管理制度和工作流程；制订城市群、都市圈、城市不同层次TOD模式的顶层规划设计。

二、绿色方式主导：抓住调整交通结构关键，提高绿色交通分担率

优化运输结构，提高绿色交通分担率，构建以绿色交通方式为主导的综合交通体系是绿色交通发展的核心任务。根据需求特性、各运输方式技术经济特性，因地制宜，充分发挥各种运输方式的比较优势，形成各种运输方式合理分工、优势互补、协调发展的综合运输体系。

干线交通、大宗货物运输优先发挥铁路、水运作用，因地制宜发挥各种运输方式的比较优势，推动公路运量向铁路转移。充分利用运输能力大的铁路货运核心网络，提高运达速度和服务质量，增加集装箱运输比例；加快内河高等级航道建设，实现大中型海港与铁路网和内河水运系统无缝衔接；实现客运高速铁路与航空深度融合，减少不合理短途飞行。

我国已经进入以城市群为主体形态的新型城镇化发展阶段，建立城市群绿色交通系统是实现节能减排目标、破解"现代城市病"的关键，为此，应加强顶层设计，做到科学规划、有

序发展。城市群、大城市应借鉴京津冀地区的交通发展经验,建设"轨道上的城市群",即构建以轨道交通为骨干,以公共汽(电)车交通、步行和自行车交通为主体,以私人小汽车为补充的综合交通系统,在城市内实现短距离出行依靠步行和自行车、长距离出行利用公共交通的出行模式。

（一）提高城市间铁路和水运分担率

建设布局科学、绿色高效的综合运输体系,优化旅客运输结构。推进铁路、公路、水运、民航等客运系统有机衔接和差异化发展,加快构建以高速铁路和城际铁路为主体的大容量快速客运系统,形成与铁路、民航、水运相衔接的道路客运集疏网络,稳步提高铁路客运比例。

以构建铁路、水运主导的绿色货物运输主通道网络体系为核心,以提高铁路货运比例为主要努力方向,大幅度减少长距离公路运输。充分利用运输能力强的铁路货运核心网络,提高运达速度和服务质量,增加集装箱运输比例;加快内河高等级航道建设,实现大中型海港与铁路网和内河水运系统的无缝衔接。

（二）打造一流的公共交通出行服务

城市交通拥堵是我国城市化进程中面临的普遍问题和发展瓶颈,城市群是新型城镇化发展的主体形态。破解城市交通拥堵与污染问题、迎接城市群发展挑战、实现交通绿色化的关键是构建的绿色交通方式为主导的综合运输体系。

提升公共交通服务水平,缩短公共交通出行与个性化交通工具出行的差距,加快推动城市轨道交通、公交专用车道、快速公交系统等公共交通基础设施建设,强化智能化手段在城市公共交通管理中的应用,提升公交出行的舒适度和可靠性,完善接驳交通,减少候车、换乘等车外时间。

合理布局站点,扩大公共交通网络覆盖面,推进城际、城市、城乡、农村客运四级网络有序对接,鼓励城市公交线路向郊区延伸。

（三）推进自行车复兴计划

国家层面,大力推进自行车复兴计划,努力提高自行车服务水平,具体包括:自行车规划进入国家综合立体交通网络规划和绿色城市建设规划、建设覆盖全国的自行车网络体系、基于骑行者优先理念进行环境治理和街区设计、中央和市级财政支持自行车基础设施建设、强化法律和制度建设保障等。

城市层面,通过综合措施完善城市自行车网络,结合拥堵区治理进行绿道建设,规范自行车停放及共享单车的使用。

多途径实施示范工程,率先开展一批试点示范工程,如城市历史遗产保护、风景旅游区等,实现自行车专用道建设;支持建设满足旅游体验的"慢游"自行车网络,深化自行车交通与旅游经济的融合;建立自行车联盟,积极开展儿童骑行安全培训等公益活动。

(四)提供高品质的步行系统,打造安全、温馨、便捷的城市步道环境

(1)制定分类步行交通系统规划设计导则或规范,并将其纳入国家相关城市规划体系。

(2)强调城市内部因地制宜建设温馨舒适的步行和自行车系统,重视独立设置的绿道,致力建设一流步行/自行车道路系统。

(3)形成安全、连续、舒适的步行通道设施,尤其重视出行"最后一公里"的绿色交通的衔接。

(4)增强绿色出行理念宣传,形成全民绿色交通出行习惯。

(5)全民参与绿色交通的规划、设计、建设,打造城市亮点。

三、绿色设施支撑:扎实推进基础设施的绿色建设、绿色运维和使用

绿色交通基础设施网络体系建设要全面贯彻集约高效、节能减排、生态保护、自然和谐的绿色发展理念,重点体现在两方面:一是在交通基础设施规划设计方面,要实现各种交通方式的无缝衔接、零距离换乘换装;二是在交通基础设施的建设、管理养护方面,要实现绿色建设、绿色使用和绿色养护等目标。

(一)实现交通基础设施绿色规划设计

建立生态环保的交通基础设施规划设计、建设、管理养护体系,推动交通基础设施设计的建筑信息模型(Building Information Model,BIM)技术深度应用和广泛应用,最大限度地合理保护环境,有效利用资源(节能、节地、节水、节材),统筹安排各种运输方式交通廊道选址。

(二)实现交通基础设施绿色建设、养护

积极回收利用建筑垃圾、铣刨料、矿渣、废旧路面材料等,推广新技术、新材料、新工艺在道路建设和养护中的应用。

建立科学合理的交通基础设施生态修复体系,逐步全面推进生态友好型交通基础设施建设。

提升交通运输环境监测智能化水平,强化交通基础设施环境保护,积极进行交通基础设

施生态修复。对交通基础设施生态进行系统评估,对不符合生态要求的交通基础设施进行生态修复工程建设,落实生态补偿机制,降低交通建设造成的生态影响。

四、绿色工具主体:全面推进清洁能源交通装备研发与应用,实现以绿色交通工具为主体

交通装备的绿色化、清洁化是实现交通节能减排的重要举措,也是绿色交通发展的重要任务之一。

(一)推动各方式领域运输装备节能、减排等相关技术的研发及应用

加速更新老旧和高能耗、高排放交通工具;制定各方式领域节能减排标准,完善各领域运输装备的市场准入和退出机制。

(二)交通能源动力清洁化

支持和鼓励清洁能源交通装备技术研究、推广使用,优化交通能源结构,如鼓励电动车、氢能源货车等发展。

(三)推动绿色工具应用

鼓励绿色交通工具应用,为其广泛应用提供基础条件和环境政策。如制定经济补偿、规范使用、加强监管执法等措施,促进以新能源为代表的运输工具绿色化。

五、绿色管理保障:通过绿色交通组织管理,切实落实绿色交通优先

科学合理组织管理绿色交通,一方面要推动有限的通行空间资源向绿色交通方式倾斜,在资源投入、路权分配、政策倾斜、资金优先等方面优先保障绿色交通发展;另一方面,要提高运输组织精细化程度和信息化水平,提高交通基础设施的使用效率,推广包括多式联运、城市共同配送等在内的高效、便捷、先进的运输组织模式,提高交通运输效率、节约能源资源、降低运输成本。

(一)推动通行空间资源向绿色交通方式倾斜

在资源投入、路权分配、政策倾斜、资金优先等方面优先保障绿色交通发展。当道路通行空间紧张时,应优先设置公交专用车道和步行与自行车道,应坚决转变以畅通小汽车为主的规划思路和设计模式。

优化交通信号及标志标线,确保"公交优先、骑行优先、步行优先"。

(二)通过智能化手段,提高基础设施利用率/效能,促进绿色化发展

提高客货运输信息化水平,推动跨领域、跨运输方式、跨区域的交通信息互联互通,推进交通运输客运、货运智能服务与管理平台建设,打造精准、快速、执行力强的交通管理模式和服务模式,提高交通基础设施利用率/效能。

(三)规范并普及共享交通模式

充分落实集约化发展的绿色交通理念,规范并普及共享交通模式,实现资源、工具和服务的共享,提高运输效率。

(1)资源共享,主要指基础设施和数据服务共享。基础设施包括空域资源、道路资源、停车场资源等;数据服务包括政府和企业的数据开放与融合。

(2)工具共享,主要包括共享汽车、共享单车等。

(3)服务共享,包括合乘车、顺风车等。

(四)提升城市物流配送体系水平

1. 推进城市共同配送

加快城市物流配送基础设施建设与优化,推进货运枢纽站场规划建设,促进现状货运站场转型升级。

应用互联网等新技术和大数据分析,制定城市共同配送顶层规划设计、标准规范要求,并给予政策保障,尽快进行城市试点及应用推广,提升城市物流配送服务水平。

制定并尽快实施配送惠民政策,并动态调整,如社区配送、商圈企业夜间配送、地铁配送模式等。

2. 加快城市货运车辆标准化与清洁能源化

制定符合国家标准、体现具体区域发展实际的城市配送车辆选型技术指南,进一步加强对城市配送车辆车型、安全、环保等方面的技术管理,推动城市配送车辆的标准化、专业化发展。

加大对新能源城市配送车辆的推广力度,加强政策支持并给予通行便利,引导支持城市配送车辆清洁化发展。

(五)加强多式联运货运综合交通枢纽建设

加强多式联运,推动实现综合货运枢纽的多方式无缝衔接、多式联运功能,同时建立、完

善、推广多式联运全程"一次委托"、运单"一单到底"、结算"一次收取"的门到门"一站式"服务模式,制定多式联运单证、多式联运业务流程规则、多式联运责任划分及保险赔偿等规则,为多式联运市场高质量发展保驾护航。

(1)从标准规范、政策措施、制度体系、机制保障等方面,推动实现综合货运枢纽的多方式无缝衔接、多式联运功能。推动多式联运示范工程建设,扩大集装箱铁水联运示范工程,推进江海直达运输。结合境内外产业、贸易布局,推进境内中欧班列枢纽建设,根据需求适时建设境外分拨集散中心。

(2)加快实施铁路引入大型公路货运站、物流园区、产业园区工程,完善多式联运服务功能。通道运输以铁路为主,并提升设施设备衔接配套水平,有效减少货物装卸、转运、倒载次数,提高枢纽一体化水平。

(3)推进疏港铁路建设及扩能,实现铁路与港口高效衔接,推进港站一体化,提高铁路集疏运比例,形成干支布局合理、衔接有效的铁水联运体系,加快港区铁路装卸站场建设。

(4)支持公路物流园区引入铁路专用线,通道运输以铁路为主,完善多式联运服务功能。通过提高运输组织水平,完善多式联运政策,实现多式联运物流时间和空间的无缝衔接,促进货物运输向绿色货运方式转移。

(5)依托铁路既有、在建、规划站场,与港口、航运等相关企业合作建设铁路内陆港,因地制宜增加内陆集装箱还箱站场,增强进出口货物和铁水联运货物集散能力,打造完整的国际联运和铁水联运系统。

(六)规划建设功能齐全、多运输方式组成的绿色智能货运交通走廊

制定绿色智能货运大通道规划,并逐步实施,提高运输体系的智能化水平和运输效率,以及物流规范化、集约化、一体化、智能化程度,形成能力匹配、衔接高效、绿色智能的货运通道。

(七)打造绿色管理与服务示范工程

根据各区域绿色交通发展特点,实施绿色交通"服务区+"经济模式示范工程和交旅融合示范路(区)示范工程。

综上所述,为实现交通强国的宏伟蓝图,我们要抓住用地优化、结构调整、设施绿色、工具清洁、管理科学五大重点战略方向(表1-3),全面推进综合交通的绿色发展。

构建绿色交通的战略重点 表 1-3

战略	原则与重点
绿色规划引领	（1）沿轨道交通布局城市； （2）推进混合土地使用，促进职住平衡，缩短出行距离，进而改变出行结构； （3）强化交通导向的开发模式，实现交通与用地的深度融合，显著提高公共交通人口覆盖率； （4）综合交通枢纽加快实现由上下车和换乘组织的单一交通功能向城市活力中心、城市魅力中心等综合城市功能转变； （5）提高集装箱铁水联运比例； （6）提高城市共同配送比例； （7）根据实际需要不断提升定制出行服务水平，同时精心设计城市基本单元，构建5min、10min和15min生活圈，改变交通需求特性； （8）按照生活圈设计，配套完善的生活设施和必要的公共设施，构建安全、便捷、高效、舒适、宜居、祥和、归属感和幸福感强的城市生活环境
绿色方式主导	（1）沿交通走廊构建轨道交通网络； （2）城市间推动铁路、水运等绿色交通方式运输； （3）公共交通作为轨道交通的衔接集疏手段和覆盖广度高、可达性好的交通方式，与轨道交通共同构成城市立体公共交通服务网络； （4）充分重视作为城市主要出行方式的步行与自行车交通，构建舒适完善的慢行交通系统和自行车交通网络，形成安全、连续、便捷、温馨、赏心悦目、传承文化、富有魅力的慢行交通服务体系
绿色设施支撑	（1）基础设施规划要尽可能减少对空间资源、岸线资源的占用； （2）减少生态环境影响，基础设施建设应充分利用固体废弃物（简称"固废"）、矿渣、煤矸石、粉煤灰和公路维护过程中产生的铣刨料等，实现交通基础设施的绿色建设和运维； （3）提升交通基础设施建设运维的数字化和智能化水平； （4）提高土地、岸线、水域等资源的综合集约利用程度
绿色工具主体	（1）提高航空领域低碳可持续能源使用比例； （2）增加车船中清洁能源车辆占比； （3）提升优化城市公共交通清洁能源车辆性能及占比； （4）应明确电动自行车在中等距离出行的代步工具和电动助力车的定位，从源头控制产品性能标准、改变骑行者的交通行为、明确时空通行权
绿色管理保障	（1）交通资源配置向绿色交通倾斜，落实绿色交通优先政策； （2）推动一票制、一单制、一箱制等客货运输的先进模式，显著提升交通服务水平； （3）逐步实现安检互认等便民服务模式

本章参考文献

[1] 清华大学"城市可持续交通"课题组.中国城市可持续交通:问题、挑战与实现途径[M].北京:中国铁道出版社,2007.

[2] 陆化普.城市绿色交通的实现途径[J].城市交通,2009,7(6):5.

[3] 清华大学交通研究所.绿色交通发展战略研究[R].北京:清华大学,2019.

[4] 清华大学联合课题组.中国货运节能减排战略研究[R].北京:清华大学,2017.

[5] 陆化普.解析城市交通[M].北京:中国水利水电出版社,2001.

[6] 胡焕庸.论中国人口之分布[M].北京:科学出版社,1983.

[7] 傅志寰,孙永福,翁孟勇,等.交通强国战略研究[M].北京:人民交通出版社股份有限公司,2019.

[8] 陆化普.交通天下:中国交通简史[M].北京:人民交通出版社股份有限公司,2023.

[9] 中华人民共和国国务院.交通强国建设纲要[R].北京:中华人民共和国国务院,2019.

[10] 陆化普,王晶,张永波,等.基于TOD发展模式破解北京城市交通问题的思考[J].北京交通大学学报(社会科学版),2023,22(1):46-54.

第二章

宁夏综合交通绿色发展顶层设计及其实现途径

第一节　宁夏绿色交通现状与问题分析

一、宁夏交通总体发展情况

宁夏经过多年建设,交通基础设施有了长足发展,交通发展已由以交通基础设施建设为主进入以全面提高交通基础设施使用效率和提供一流交通服务为主的新阶段。

截至2021年底,全区公路总里程为3.76万km,基本形成了以高速公路、国省干线公路为主骨架,县际、县乡公路为脉络,外联毗邻省区、内通县乡的公路路网体系,实现了县县通高速,所有乡镇、建制村通硬化路。

全区铁路运营里程达到1645km,其中高速铁路365km,铁路网密度达2.5km/100km^2。基本形成了以包兰、宝中、太中银、干武4条干线铁路为骨架,以平汝支线、宁东铁路等地方铁路为补充的普速铁路网;高速铁路建设步伐不断加快。

全区建成运输机场3个,形成以银川河东国际机场为核心,中卫沙坡头机场、固原六盘山机场为支撑的"一干两支"运输机场布局,基本实现运输机场100km半径范围全覆盖,初步建成"内畅外联"的航空枢纽体系。

总体上看,宁夏的综合交通运输系统基本适应经济社会发展的需要。

二、宁夏绿色交通发展的良好基础

到目前为止,宁夏回族自治区在交通运输绿色发展方面做了大量工作,取得了显著成绩。宁夏全区在绿色交通基础设施建设、绿色运营、绿色交通工具、绿色交通服务等方面取得了显著成就,具有良好的绿色交通发展基础,具体有以下四个方面。

(1)在绿色交通基础设施建设领域,固废利用取得明显成绩。宁夏沥青路面废旧材料高效循环再生利用科研和工程试点取得了显著业绩,工业固废道路资源化利用工作潜力很大。已开展煤矸石粉煤灰路基填筑、钢渣基层材料组成、钢渣沥青混凝土级配设计等关键技术和路用性能研究,形成了工业固废道路资源化利用可复制、可推广的技术成果和产业化经验。宁夏针对沥青路面就地冷再生、乳化沥青厂拌冷再生、沥青路面就地热再生等技术已经取得一定科研成果,区内沥青路面再生技术体系基本形成,应用效果良好。

(2)在绿色运营方面,光伏能源利用显出成效。宁夏光伏产业迅速崛起,"光伏+交通"

"光伏+信息"等应用模式不断创新,全区适合建设分布式光伏发电项目的收费站约占90%,目前在S50海平高速路段、银川市北京东路收费站、吴忠市关马湖收费站等处采用"自发自用、余电上网"建设模式,取得了良好成效。

(3)在绿色交通工具方面,注重开发氢能产业与车辆。新能源载运工具应用取得突破,宁夏开展"换电重卡"(重型货车简称"重卡")、"氢能重卡"两项试点。创新出台相关支持政策,推动了换电重卡、氢能重卡在大宗物资短驳运输场景的应用,取得了明显成效。开展氢能汽车制造,建成宁东基地新能源产业园氢能汽车零部件组装和维保厂,开展氢能汽车组装业务。

(4)在绿色交通服务方面,积极发展多式联运。宁夏在综合交通运输服务资源整合方面具有良好基础,物流海铁联运工作已经起步,多种交通方式零距离换乘取得进展。宁夏新华物流股份有限公司与有关公司已联合推出"一单制"海铁联运班列和泛亚铁路班列的海铁联运模式,积极探索深化铁路与民航协同发展、空铁联运模式,已推出"宁来宁往"空铁联运产品,实现空铁线上一键联订,"一站式"客运服务无缝衔接;河东国际机场航空、高速铁路(简称"高铁")换乘距离只有68m,提升了旅客出行的便捷性。

三、宁夏绿色交通发展面临的问题与挑战

宁夏全区交通运输绿色发展取得了初步成效,在上述方面积极探索研究,取得了多项创新性应用成果。但是,宁夏交通运输绿色发展还存在很大提升空间,和实现生态保护、高质量发展的要求相比还处在初期阶段。主要是在基础设施绿色化建设水平需要全面普及和提升、通过智慧化手段提升交通运营维护的科学程度和设施的使用效率方面还有大量工作要做,一体化综合管理与服务模式尚待完善,交通与经济深度融合的先锋作用发挥还有待提升,交通生态修复与保护面临形势不容乐观。

(一)交通基础设施绿色化建设水平需要进一步提升

交通固废等再生资源循环利用还有提升空间,综合利用率小于50%,绿色公路建设养护技术还需提升及推广应用。

缺少综合交通基础设施绿色建设包括节地设计、长寿命路面结构设计等前瞻性规划与设计,需要将节约能源资源要求贯彻到交通基础设施规划、设计、施工、运营、养护和管理全过程。

BIM技术在道路设计中应用不足,还需进一步完善规范应用体系。

（二）交通设施运营维护整体水平不高

宁夏交通基础设施的养护管理能力亟待提升,受养护资金短缺影响,部分干线公路养护不到位,一些事故多发和灾毁路段不能及时修复。公路管养信息化建设、绿色养护发展水平不高,交通基础设施检测、管理、养护一体化水平不足,农村公路养护资金实际投入与需求矛盾突出,养护人员配置无法满足需求,日常养护不到位现象普遍存在。农村公路虽已实现建制村通畅目标,但在建、管、养、运全面协调发展的新理念下,覆盖广度、通达深度、服务质量等方面与"四好农村路"发展要求还存在明显差距。

（三）交通运输节能减排及"双碳"目标实现任务艰巨

宁夏交通碳排放量在逐年增加。公路货运量占比80%（周转率占比66%）,公路交通碳排放占宁夏交通碳排放的绝大部分,2020年公路交通碳排放占比为92%,其中重型载货柴油车的碳排放占比最大,为36%,但其保有量仅占汽车的1.6%。随着机动车数量的逐年增长,宁夏交通碳排放量也在逐年增加。但目前宁夏还未建立交通碳排放监测、评估体系。

（四）交通运输提质增效的智能化水平需提升

目前宁夏交通智能感知、监测、分析研判、管理、运营、服务、决策、应急等场景功能体系不健全,支撑交通运行、交通事故、技术状况等监测预警手段相对不足,交通运营维护总体智慧化水平不高,在促进交通提质增效方面还需深度应用;道路运营维护仍以传统人工监测为主,系统场景功能自动化水平不高。

（五）以"交旅融合"和"绿色物流"为代表的交通与经济深度融合任重道远

宁夏具有探索交通与经济融合的资源与区位基础条件,但交通与经济融合范围、深度需扩大、加深,交通在对自治区重点产业优势放大、品牌价值提升、开放合作加深方面还需进一步与其他领域融合,并提供保障。需要结合宁夏特点,以"交旅融合"和"绿色物流"为主要切入点,探索交通与经济深度融合发展模式。

（六）一体化绿色交通综合管理与服务机制与模式需要探索创新

宁夏目前缺少多部门共同参与的绿色交通发展协同推进长效机制,对于绿色交通一体化规划、实施、跟踪分析、监督、考核指导缺少系统性和针对性。绿色交通标准体系、监管与治理能力有待加强。此外,探索交通投融资创新发展、促进交通绿色可持续发展也是重要内容。

第二节　宁夏综合交通绿色发展路径

宁夏按照中央发展要求,推进交通强国建设、落实"双碳"目标、实现黄河流域生态保护和可持续发展等均对综合交通绿色发展提出了新的更高要求,要求交通运输要更加环保、低碳,实现全环节、全生命周期的综合交通绿色化。

本书在中国工程院提出的绿色交通战略基础上,结合宁夏回族自治区交通运输厅建议,针对宁夏实际,细化提出宁夏综合交通绿色发展"七绿一治"发展路径,即绿色规划、绿色建设、绿色服务、绿色管理、绿色运维、绿色工具、绿色修复、污染防治,如图2-1所示。

图2-1　宁夏实现全环节的绿色交通"七绿一治"发展路径

一、绿色规划

绿色规划即综合交通一体化规划设计,通过在网络、通道、枢纽三个层面抓好各种运输方式一体(综合运输)绿色交通综合规划设计,实现资源的集约节约利用、交通和社会经济发展的深度融合,实现全环节的绿色化。

从规划层面实现多种运输方式绿色低碳深度融合,将多种运输方式发展规划放到"一张图"中统筹考虑,从根源上实现绿色、一体。

发挥不同运输方式各自优势,构建综合交通基础设施完善、运能充分、规模适宜、运输结构合理的一体化综合立体交通网络和无缝衔接的综合交通枢纽体系。

在交通通道中,各方式结构、运能与需求匹配,支撑绿色交通发展,充分利用通道资源,实现通道资源集约节约,通道内交通资源的合理配置、集约利用。

枢纽一体,即各运输方式在枢纽中首先保障物理设施一体化,为枢纽交通功能和空间功能完美结合奠定基础。

同时,在绿色总体规划设计基础上,做好各专项领域绿色专项落实规划设计、实施方案、专项行动方案及评估体系。

二、绿色建设

绿色建设即绿色基础设施建设,包括推动交通基础设施设计的 BIM 技术深度应用;交通通道由单一向综合、由平面向立体发展,统筹交通通道资源利用;在建设过程中实现建筑垃圾利用、铣刨料利用、矿渣利用、废旧路面材料回收利用等;多种运输方式相互协同、深度融合,一体化协调建设时序,如图 2-2 所示。

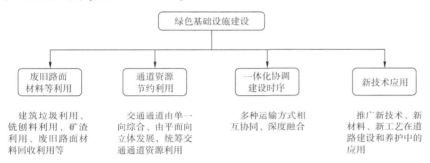

图 2-2 绿色建设

宁夏绿色交通基础设施建设重点(图 2-3)是 BIM 技术深度应用、固废再生循环利用和通道资源集约利用,具体如下。

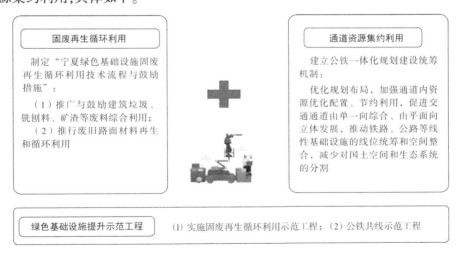

图 2-3 宁夏绿色基础设施建设重点

(1)推动制定 BIM 应用在宁夏的实施路线图、应用政策、标准体系,深度推进项目全生命周期 BIM 建模与集成应用;

(2)制定"宁夏绿色基础设施固废再生循环利用技术流程与鼓励措施";

(3)建立以宁夏回族自治区交通运输厅为主导的宁夏公铁一体化规划建设统筹机制;

(4)实施固废再生循环利用示范工程、公铁共线示范工程等绿色基础设施提升示范工程。

宁夏逐步建立公路废旧材料低碳循环高效利用模式,重点包括废旧沥青混合利用料、公路交通安全设施利用、工业固废利用等(图2-4)。

废旧沥青混合料	公路交通安全设施	工业固废
(1)原材料:公路沥青路面旧料回收管理办法; (2)再生混合料组成设计方法、再生技术质量控制标准和验收标准体系; (3)研发适用于宁夏地区的绿色、环保、可再生资源的再生剂	(1)交通安全设施循环利用制度措施; (2)旧交通设施再利用性能评价指标体系; (3)设计护栏再利用性能指标值检测实验	(1)完善营销体系、加大研发的投入力度; (2)开发利用工业固废基新型材料,探索将工业固废应用于公路快速养护材料; (3)探究将沥青混合料再生技术与工业固废循环利用技术相结合

图2-4　宁夏绿色基础设施公路废旧材料低碳循环高效利用模式重点

三、绿色服务

绿色服务(图2-5)重点是交通服务与产业经济融合,也就是实现现代"交通+"作用,包括交通与旅游、交通与物流等的结合,同时也包括服务区、服务站的综合开发与利用带来的综合效益;服务的创新,如功能齐全、多运输方式组成的货运绿色智能交通走廊的打造;一站式客货运服务。

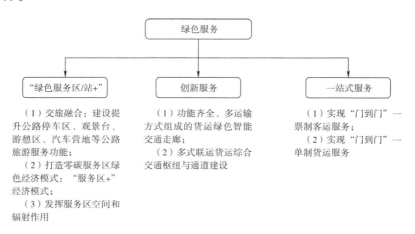

图2-5　绿色服务

宁夏综合交通绿色服务优先是交旅融合,探索实践"全域、全程"交旅融合宁夏模式,提升公路停车区、观景台、游憩区、汽车营地等公路旅游服务功能;打造绿色物流,支撑交通运输与经济深度融合发展。

四、绿色管理

绿色管理是指：通过管理，提升设施效能、利用率、效率、安全性；调整绿色结构与运输组织方式，促进公路向铁路等绿色交通转变；实现一体化多部门联通的高效精细管理模式（图2-6）。

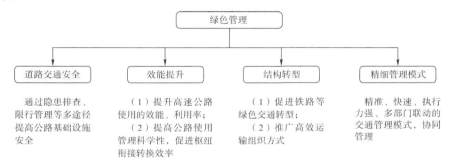

图2-6 绿色管理

宁夏综合交通绿色管理的重点是以智能化支撑绿色化、提高基础设施利用率/效能。

(1)以智能化支撑绿色化：

①建立智能系统，满足多场景需求，包括智能监测、智能检测、智能运维、智能管理与决策。

②推动货运物流数字化发展，包括建立交通运输物流公共信息平台，推动多式联运公共信息服务与管理系统建设。

(2)建立以基础设施利用率为依据的基础设施建设机制：

对宁夏全路网进行量化深化分析，核实规划的每条线路的建设必要性和供求关系状态。先对宁夏的都市圈范围的交通规划方案的线路负荷度进行分析，再根据建设必要性和供求关系状态，合理安排建设时序。

五、绿色运维

绿色运维(图2-7)包括"建管养"自动化一体化检测的基础设施无损检测与养护、路面预防性的养护、桥隧巡检与管理体系、运维管理与决策智慧化、公路沿线资源绿色开发，如"零碳服务区"建设等绿色开发和盘活资产、公路沿线的光伏资源融合利用。

宁夏综合交通绿色运维的重点是资源能源绿色开发利用、检测养护智能化绿色化（图2-8）：

(1)制定公路沿线能源绿色开发利用导则，包括"零碳服务区"建设等绿色开发和盘活资产，在服务区、边坡与沿线光伏的融合利用，纳入能源网等；

（2）制定宁夏绿色交通运维指南，包括"建管养"自动化一体化检测，养护的专业化、信息化，桥隧巡检与管理智能系统建设等；

（3）实施绿色运营维护示范工程，包括交通资源绿色开发示范工程、运维降本增效示范工程。

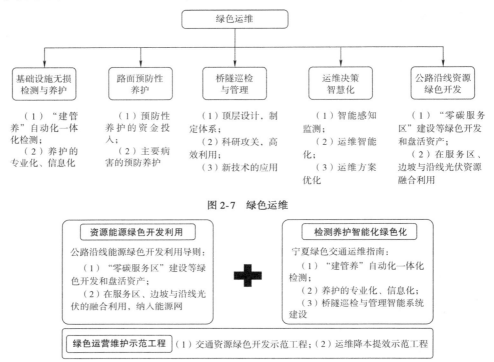

图 2-7　绿色运维

图 2-8　宁夏绿色运维重点

六、绿色工具

绿色工具（图 2-9）包括：交通能源动力清洁化、低碳化、高效化发展；加速更新老旧和高能耗、高排放交通工具；推动绿色工具应用，为广泛应用提供基础条件和环境政策。如制定经济补偿、规范使用、加强监管执法等措施，促进以重卡绿能化为代表的运输工具绿色化。

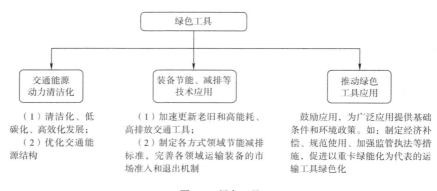

图 2-9　绿色工具

宁夏综合交通绿色工具发展的重点是交通能源动力清洁化,装备节能、减排等技术应用,推动绿色工具应用,近期重点是以重卡绿能化为代表的运输工具绿色化(图 2-10):

(1)制定经济补偿、规范使用、加强监管执法等措施,促进以重卡绿能化为代表的运输工具绿色化;

(2)优化交通装备结构,推广应用新能源和清洁能源,完善供电、加气等配套设施,提高交通运输装备生产效率和整体能效水平。

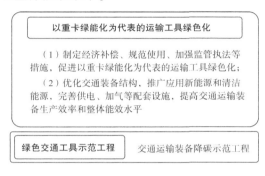

图 2-10　宁夏综合交通绿色工具重点

七、绿色修复

绿色修复即交通基础设施生态修复,包括实施生态修复提升工程、制定生态补偿机制;同时注重交通的生态保护,保护重要生态功能区、避让生态环境敏感区,对穿越环境敏感区实施通道论证,科学预留动物生态通道(图 2-11)。

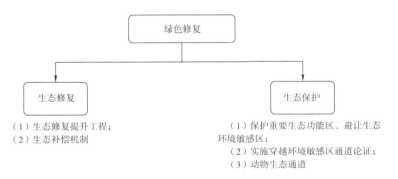

图 2-11　绿色修复

宁夏综合交通绿色修复的重点是将基础设施建设与生态保护、生态修复相结合:对交通沿线范围内路域环境进行专项整治,强化生态修复;强化公路建设与国土空间规划"三区三线"的衔接,加强生态选线,合理避让声环境敏感区;建立并落实交通生态补偿机制,推动将交通基础设施建设的生态影响降至最低;建立宁夏基础设施生态修复与保护指南。

八、污染防治

交通污染防治是致力于"双碳"目标建设、优化交通运输结构的交通碳排放监测、评估体系,通过建立智能决策支持平台,进行交通污染的综合智能治理,针对评估结果实现智能治理、反馈和动态评估(图2-12)。

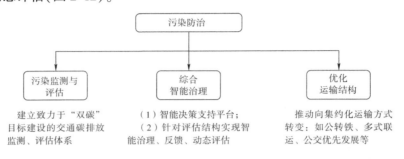

图 2-12 交通污染防治

全环节绿色交通通过"七绿一治"实现,需要全面布局、突出重点,在重点方面有绿色交通示范工程支撑,同时需要完善技术、管理和服务保障体系。

第三节 宁夏绿色交通发展目标与重点任务

一、宁夏绿色交通发展的目标

(一)总体目标

基于国家生态优先绿色发展战略、《交通强国建设纲要》总体要求和宁夏实际,本书提出宁夏综合交通绿色发展目标如下:

构建"结构合理、集约高效、资源节约、环境友好、智慧赋能、以人为本、持续发展"的宁夏综合交通绿色发展体系,实现综合交通全环节、全生命周期的绿色化,以此支撑宁夏回族自治区生态保护、高质量发展先行区建设和"双碳"目标的落实,实现交通运输发展质量、发展方式、发展动力转变,使交通运输成为宁夏社会经济发展的开路先锋和黄河流域综合交通绿色发展的样板和示范。

(二)具体目标(2035年)

(1)绿色交通资源节约集约利用水平明显提升。高速公路、普通国省干线公路固废再生循环利用率分别达到98%和95%以上;主要通道交通基础设施绿色化建设比例95%以上;主要通道新增交通基础设施多方式国土空间综合利用率明显提升。

(2)绿色交通运营维护程度显著提高。形成宁夏"建管养"一体化运营管理模式,高速公路、普通国省干线公路"建管养"一体化检测普及率80%以上;公路沿线能源绿色开发利用水平显著提高。

(3)绿色治理能力提升显著。高速公路、普通国省道干线公路交通基础设施数字化率90%以上(具备信息感知、采集传输、服务和控制功能的交通运输基础设施所占比例);主要通道基础设施能力利用率提升20%以上;交通与经济融合范围和深度进一步扩大、加深;绿色交通标准体系完善,统计、评估、考核与激励机制健全,监管能力明显提升。

(4)交通环境友好程度明显改善。绿色交通可持续发展能力提升;基础设施建设与生态保护、生态修复结合程度大幅提升,形成标准体系;交通运输用能结构持续优化,交通能源动力清洁化,推动重卡绿能化程度明显提升。

二、宁夏绿色交通发展重点任务

宁夏绿色交通发展的重点任务包括推进基础设施绿色建设、推进基础设施绿色运维、推进综合交通"双碳"目标实现、基于智能化推进绿色综合交通运输体系效能提升、推动宁夏全域旅游交通融合发展、推动绿色物流发展促进交通运输与经济深度融合、创新投融资模式实现宁夏综合交通可持续发展、确保高质量完成交通强国试点任务八项内容。

(一)推进基础设施绿色建设

积极推行长寿命周期路面结构设计、全生命周期规划、推进建筑信息模型(BIM)的应用。

积极推行绿色建造技术。通过科学管理和技术创新,采用有利于节约资源、保护环境、减少排放、提高效率、保障品质的建造方式。

积极推行恢复控制技术。通过引入植物、微生物等生物因素,以及物理、化学方法,修复受损的自然生态系统,提升环境质量,降低生态风险。

积极推行废旧材料的再生循环利用。积极推动废旧路面材料、工业废料、建筑垃圾、铣刨料的综合利用。

积极采用节能技术。加强隧道、路面(地热融雪)等设施的节能设计,提升能源效率,促进可持续发展。

积极倡导使用清洁能源。根据宁夏丰富的光照和风力资源,推广并应用太阳能和风能等可再生清洁能源,实现能源结构升级,减少碳排放。

（二）推进基础设施绿色运维

实现建管养统筹协调。在公路建设领域，需要全面考虑公路规划、设计、建设、运营、管理和服务的全过程，并以降低整个公路寿命周期成本为目标。

运维纳入全寿命周期设计。将公路的运营和维护纳入工程设计和建设的考虑范围，突出全寿命周期的建设、养护、检测和管理的成本控制。

提高养护便利化水平。以科学养护为核心，注重公路设计和建设的前瞻性，在公路施工期间充分考虑后期养护管理的功能性需求。

（三）推进综合交通"双碳"目标实现

积极发展综合交通，推进枢纽一体化建设。提高客运枢纽水平，加快绿色货运枢纽建设，发展多式联运，推进枢纽一体化建设和绿色水平。

提高交通工具绿色化水平。提高新能源车辆比例；推动重卡换氢换电；提高排放标准加速淘汰老旧车辆。

优化运输结构，提高铁路运输比例。积极推动公转铁，促进多式联运；加快专线铁路的建设；提升铁路运输韧性，提高电气化水平。

科技赋能智慧交通。智慧交通是绿色发展的关键点，支持本地绿色交通企业发展。

（四）基于智能化推进绿色综合交通运输体系效能提升

基础设施使用效率效能提升。通过智能化手段逐步实现交通运输供求关系实时分析研判、交通组织管理方案优化生成、交通运行分场景差异化交通管控与诱导服务等。

安全应急效能提升。通过智能化手段逐步实现安全预测预警能力提高、建设与养护作业安全水平提高、快速响应分析决策能力提高等。

绿色智慧运营管理效能提升。通过智能化手段逐步实现基础设施健康状况智能分析诊断、试点车路协同支撑全天候通行、跨区域协同提升交通管理韧性等。

绿色智慧服务水平效能提升。通过智能化手段逐步实现智慧服务区综合功能提升、管家式全环节客运服务水平提升、一单制货运服务支撑体系等。

（五）推动宁夏全域旅游交通融合发展

基于交通网络、交通节点优化宁夏全域旅游空间策略。构建形成支撑宁夏全域旅游空间优化布局的交通设施体系，实现旅游资源吸引力和辐射带动力的显著提升，引导全域旅游空间结构的优化，构建畅达便捷的"快进漫游"旅游交通网络。

基于全过程交旅服务融合,构建全域旅游一站式服务体系。加快推进全过程旅游交通服务融合,从信息端、交通端、产品端和治理端提升全域旅游一站式服务功能,构建形成智慧高效、服务优质、安全有效的旅游交通服务体系。

基于宁夏全域自驾游体系建设打造全国自驾游最佳目的地示范。以交通网络为依托,以宁夏"二十一景"节点为孵化器,快速带动宁夏全域自驾游发展生长,以高质量、高标准推动宁夏自驾旅游体系建设,树立宁夏在自驾游发展方面的示范高地。

基于精品旅游线路建设打造贺兰山东麓国家级旅游度假区示范。围绕构建"多层次"的旅游交通网络、"规范化"的精品旅游道路设计和"高品质"的旅游服务设施,着力完善贺兰山东麓"快进慢游"交通网络体系,为贺兰山东麓国家级旅游度假示范区建设提供有力支撑。

(六)推动绿色物流发展促进交通运输与经济深度融合

聚焦物流运输领域,加快形成大宗商品长距离运输以铁路运输为主,中短途、区内、场内运输以充(换)电、氢能重卡运输为主,城市城乡物流配送设施装备绿色转型加速的物流运输发展格局。

构建"通道+枢纽+网络"现代物流运行体系。干线铁路复线率进一步提升;地方铁路专用线覆盖更加广泛;长距离大宗物资实现"公转铁"运输。

绿色物流运输组织模式初步形成。培育1~2家综合实力强、业务范围广的地方AAAAA级供应链型物流运输企业;拓展多式联运、"一单制"服务辐射范围;面向煤炭等重点品类的逆向物流体系初步建成。

绿色交通运输装备应用广泛。中短途、区内、厂内运输逐步实现新能源重卡替代;地方铁路专用线逐步实现电气化改造;氢能机车试点工作取得重大突破。

健全绿色物流规则标准体系。建成宁夏智慧物流信息平台;提高物流运输服务效率,降低公路运输领域的不合理周转量。

(七)创新投融资模式实现宁夏综合交通可持续发展

切实落实财政资金投入。坚持用足用好车辆购置税、成品油税费改革返还交通资金等交通专项资金,形成资本金来源主渠道;自治区、地级市、县(市、区)三级政府应统筹本级财力和国有资本经营预算等资金,设立交通发展专项资金。

用好专项债政策。抢抓地方政府专项债发行规模扩大等有利契机,向高速公路项目倾斜,充分利用专项债作为高速公路项目资本金的政策,缓解资本金压力;探索应用"专项债券+市场化融资""财政资金+专项债券+市场化融资"等模式。

盘活存量交通设施资产。坚持用存量换增量,以资产换资本;推动"上下游、左右向"产业联动,如公路沿线绿色发电等,在设施规划布局、资源综合利用、业务组织协同、主体多元合作等方面实现融合发展,带动相关产业衍生互动、高质量发展,为公路建设和运维带来新收益。

高速公路资产证券化。发行高速公路不动产投资信托基金(Real Estate Investment Trust,REITs),打通"投资—运营—退出—再投资"的完整链条,广泛吸引社会资本参与基础设施建设,募集资金可用于新项目的投资建设或存量项目的提升改造,带动高速公路投资规模的增长。

与关联产业深度融合。利用矿场等资源补偿公路建设,通过矿产资源类项目的收益反哺公路建设项目的资金缺口;实施"交通+旅游",衍生大量的车辆租赁、住宿、餐饮等周边需求及文化消费需求。

(八)确保高质量完成交通强国试点任务

健全交通强国建设试点工作机制,统筹推进宁夏试点任务,形成一批可复制、可推广、可借鉴的典型经验和先进成果。

充分发挥指标体系对加快建设交通强国的"标尺"和"指挥棒"作用,结合宁夏区域实际,整体有序推动宁夏交通强国建设评价指标体系制定和实施。

依托黄河流域公路基础设施建设工程,深化黄土地区高速公路绿色建造、环保与生态修复关键技术创新,推广应用新技术、新材料、新工艺,在绿色公路建造上形成标准规范。

第四节 宁夏绿色交通发展实施保障体系

为保障宁夏绿色交通发展,需建立自治区交通、国土、生态等多部门共同参与的绿色交通发展协同推进机制,负责宁夏绿色交通实施、跟踪分析、监督、考核指导等,并实施绿色交通示范省(区)工作。

除了绿色交通协同推进长效机制,还需要五个方面的支撑保障(图2-13):

(1)绿色交通统计与监测体系,是数据支撑基础,也是支撑方案制定、决策和评估的基础;

(2)导则、指南等绿色交通技术支撑体系;

(3)绿色交通规划与评估体系;

(4)绿色交通创新支持政策;

(5)绿色交通科技赋能支撑。

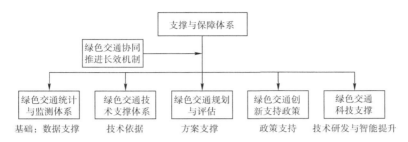

图 2-13 宁夏绿色交通实现的支撑与保障体系

一、建立绿色交通统计与监测体系

绿色交通统计与监测体系是基础,应进行数据治理体系的建设(图 2-14)。

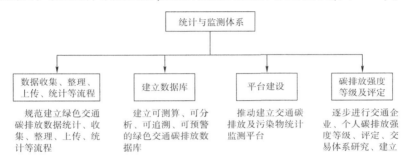

图 2-14 绿色交通统计与监测体系

二、构建绿色交通技术支撑体系

绿色交通技术支撑体系包括绿色交通标准、导则、指南,宁夏绿色交通年报、案例等,以及多方联合的技术支撑团队(图 2-15)。

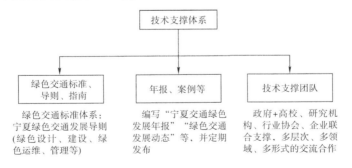

图 2-15 绿色交通技术支撑体系

三、建立绿色交通规划与评估体系

建立宁夏绿色交通规划与评估体系,包括宁夏绿色交通规划、绿色交通实施方案和专项行动方案的编制,宁夏绿色交通发展评估体系(图2-16)。

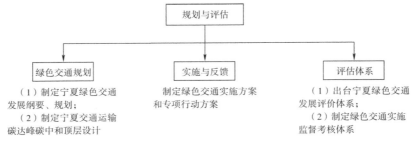

图2-16　绿色交通规划与评估

四、制定绿色交通创新支持政策

绿色交通创新支持政策主要包括宁夏绿色交通发展机制、资金保障(吸引社会投资)、碳排放交易等创新方式试行等(图2-17)。

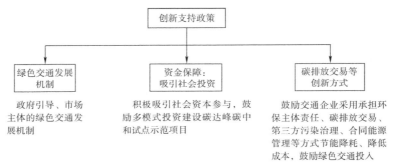

图2-17　绿色交通创新支持政策

五、鼓励绿色交通科技赋能支撑

绿色交通科技支撑包括关键技术研发应用(推动"BIM+GIS",包括遥感技术在设计、施工、养护、运营全生命周期中的应用等),智能促进绿色发展,包括绿色智慧交通基础设施建设,绿色出行智慧化发展,更重要的是满足智能监测、智能检测、智能运维、智能管理与决策等综合场景功能需求的一体化智能化系统的建设(图2-18)。

图2-18　绿色交通科技支撑

本章参考文献

[1] 傅志寰,孙永福,翁孟勇,等.交通强国战略研究[M].北京:人民交通出版社股份有限公司,2019.

[2] 宁夏回族自治区人民政府.宁夏回族自治区综合交通运输体系"十四五"发展规划[EB/OL].(2021-09-23)[2022-02-04].https://www.nx.gov.cn/zwgk/qzfwj/202109/t20210923_3044317.html.

[3] 清华大学交通研究所课题组.中国工程院宁夏交通运输绿色发展路径与战略研究[R].北京:清华大学,2023.

第三章

绿色建设的发展目标与实现路径

第一节 绿色建设的内涵、原则和基本任务

作为中国特色社会主义事业总体布局"五位一体"的重要组成部分,生态文明建设倡导创新、协调、绿色、开放、共享的新发展理念。绿色发展不仅贯穿于"十三五"规划,更将成为未来经济社会发展的指导思想。2014年,交通运输部提出了加快推进"综合交通、智慧交通、绿色交通、平安交通"发展的战略决策,为交通运输的科学发展指明了方向。

在生态文明建设受到高度关注、对资源节约和环境友好要求不断提升的新形势下,绿色公路作为绿色交通的重要组成部分,成为全面推进绿色交通发展的突破口。全面推行绿色公路建设有助于改变公路发展模式,推动公路建设持续健康发展,并树立交通行业生态文明建设的典范。

一、绿色建设的基本内涵

自"十二五"时期以来,我国各地在绿色公路建设方面进行了深入的探索与实践,以集约、节约、循环、低碳为核心理念,不断推动绿色公路内涵的深化与拓展,结合国家战略与绿色交通发展的需要,在充分总结过去工作成果的基础上,不断努力前行。2016年,交通运输部发布了《关于实施绿色公路建设的指导意见》,该指导意见提出了绿色公路建设的指导思想和原则,强调了系统论和周期成本思维的重要性,将工程质量、安全、耐久、服务作为核心要素。同时,着重强调了"两个统筹"和"四大要素"的重要性,并提出通过理念提升、创新引领、示范带动、完善制度等途径,推动公路建设实现转型升级。

由此可见,绿色建设的核心思想在于坚持"两个统筹"的原则。首先,需要全面考虑公路资源利用、能源消耗、污染排放、生态影响、运行效率以及功能服务之间的内在联系,旨在实现公路、环境和社会等多个维度之间的整体平衡与协调。其次,还需要从公路的全生命周期出发,全程统筹规划、设计、建设、运营、管理、服务等各个环节。在这一过程中,应致力于最小化资源占用、能源耗用、污染排放和环境影响,通过科学管理和技术创新,实现公路建设与环境保护的和谐共生,以提升公路的内在供给能力,适应外部刚性约束,从而推动公路事业的可持续发展。

此外,绿色建设的核心在于把握"四大要素"。在该建设过程中,坚持以卓越质量和安全耐久为基础,特别注重"资源节约、生态环保、节能高效、服务提升"这四个关键方面的突破。

重点在于控制资源使用、减少能源消耗、降低污染排放、保护生态环境,同时扩展公路功能并提高服务水平,旨在全面提升公路工程建设水平。

二、基本原则

(一)可持续发展

绿色公路建设,必须高度重视公路、环境,以及社会各个方面和各个要素之间的关系,以促进资源和能源的有效利用。

首先,绿色公路建设必须坚持生态优先的原则。在规划和设计阶段,应充分考虑生态保护、生态修复和环境治理等因素,确保公路建设与周边自然环境的协调与融合。

其次,绿色公路建设要注重提高资源和能源利用率。在材料选择、施工工艺和设备使用等方面,要倡导节约资源和能源的理念,推广使用可再生材料和绿色技术,降低公路建设和运营过程中的能源消耗和环境排放。

此外,还需要注重公路建设与环境保护的有机结合。通过科学规划和设计,合理布局公路线路,减少对自然生态的破坏。在施工过程中,要严格执行环境保护措施,减少噪声、尘土和水土流失等对周边环境的影响。

(二)坚持统筹协调

在公路建设阶段,需要全面考虑公路规划、设计、建设、运营、管理和服务的全过程,并以降低整个公路寿命周期成本为目标。

在公路的规划与设计阶段,应注重前瞻性,综合考虑交通需求、地形地貌、环境保护等多方面因素,确保公路布局合理。同时,积极采用先进的设计理念和技术手段,提升公路的设计水平,使其既满足当前的交通需求,又适应未来经济社会发展的趋势。

在公路施工阶段,应注重施工质量和安全,严格遵守施工规范,确保公路建设顺利进行。同时,加强施工现场的环境保护,减少施工对周边环境的影响。此外,还应注重资源的合理利用,推广使用环保材料和节能技术,降低建设过程中的能源消耗和排放。

在公路运营、管理和服务阶段,应注重提升公路的服务水平和运营效率。通过加强公路设施的维护,确保公路的安全畅通;通过优化交通组织和管理,提高公路的通行能力;通过提供便捷、舒适的服务设施,提升公路的服务品质。

此外,应注重降低公路全寿命周期成本。通过科学规划、合理设计、精细施工和高效运营,实现公路建设的经济效益和社会效益的最大化。同时,加强成本控制和预算管理,避免资源的浪费和成本的超支。

（三）坚持创新驱动

大力推动理念创新、技术创新、管理创新和制度创新，进一步强化创新的驱动与支撑作用，为公路建设注入强大动力。

首先，理念创新是引领公路建设发展的先导。应打破传统思维模式的束缚，不断拓展思维，积极探索新的发展理念和模式，树立绿色发展、循环发展、低碳发展的理念，将生态文明建设的要求贯穿于公路建设的全过程，以推动公路建设向更加健康、可持续的方向发展。

其次，技术创新是提升公路建设水平的重要动力。应鼓励研发和应用先进技术，如智能交通系统、数字化建模、材料科学等，以提高公路的安全性、效率和环保性能，实现公路建设的卓越质量和创新升级。

此外，管理创新是提升公路建设绩效的重要手段。应探索灵活高效的管理机制和方法，优化管理流程，完善管理制度，提高管理效能，从而提升项目管理水平、资源配置效率和风险控制能力，以确保公路建设按时、按质完成，最大限度地实现资源的有效利用。

最后，制度创新是公路建设持续发展的保障。应完善公路建设相关的法规政策和规范标准，优化管理体制和运行机制，激发各方的创新活力，形成有利于公路建设的良好环境和机制。

（四）坚持因地制宜

准确把握区域环境和工程特点，明确项目定位，确定突破方向，开展有特色、有亮点、有品位的工程设计，因地制宜建设绿色公路。

首先，地形、气候、土壤等自然因素在绿色公路设计中占据着至关重要的地位。应深入研究和了解这些因素，确保设计方案能够充分利用自然地形，减少不必要的土方开挖和填筑，从而降低对环境的破坏。同时，还需要考虑气候条件对公路材料选择和施工方法的影响，以及土壤特性对公路基础稳定性的要求，从而确保公路结构的耐久性。

其次，在绿色公路设计中，应充分发挥工程特点，利用先进的绿色技术和材料。例如采用环保型建筑材料，减少对环境的污染；运用先进的排水设计，提高公路的排水性能，减少水资源的浪费；利用智能交通系统，提高公路的通行效率，降低交通拥堵和车辆尾气排放。

此外，为了确保工程设计的品位应注重细节和整体的协调性。从公路线路的规划到设施的选用，从景观设计到交通安全设施的布置，都需要精心设计，确保美观、实用和人性化。例如，在公路景观设计方面，可以结合当地的自然和文化特色，打造具有地方特色的景观节点;在交通安全设施方面,应充分考虑行人和车辆的安全需求,合理设置标志、标线和安全护栏等设施。

最后,因地制宜是绿色公路建设的关键原则之一。应充分考虑当地的自然环境和社会需求,结合区域特点和资源优势,制定适应性强的建设方案,确保公路的建设与当地的发展需求相适应。

三、落实绿色公路建设五大任务

基于绿色公路的特性,贯彻"两个统筹"和把握"四大要素"的原则,制订以下五项具体工作任务。

(一)任务一:资源综合利用,实现高效节约

绿色公路建设的核心理念在于高效利用资源和能源,这一理念的实现对于推动可持续发展具有至关重要的意义。资源节约的范围涵盖了能源、土地、水和材料等重要资源。绿色公路建设的目标在于减少对自然资源,尤其是稀缺资源的使用,并有效地进行再利用和循环利用。当前绿色公路建设面临资源利用不足、循环利用率不高、能源消耗大等问题。因此,绿色公路建设要关注资源的综合利用、集约使用以及能源消耗的降低。这需要在规划设计、施工组织、运营维护等多个环节全面考虑,将节约资源和降低能耗的绿色理念贯穿于整个公路建设流程中。首先,在规划设计阶段,应充分考虑地形、气候等自然条件,选择最适合的线路和设计方案,以减少对土地和水资源的占用。同时,应优先采用环保材料和节能技术,降低建设过程中的能源消耗和排放。其次,在施工组织阶段,应注重提高施工效率和质量,减少资源浪费和能源消耗。通过优化施工方案、采用先进的施工技术和设备,降低材料消耗量和能源消耗量,提高施工废弃物的回收利用率。最后,在运营维护阶段,应加强公路设施的日常维护和保养,延长使用寿命,减少维修和更换的频率。同时,应建立完善的能源管理体系,通过节能改造和能源监测等手段,降低公路运营过程中的能源消耗量。

(二)任务二:强化生态保护,确保自然和谐

在公路建设的进程中,尽管无法完全避免对原有生态系统的干扰,但绿色公路的建设理念强调使这些干扰最小化与尽可能恢复生态系统。尊重自然、保护生态、恢复环境,是绿色公路建设的核心宗旨与关键目标。为实现这一目标,绿色公路的建设必须展现高度的环境协调性,将生态保护的理念融入项目的每一个环节,追求与自然的和谐共生。因此,在绿色公路的建设过程中,应始终坚持生态优先、和谐发展的基本原则,在设计、施工、运营到维护等各个阶段,都应强化生态环境保护措施。通过科学规划与设计,最大限度地减少对自然环

境的占用与破坏;在施工过程中,采用环保材料与技术,降低对生态系统的负面影响;在运营与维护阶段,注重生态环境的监测与修复,促进自然生态的恢复与提升。

(三)任务三:以全寿命周期为导向,平衡建设和维护

公路领域的全寿命周期成本思维强调将公路视为一个整体系统,从规划设计到建设施工,再到养护管理,每一个环节都需要进行综合考量,以实现公路成本在整个生命周期为的优化。我国的公路建设长期存在着偏重建设、忽视维护的问题,由于各个阶段之间缺乏整体协作,设计、施工、养护和管理等环节往往各自为政,难以形成合力,从而影响了公路的整体质量和效益。绿色公路建设要坚持全寿命周期的理念,对规划设计、建设施工和养护管理的全过程进行综合考量,实行系统化的管理,以达到公路质量和效益的双提升。在设计阶段,应注重选择耐久性强、维护成本低的材料和工艺;在施工阶段,应确保施工质量,减少后期维护的隐患;在养护管理阶段,应制订科学的养护计划,定期进行维护和检修,确保公路的安全和畅通。

(四)任务四:促进创新发展,达到科学高效

创新是推动绿色公路建设的核心动力,应贯穿于绿色公路建设的始终,包括理念、技术、管理和制度等多个层面。要积极推动理念、技术、管理和制度等各个层面的创新,突出科技创新引领的作用,为绿色公路的发展增添新活力。在理念创新方面,需要深化对绿色公路建设的认识,树立全新的发展观和效益观,这包括强化资源节约和环境保护意识,推动公路建设与生态环境的和谐共生;同时,也要注重公路建设的经济效益和社会效益,实现公路交通的可持续发展。技术创新是绿色公路建设的重要支撑,应积极引进和研发新技术、新材料和新工艺,提高公路建设的科技含量和附加值。管理创新同样不可或缺,应优化管理流程,提高管理效率,确保绿色公路建设的顺利进行。制度创新则是保障绿色公路建设持续发展的关键。应完善相关政策和法规,建立健全绿色公路建设的长效机制。在信息化方面,绿色公路建设应充分利用信息技术提升管理效率和服务水平。通过建设智能交通系统,实现公路网的实时监测和智能调度,提高公路网的运行效率;通过发展服务载体,如手机 App、电子支付等,为公众提供更加便捷、高效的出行服务。

(五)任务五:完善标准规范,推动示范工作

2020 年,交通运输部公路局发布《绿色公路建设技术指南》,该指南系统阐述了聚焦绿色公路建设的理念思路、建设内容、技术应用和方法措施等,完善建立绿色公路建设评价指标体系,明确技术要求,全面指导绿色公路建设,并鼓励各地制定具有当地区域特色的绿色

公路评价标准。此外,为了进一步推动我国绿色公路建设,提出了五大专项行动,即组织实施"零弃方、少借方""实施改扩建工程绿色升级""积极应用建筑信息模型(BIM)新技术""推进绿色服务区建设""拓展公路旅游功能"五大专项行动,以行动促转型,以行动促落实,推进工程无痕化、智能化建设,实现工程填挖方的有效统筹,加强改扩建工程的资源节约与循环利用,推行服务区污水治理、建筑节能、清洁能源、垃圾处理等新技术应用,因地制宜拓展完善公路服务和旅游功能,推进绿色公路建设的全面实施。

第二节 绿色建设国内外发展水平对比分析及经验借鉴

在公路绿色建设的规划阶段,我国已初步构建了一套集生态环境保护与资源节约于一体的规划体系。该体系通过整合地理信息系统(Geographic Information System,GIS)技术与生态红线策略,确保公路规划与当地生态、经济和社会发展目标相一致。相比之下,欧美国家在其公路规划中普遍采用布设生态走廊与野生动物通道的策略,旨在保障生态廊道的连续性并力图实现生态破坏的最小化。在公路绿色建设施工决策过程中,我国已经落实了严格的环境影响评估体系,确保每个公路项目均符合环境保护与可持续发展的标准。在公路施工设计领域,我国已经开始使用固废材料利用、雨水收集系统、光伏发电等绿色技术,以确保公路建设的可持续性。而在欧美国家,公路设计更注重周边环境的利用,广泛采用绿色屋顶、绿色隔声壁、生态斜坡等技术,进一步提升公路的生态功能。在公路绿色建设的施工实践中,我国已经采取了严格的施工管理与环境保护策略,确保施工过程中的尘土、噪声和废水污染得到有效控制。同时,也引入了如冷再生技术、移动混凝土搅拌站等先进的施工技术和设备,以保证施工过程的绿色化与高效化。

公路的绿色建设是一个综合性的工程,它要求在规划、决策、设计、施工及验收等各个环节都融入绿色策略与技术。尽管我国在这方面已经取得了显著的进展,但仍有从国际经验中学习和借鉴的空间,以确保公路建设达到绿色、高效和可持续的标准。

一、公路固废利用技术分析

公路沥青路面再生技术通过专用机械设备处理废旧沥青材料,并添加新集料、新沥青和再生剂,形成新的路面结构层。我国已于2008年颁布了《公路沥青路面再生技术规范》(JTG F41—2008)以明确回收处理、设计、施工及质量控制等方面的要求。经过多年的发展,如今主要的路面再生技术如图3-1所示。

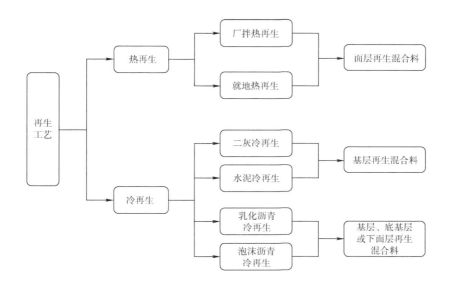

图 3-1　路面再生技术分类

目前,国内外对于公路固废利用的部分研究成果如下:宁夏交通建设股份有限公司进行了甲基苯乙烯类嵌段共聚物(Styreneic Methyl Copolymers,SMC)常温再生沥青混合料配合比设计研究,确定了 SMC 常温再生沥青混合料配合比设计中幂函数级配曲线的函数表达式和配合比设计方法;宁夏路桥工程股份有限公司研究了不同外加材料对乳化沥青冷再生混合料性能的影响,探究水泥和生石灰对再生混合料性能的增强作用机理;美国国家沥青技术研究中心进行了基于高性能沥青路面混合料设计法(Superior Performing Asphalt Pavements,Superpave)的热再生沥青混合料配合比设计研究,得到了热再生沥青混合料中所用新沥青的性能分级(Performance Grade,PG)及用量的确定方法;长安大学、哈尔滨工业大学进行了废旧沥青混合料厂拌热再生技术研究,确定了厂拌热再生沥青混合料配合比设计方法和旧沥青混合料厂拌热再生大规模应用技术;广西北部湾投资集团有限公司进行了沥青路面就地热再生技术在高速公路养护中的应用研究,探讨了沥青路面就地热再生技术的适用范围;交通运输部公路科学研究院采用定性和定量指标进行锈蚀程度分析,根据不同类别的锈蚀程度,给出旧护栏板的防腐处理措施,同时进行了重复再利用旧波形梁护栏板选取和防腐翻新处理技术研究,系统地分析了不同涂层同厚度和不同锈蚀程度状态下护栏板的修复方式;华南理工大学通过对旧护栏改造项目的概述、项目发展环境、营销策略、投资收益情况以及风险对策的研究,为今后该相关行业的投资提供了借鉴。

二、一般工业固废利用技术分析

工业固废利用方式主要包括回收有价元素、充填采空区、改良土壤及生产建材等。如粉煤灰中富含铝,通过碱法、酸法和其他新型工艺可从粉煤灰中回收铝,缓解我国铝土矿资源紧缺的现状,同时还可以从粉煤灰中回收稀有金属(镓、锂),提升我国稀有金属产量。但周小平等人在对宁东地区粉煤灰主量元素和稀有元素的成分分析过程中发现,宁东地区燃煤电厂和煤化工厂粉煤灰的主要成分为SiO_2和Al_2O_3,其铝硅比小于1,而且硅铝提取成本较大、设备要求高,同时工业上单独提取镓难以获得良好的经济效益。国外的一些发达国家对于利用工业固废制备建筑材料的研究起步较早,早在20世纪60年代,国外就已经开展了对于粉煤灰、硅灰、稻壳灰应用于建筑材料的研究工作并持续至今。对于粉煤灰的利用,一是可以用作混凝土矿物掺和料,粉煤灰在混凝土中的掺量通常可以达到胶凝材料质量的15%~50%;二是制备地质聚合物,如以粉煤灰和硅灰为主要原料制备地质聚合物胶凝材料;三是制备陶粒,以粉煤灰陶粒为轻集料、环氧树脂作为黏合剂可以制备聚合物-粉煤灰陶粒多孔降噪材料。煤矸石主要用作生产水泥、混凝土矿物掺和料、混凝土集料、烧制陶粒和制备烧结砖;炉渣主要用作混凝土轻质集料、混凝土矿物掺和料以及用于制备陶瓷产品;脱硫石膏主要用作生产硫铝酸盐水泥、硅酸盐水泥缓凝剂和混凝土矿物掺和料。

第三节 交通基础设施绿色建设发展目标

交通运输部在《交通运输节能环保"十三五"发展规划》中明确指出要推进绿色公路建设,要求坚持可持续发展、统筹协调、创新驱动和因地制宜,建设以质量优良为前提,以资源节约、生态环保、节能高效、服务提升为主要特征的绿色公路,实现公路建设健康可持续发展。

综合交通基础设施绿色建设的主要目标为,优化综合交通基础设施空间布局,加强资源的回收利用,推进绿色公路建设养护的新技术,深化绿色公路建设。需要进行节地设计、长寿命路面结构设计等前瞻性规划;加强可再生资源利用等能源资源节约集约利用,将节约能源资源要求贯彻到交通基础设施规划、设计、施工、运营、养护和管理全过程;加强新建公路的生态保护与既有公路的生态修复工作,推进交通基础设施生态修复工程的试点工作;继续推进施工过程绿色化,推进绿色建造技术,推进废旧路面材料、轮胎、建筑垃圾等废物循环利用技术,推广低碳低能养护材料,加快发展绿色低碳公路建设和养护的新技术、新材料和新工艺;推进控制与恢复技术。绿色建设主要环节及对策方向如图3-2所示。

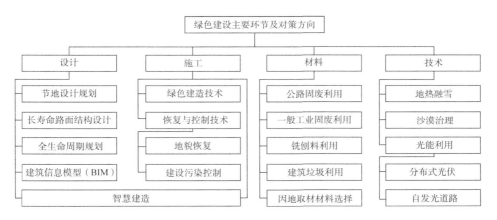

图 3-2 绿色建设主要环节及对策方向

第四节 基于固废资源利用的宁夏公路绿色建设方案

一、实现路径与方案设计

绿色公路建设需以"五绿"为统领,即绿色规划引领、绿色方式主导、绿色设施支撑、绿色工具主体、绿色管理保障,牢固树立创新、协调、绿色、开放、共享的新发展理念,贯彻实施"四个交通"发展要求,推动公路发展实现转型升级。建设绿色公路的前提是确保质量优良,而其主要特征则应包括资源节约、生态环保、节能高效和服务提升。通过这些努力,可以实现公路建设的健康可持续发展。

(一)重点任务

按照交通运输部《关于实施绿色公路建设的指导意见》提出的基本原则,结合宁夏实际,项目组提出以下重点任务。

1. 积极推进通道资源的集约利用

遵循"统筹规划、合理布局、集约高效"的原则,全面优化运输通道资源的配置。鼓励公路与铁路、高速公路与普通公路之间的线路共享,提升通道资源的综合利用效率。在改扩建公路项目中,应充分发挥原有通道资源的作用,安全有效地利用现有设施,减少资源浪费。

2. 积极采用节能技术和清洁能源

加强隧道等设施的节能设计,积极推广节能通风、采光等技术。同时,优化供配电系统,提升节能技术水平和自然资源利用效率。此外,还应根据宁夏地区的特点,积极推广彩色路面设计、自发光路面设计、地热融雪等技术。在清洁能源方面,结合实际情况,大力推广太阳能、风能、地热能、天然气等清洁能源在公路建设中的应用,降低碳排放量,提升公路建设的环保水平。

3. 积极推行废旧材料的再生循环利用

积极推动废旧沥青路面、钢材、水泥等材料的再生利用。同时,加大对粉煤灰、煤矸石、矿渣、废旧轮胎等工业废料的综合利用力度,开展建筑垃圾的无害化处理和资源化利用。通过采用节水、节材施工工艺,实现资源的高效利用,推动公路建设的可持续发展。

4. 推行生态环保设计

在公路设计中,加强对生态选线的重视,依法避让自然保护区、水源地保护区等生态环境敏感区域。注重生态环保设计和生态防护技术的应用,重点保护自然地貌、原生植被、表土资源、湿地生态和野生动物。同时,优化公路排水系统,提升其对路面和桥面径流的接纳和净化功能,减少水环境污染。

5. 严格施工环境保护

在施工过程中,加强对植被和表土资源的保护和合理利用,落实环境保护和水土保持的要求。做好临时用地的生态恢复工作,确保施工结束后生态环境得到有效恢复。同时,完善施工现场和驻地的污水垃圾收集处理措施,加强施工扬尘和噪声的监管,推进公路施工和养护作业机械尾气的处理,降低施工对环境的影响。

6. 实现公路的全寿命周期设计

将公路的运营和维护纳入工程设计和建设的考虑范围,注重全寿命周期的成本控制。强化结构设计与养护设施的协同,提升公路的耐久性和安全性。通过科学的设计和施工,降低公路在全寿命周期内的维护成本,提升公路的整体效益。

7. 提高养护便利化水平

以科学养护为核心,注重公路设计和建设的前瞻性。在公路施工期间,充分考虑后期养护管理的功能性需求,合理设置检修通道,确保其可达、可检、可修、可更换。通过优化养护设施布局和提升养护技术水平,提高日常检测和维修工作的便利性和安全性,延长公路使用寿命。

8. 大力推行建设管理的信息化

基于"互联网+"理念,推动云计算、大数据等现代信息技术在公路建设管理中的应用。逐步建立智能联网和联控的公路建设信息化管理系统,实现质量检验和检测数据的实时互通和共享。通过信息化手段提升建设管理的智能化水平,提高管理效率和质量,推动绿色公路建设的现代化进程。

(二)实现路径

1. 公路绿色设计

绿色设计应遵循现行有效的公路设计规范等相关技术要求,通过优化选线设计指标、集约节约利用资源、提升工业化建造水平、统筹全寿命周期成本、加强 BIM 和创新技术应用以及交通旅游融合等方式,提升绿色设计水平。

(1)统筹集约利用通道资源。新建公路应充分考虑与铁路、高速公路与普通公路的共享走廊带,实现资源的最大化利用。对于改扩建公路,应充分利用原有通道资源,减少新征土地,降低对环境的影响。

(2)合理确定公路等级。根据沿线区域经济发展水平、生态环境保护要求以及周边路网的衔接情况,科学确定公路等级。在规划路线时,应避免穿越城镇,减少拆迁,并与城市发展规划相协调。

(3)做好路堤与桥梁、路堑与隧道方案比选。避免过高的填方和过深的挖方。优先采用低路堤、浅路堑或高架桥方案,合理控制路基填挖,减少对土地的占用。

(4)维护公路与环境的协调。在现有公路设计技术标准和规范的基础上,在确保安全和功能的同时,选择合理的标准,并灵活运用技术指标,维护公路与沿线的自然和人文环境的协调。

(5)科学避让环境敏感区。科学论证比选走廊带和主要控制点,尽可能避免穿越国家公园、自然保护区、森林公园、风景名胜区、饮用水水源地、泉域重点保护区等环境敏感区。对于确需穿越以上区域的情况,应进行多方案比选论证。

(6)灵活选用设计线形。根据不同地区的地形地貌和环境特征,在满足设计规范的前提下尽可能遵循地势要求,维持线形走廊带的原貌。

(7)区域资源统筹。统筹考虑区域内交通与城市、工业、农业等各类资源的配置,实现区域资源的集约和节约。根据具体情况采用低路堤和浅路堑方案,以保护土地资源为目标。

(8)提高土地利用效率。因地制宜采用低路堤、浅路堑或高架桥方案,以减少土地占用。合理选择互通形式和匝道线形,紧凑布设互通式立交桥。利用互通式立交桥范围内土地和加减速车道的布局,统筹设置服务区或停车区。科学选线,避免占用基本农田,禁止超占耕地,减少土地分割。积极推进取土、弃渣与改地、造地、复垦综合措施,高效利用沿线土地。

(9)统筹全线土石方调配。有效利用挖方和隧道弃渣,合理设计横纵断面,尽可能实现填挖平衡。

（10）提高路面材料的综合利用率。对旧路沥青路面进行再生利用，回收利用水泥路面碎石，减少资源浪费、降低环境污染。

（11）避开矿产资源。在路线选线阶段，根据地质勘察报告中矿产资源的分布情况，合理选择路线，避免路线对矿产资源的覆盖。

2. 路面材料选用

（1）广泛推广低碳环保、耐久性强的路面技术。在经过技术经济论证确实可行的前提下，应加大对能够提高公路长期使用性能、节约材料的新型路面材料和技术的应用力度。例如，高模量沥青混凝土、聚合物水泥混凝土、轻质混凝土、温拌沥青混合料、大空隙低噪声排水沥青、废旧橡胶粉沥青等路面技术。在不影响路面正常性能的前提下，还应推广应用功能型路面，如排水路面、降温路面、发电路面或融雪化冰路面等。

（2）在改扩建工程中，积极推行废旧沥青路面、钢材、水泥等材料的再生和循环利用，提高旧路面材料的利用比例。

二、基于固废资源利用的宁夏绿色公路特色方案

（一）固废利用政策现状

近年来，为确保资源的循环应用成为绿色循环经济下的一个重要环节，我国各级政府不断出台相关政策。具体政策文件见表3-1。

交通运输行业推进固废综合利用相关政策文件　　　　表3-1

发布部门	文件名称	文件号	内容
国务院	交通强国建设纲要	—	加强老旧设施更新利用，推广施工材料、废旧材料再生和综合利用，提高资源再利用和循环利用水平，推进交通资源循环利用产业发展
交通运输部	交通运输部关于加快推进公路路面材料循环利用工作的指导意见	交公路发〔2012〕489号	公路路面材料循环利用是潜力巨大，效果突出的建设养护环保技术之一，并提出了路面材料循环利用的指导思想和工作目标、主要任务、保障措施等
	交通运输节能环保"十三五"规划	交规划发〔2016〕94号	扩大粉煤灰、煤矸石、矿渣、废旧轮胎等工业废料和疏浚土、建筑垃圾在交通基础设施建设运营中的无害化处理和综合利用
	关于实施绿色公路建设的指导意见	交办公路〔2016〕93号	大力推行废旧材料再生循环利用。积极推行废旧沥青路面、钢材、水泥等材料再生和循环利用。推广粉煤灰、煤矸石、矿渣、废旧轮胎等工业废料的综合利用

续上表

发布部门	文件名称	文件号	内容
交通运输部	交通运输部关于印发推进交通运输生态文明建设实施方案的通知	交规划发〔2017〕45号	积极推动沥青等废旧路面材料以及钢材、水泥等建材的循环利用。扩大粉煤灰、煤矸石、矿渣、废旧轮胎等工业废料的综合利用,开展疏浚土、建筑垃圾等在交通基础设施建设运营中的无害化处理与利用
	交通运输部关于全面深入推进绿色交通发展的意见	交政研发〔2017〕186号	积极推动废旧路面、沥青等材料再生利用,推广钢结构的循环利用,扩大煤矸石、矿渣、废旧轮胎等工业废料和疏浚土、建筑垃圾等综合利用
	关于深入推进公路工程技术创新工作的意见	交办公路函〔2020〕654号	重点推动路域环境保护和生态防护技术、废旧材料和建筑垃圾循环利用技术

虽然国家和交通运输行业已经出台了一系列促进固废综合利用的政策法规,但已有的相关法律法规主要针对交通运输行业的绿色发展,其中涉及固废综合利用的内容相对较少,不够全面、系统。此外,我国在《中华人民共和国企业所得税法实施条例》《关于资源综合利用及其他产业增值税政策的通知》《资源综合利用企业所得税优惠目录》《财政部税务总局生态环境部关于环境保护税有关问题的通知》《工业固体废物资源综合利用评价管理暂行办法》和《国家工业固体废物资源综合利用产品目录》等法律法规、部门规章和财税政策中明确了要对工业固废综合利用的税收进行减免优惠。这些法规政策虽然对固体废物的资源化利用具有一定的推动和指导作用,但由于缺乏针对交通建设行业的鼓励性政策,同时配套的产品目录中也缺少交通建设的相关产品,因此导致目前还无法吸引企业主动利用大宗工业固废。

(二)固废利用方案设计实例

1. 宁夏公路固废资源现状

目前,我国公路交通基础设施建设已从"建设为主"模式过渡到"建养并重"发展阶段,而每年因公路养护维修产生的大量无法被高效循环利用的废旧材料,是现如今制约交通行业产业体系绿色低碳循环发展的重要障碍。宁夏地区公路交通基础设施领域将逐步由建设期转入养护期。此外,"十三五"至"十四五"期间,我国最新版《公路沥青路面设计规范》(JTG D50—2017)内容改动较大,其中沥青路面结构层数及厚度较之前均有大幅提升,致使废旧沥青混合料(RAP)年产量呈现逐年高位增长的趋势。宁夏地区普通国省道产生的废旧路面材料、废旧交安设施等情况统计如图3-3所示。

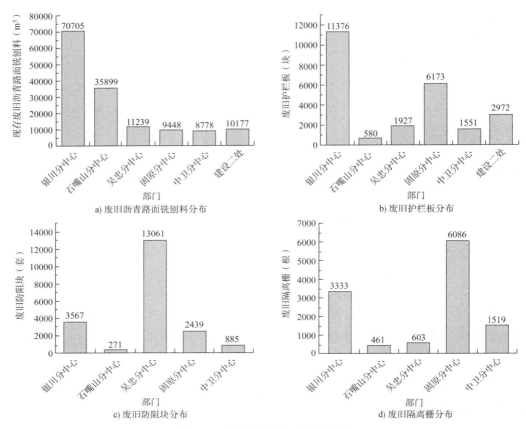

图 3-3 各部门道路废旧材料分布图

2020年,宁夏全区一般工业固体废物产生量为 6738.24 万 t,综合利用量为 3116.99 万 t,综合利用率为 46.0%,处置量为 3335.69 万 t,储存量为 342.95 万 t,倾倒丢弃量为 0.1 万 t。全区一般工业固体废物产生量及综合利用情况如图 3-4 所示。

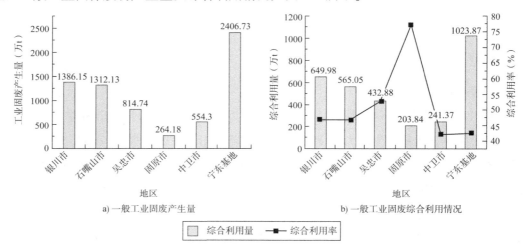

图 3-4 全区一般工业固废产生量及综合利用情况

由此可见，宁夏存在公路固废量大面广、环境影响突出、固废利用率仍较低、占用大量土地资源等问题，存在较大的生态环境安全隐患。同时，宁夏境内的固废仍将面临产生强度高、利用不充分、综合利用产品附加值低的严峻挑战。

2. 宁夏公路固废资源利用研究路径

探索高效循环利用固废资源，推动交通运输行业的低碳转型，将公路固废循环利用融入公路交通发展的各方面和全过程，从而切实有效地深入推进全区绿色低碳公路建设。为促进节约资源和保护环境，推动公路交通事业高质量、可持续发展，具体研究路径如图3-5所示。

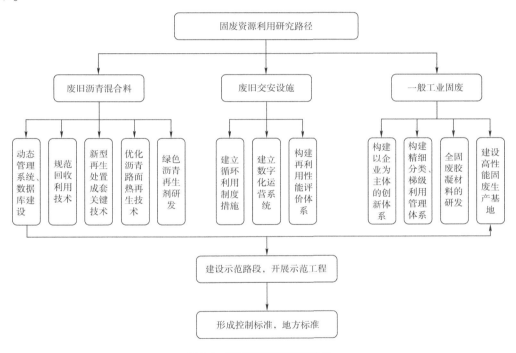

图3-5　固废资源利用研究路径

3. 宁夏公路固废资源利用实施方案

1）废旧沥青混合料

（1）建立宁夏地区废旧沥青混合料动态管理系统，开展网格化的固废管理与数据库建设。针对宁夏现有公路废旧沥青混合料分布特征、储存数量、应用现状开展系统调研统计，结合宁夏各级交通建养规划对未来每年新增废旧沥青混合料数量进行预测，同时建立包括RAP来源、数量、储存、再生、铺筑等内容的动态管理系统，实现对废旧沥青混合料循环再生利用全过程的动态监管。

（2）开展废旧沥青混合料科学、规范化的回收利用技术研究。对RAP进行科学、规范化的回收管理是提高再生沥青路面品质的重要保障，也是推动再生路面面向RAP高掺量发展的关键环节。以银川分中心为试点,开展回收—处理—再生—施工全过程的精细化系统研究,通过铣刨工艺优化、油石精准剥离、贫油 RAP 粗集料与富油细集料分级再生、再生混合料配比设计及生产施工技术研究,实现沥青路面回收料的高质量、全粒径的增值循环利用。此外,建立健全公路沥青路面旧料的回收管理办法,积极推动路面旧料回收站点的建设,规范路面旧料使用操作流程。

(3)研究全断面、大掺量、高性能、高附加值的新型再生处置成套关键技术。研究再生材料成分与组成特性、表征理论与方法、配合比设计、强度形成机理、关键控制点和服役周期内性能变化数据跟踪等内容,形成全断面、大掺量、高性能的再生处置成套关键技术。通过施工工艺优化和节能环保的固废沥青路面性能平衡设计,提高道路固废再生的利用率和产业化,并量化再生技术应用带来的碳减排量,同时掌握应用节能减排先进技术、材料、工艺、设备在道路建设全寿命周期中的能源消耗和碳排放量,推动道路建设领域的循环经济发展,助力交通行业"双碳"目标的实现。

(4)优化沥青路面热再生技术。在高速公路路面废旧材料利用的技术层面,沥青路面热再生技术已经被大范围推广应用。针对现存问题,可以从减少沥青路面热再生技术带来的污染、增强热再生沥青路面耐久性与强度两方面开展技术优化研究,促使沥青路面热再生技术可以更适应宁夏现状。

(5)大力推进高性能沥青冷再生技术及橡胶沥青再生沥青路面技术的应用研究。使用高性能乳化沥青、泡沫沥青和优化的混合料设计体系,将高性能沥青冷再生技术应用于废旧沥青混合料利用,可使 RAP 利用率提高至 80%~100%,降低新材料的用量,节省成本;应用橡胶沥青再生沥青路面技术,提高再生沥青路面的抗裂性和抗疲劳性,实现废旧沥青混合料在面层建设中的利用。

(6)绿色、环保、可再生资源的再生剂研发。由于在材料中掺加了大量再生剂,增加了再生路面的材料成本,导致修筑再生沥青路面的直接投资效益非常有限。因此,需研发适用于宁夏地区且具有较强热稳定性和抗老化性的热拌或温再生剂,寻找绿色、环保、可再生资源的再生剂,可重点关注生物油沥青再生剂、植物油沥青再生剂和废机油沥青再生剂在再生沥青混合料中的应用。

(7)集成多种再生技术,形成成套再生技术系统。加快再生关键技术研究,形成以沥青路面冷再生技术、沥青混合料厂拌热再生技术、沥青路面就地加铺热再生技术、SMC 常温再生罩面技术为核心的再生技术系统,建立各类再生技术的混合料组成设计方法,明确应用不同再生技术时再生混合料具体的性能检验内容及方法,优化材料组成设计、实现废旧沥青混合料高性能、高适用性和多层位的高利用率。

(8)建设示范路段,开展示范工程。结合前期室内试验研究成果和后期示范路段性能检测数据结果,借助系统化控制、精细化施工、标准化应用和长期化跟踪检测等方式,全面系统解决宁夏地区沥青路面废旧材料性能精准化评价、级配变异性控制、高性能再生剂研发、耐久性再生沥青混合料级配设计、适应性再生技术选择等关键技术问题;制定制度控制标准,形成地方标准,完善废旧沥青混合料循环利用配套支持政策。

废旧沥青混合料利用方案的设计如图 3-6 所示。

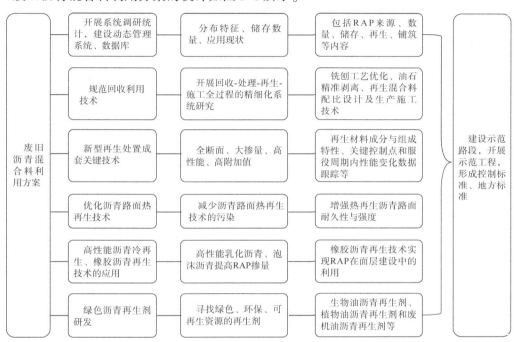

图 3-6 废旧沥青混合料利用方案

2) 公路交安设施

(1) 建立交安设施循环利用制度措施。相关部门在制订公路新建、改扩建、养护计划时,应明确提出交安设施循环利用要求,并将此作为工程设计和审查的重要内容。在推广交安设施循环利用制度时,对废旧交安设施也应制定出相应的制度措施,从根本上控制废旧交安设施的可利用标准,减少搁置时间和改造周期,促进废旧交安设施循环利用。

(2) 建立交安设施数字化运营系统。建立包含废旧交安设施材质、规格、种类、数量等参数的交安设施回收数据库和再利用需求数据库。针对现有废旧交安设施特征、存量、预产量、应用现状及存在问题开展系统调研,确定废旧交安设施回收方式和回收标准,同时结合实际工程应用效果建立循环利用检测评估系统。

(3) 构建废旧交通设施再利用性能评价指标体系。结合生产工艺、性能、微观结构三者之间的相互关系,改进生产工艺,明确再生产品的可使用场合和标准。以银川为示范基地,开展标准化废旧交安设施生产线建设,实现生产改造设备标准化、工艺升级标准化以及质量控制标准化。

公路交安设施利用方案的设计如图3-7所示。

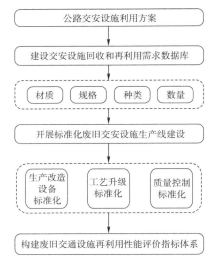

图3-7 公路交安设施利用方案

3）一般工业固废

（1）构建以企业为主体的科技创新体系，加快传统工业固废资源化产业的转型升级。加快构建以科学研究为先导、以标准化为轴心、以信息化为载体的科技创新体系，形成以企业为主体，政府、高校、研究所和社会资本共同参与的产学研用创新模式。研发先进的技术、工艺和设备。

（2）构建工业固废精细分类、梯级利用的综合管理体系。借助"互联网+"、物联网等现代信息技术的力量，建立一套完善的工业固废综合管理体系，提高工业固废产生、回收、资源化利用等各环节的信息采集和数据分析效率。根据工业固废的矿物和元素组成以及物理化学特性，对固废的种类、品质、技术、工艺、工程装备、资源化产品进行精细化分类，确保各类不同品质的工业固废都能得到低、中、高值的梯级综合利用，从而显著提升工业固废资源化综合利用的整体效率。

（3）加快全固废胶凝材料的研发。基于碱激发胶凝材料体系，将粉煤灰等工业固废制备成新型的建筑材料、高强材料和路面快速修补材料，并将其应用于农村道路或低等级道路的修筑中，可作为日常的路面快速修补材料。

（4）探究以工业固废为基料的沥青混合料制备方法。分别研究以粉煤灰、钢渣等为集料制备符合相关性能要求的沥青混合料，通过将部分工业固废掺入沥青混合料，实现工业固废在沥青层中的循环利用。

（5）建设大宗工业固废道路资源化综合利用科技示范工程和高性能绿色建材生产示范

基地。以宁东、石嘴山地区为建设基地,重点推广钢渣全粒度道路规模化应用技术和炉渣基层应用技术,以及粉煤灰、煤矸石路基填筑技术,加快推进全固废基高性能绿色建材制备与性能调控技术研究与应用,以期实现固废基材料高附加值利用和产业化。

(6)建设示范路段,开展示范工程。结合前期室内试验研究成果和后期示范路段性能检测数据结果,确定各工业固废配合比设计、变异性控制、适应性利用技术选择等关键技术问题;建立较为完善的信息化平台,详细记录固废利用情况及路面性能表现情况,为后期的大规模推广积累经验,奠定数据基础;制定制度控制标准,形成地方标准,完善工业固废循环利用配套支持政策。

一般工业固废利用方案的设计如图3-8所示。

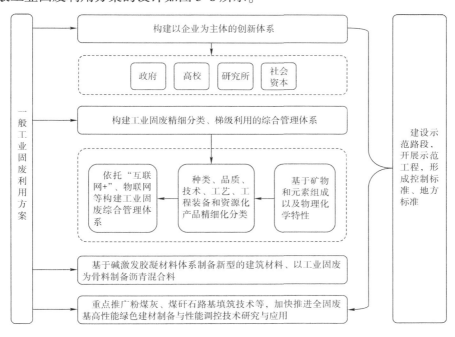

图3-8 一般工业固废利用方案

4.宁夏公路固废资源利用政策建议

为保障宁夏公路固废资源被高效地循环利用,提出以下几点政策方面的建议:

(1)建立部门统筹协调推进机制。确定牵头部门,协调好国有资源转移与国有资源调拨的问题,简化政府国有资源调拨转移程序。

(2)健全政府-企业固废处理费用分摊体系,进一步完善税收减免政策配套的产品目录,给予一定的政策倾斜或经济补贴。

(3)加快技术协同创新,完善技术标准体系。以先进技术、关键技术为支撑点,进一步完善技术标准体系,从技术层面降低固废利用成本。

(4)因地制宜地开展固废综合利用的试点示范应用,建立一批固废综合利用的集成试点,形成固废产生—处置—再利用的联合体。

(5)大力宣传绿色低碳理念,积极推广绿色低碳的理念。强调公路建设企业在制订发展计划时,必须要确立环保绿色低碳化的理念。

本章参考文献

[1] 交通部公路科学研究院,交通部.公路沥青路面再生技术规范[M].公路沥青路面再生技术规范,2008.

[2] 祝谭雍.基于再生沥青混合料性能特点的再生路面设计研究[D].南京:东南大学,2017.

[3] 毛文华.废旧沥青混合料厂拌热再生利用研究[D].西安:长安大学,2014.

[4] 蔡全辉.废旧沥青混合料厂拌热再生应用问题研究[D].哈尔滨:哈尔滨工业大学,2013.

[5] 罗杜波.高速公路旧护栏改造项目商业计划书[D].广州:华南理工大学,2014.

[6] POURGHAHRAMANI P, PåLSON B, FORSSBERG E. Multivariate projection and analysis of microstructural characteristics of mechanically activated hematite in different grinding mills [J]. International Journal of Mineral Processing, 2008, 87(3):73-82.

[7] 武飞乐,李世春."双碳"目标下粉煤灰中有价金属回收技术研究[J].中国有色冶金,2022:1-12.

[8] 周小平,魏建成,田少冲,等.宁东地区粉煤灰中主量元素和稀有元素的成分分析[J].中国资源综合利用,2022,40(9):26-8.

[9] 顾晓薇,张延年,张伟峰,等.大宗工业固废高值建材化利用研究现状与展望[J].金属矿山,2022,(1):2-13.

[10] 王建辉,李沛沛.聚合物-粉煤灰陶粒多孔降噪声屏障材料制备及影响因素分析[J].长安大学学报(自然科学版),2020,40(5):27-37.

[11] 尹延昭.固体废弃物综合利用在公路建设中的问题及对策研究[J].交通节能与环保,2022,18(4):134-7.

第四章

绿色运维的发展目标与实现路径

第一节　绿色运维的发展目标及其实现路径

一、公路绿色养护发展目标

综合交通基础设施绿色运维的主要目标包括：提高交通基础设施检测、管理、养护水平，提高交通基础设施使用寿命，降低管养成本，推动交通基础设施标准化、智能化、工业化建造，强化永临结合施工，推进建养一体化，降低全生命周期资源消耗。

在综合交通基础设施绿色运维方面，应开展道路检测监测监控与全生命周期科学规划、运维、决策，科学判断设施服务性能的趋势，制定中长期维护规划方案，明确各阶段维护和运营的重点和目标，提出全方位、全要素的考核目标体系。在设施养护、更新与改造阶段，应注重落实低影响更新的理念，采用对局部交通和自然环境的影响小的方案，同时考虑设施功能恢复、设施安全性提高与设施耐久性提升。绿色运维主要环节及对策方向如图 4-1 所示。

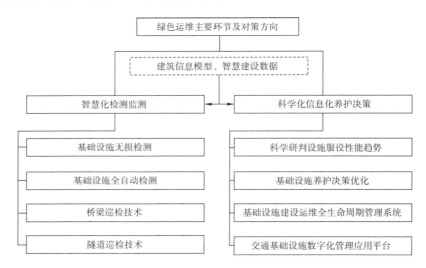

图 4-1　绿色运维主要环节及对策方向

二、公路绿色养护实现路径

公路、桥梁与隧道作为道路交通基础设施的重要组成部分，在国民交通出行和国民经济发展中发挥着重要作用。随着公路、桥梁与隧道的运营时间增长，加之水文条件的变化和交通荷载的持续作用,这些设施会不可避免地累积自然磨损或遭遇意外损伤,逐渐导致设施结构的损坏。

道路基础设施(包括城市道路、公路、桥梁、隧道,下同)全生命周期管理,是指采用多元动态的管理方法和技术手段,通过前瞻性规划、全寿命设计、高质量施工、预防性养护、智慧化运营等一系列措施,利用路面桥隧病害识别、最优化决策、大数据分析等技术对交通基础设施进行检测及养护管理,从而延长设施使用寿命、保障设施高效运转,实现综合效益最优目标的管理方法。

以绿色规划引领、绿色方式主导、绿色设施支撑、绿色工具主体、绿色管理保障为统领,基本形成道路设施全生命周期管理模式,实现设施高质量施工、设施使用寿命延长、设施综合效益最优。

(1)以绿色规划为引领,开展前瞻性规划。规划应符合总体要求、战略构想和功能定位,并以集约节约土地为原则,合理设定建设规模,优化空间布局。在确定道路、桥梁和隧道的主体结构及附属设施等技术标准时,应综合考虑服务对象需求、建设成本、全生命周期运营养护成本等,选择经济性和工程性能俱佳的技术指标。同时,还应统筹考虑城市道路空间地上和地下工程管线、无障碍设施、道路绿化、养护维修作业需求等,确保空间综合规划和整体风貌的协调统一。

(2)以绿色方式为主导,进行精细化设计。在设计过程中重视环境保护、能源效率和可持续材料的应用,确保设计方案与生态环境相协调。通过精细化设计,提高设施主体工程的质量和耐久性,使主体结构和重要构件在正常使用和养护条件下,尽量减少大修频次、延缓大修年限,并充分考虑施工、运营和养护等阶段的需求。

(3)以绿色设施为支撑,开展高质量施工。在施工阶段,应加强对环保材料、可持续能源、节能技术和低影响施工方案的使用,提升能效,同时注重保护自然资源和生态多样性,提升施工过程监管、施工质量控制、工程移交等环节的数字化和智能化水平。

(4)以绿色工具为主体,进行综合性运维。在养护和运营阶段,应注重全生命周期的运维科学决策,建立服役状态预测与评价模型,科学判断设施服役性能趋势,采用预防性养护保证设施服役性能,编制中长期养护规划方案,明确各个阶段的养护和运营目标,提出全维度、全方位、全要素的考核目标体系。

(5)以绿色管理为保障,实施低影响更新。在更新改造阶段,采用环境友好的改造策略,在更新改造过程中最大限度地减少对环境的负面影响,同时考虑设施的功能提升(如恢复或提高原有的道路通行能力,消除设施安全隐患)。

第二节　绿色运维国内外发展水平及经验借鉴

一、国外的公路养护管理体制分析

(一)美国高速公路养护管理体制

美国自20世纪40年代起便着手构建高速公路网络,如今已形成纵横交错的公路网,其管理重点也从构建初期的大规模建设转向精细化养护。在公路的建设、维护和管理过程中,联邦、州及地方政府均扮演重要角色,其中联邦政府主要承担宏观规划与管理职责,而州政府则负责具体项目的实施及日常运营。值得注意的是,美国的公路养护并不因公路等级而异,而是依据地理或行政区域来划分管理机构。为了提高效率和降低成本,美国常将养护工程外包给专业的私人公司,从而精简管理机构内部人员并降低运营成本。

近年来,美国还致力于养护体制的改革,通过建立养护服务中心来优化资源配置,实现更为高效的管理。这种承包制的养护模式虽然具有降低成本、保障路况稳定等优势,但也存在一些潜在问题,如政府调控能力减弱、新技术推广受阻等。

此外,为了进一步提升公路管理和养护的科学性,美国各州还积极引入地理信息系统(GIS)。这一系统不仅能够辅助管理者进行公路网络的规划、分析和优化,还能为交通安全管理提供有力支持,成为管理者制定决策的重要依据。同时,路面状况评价系统也发挥着不可或缺的作用,通过专家系统对路面裂缝等病害进行深入分析,为养护方案的制订提供科学指导。

(二)加拿大高速公路养护管理体制

加拿大自1967年开始修建高速公路,至1997年总里程达到19000km。在其公路管理体系中,联邦政府负责特殊性公路,各省政府则管理其余公路。在养护管理方面,加拿大主要采用私营承包商模式,这在不列颠哥伦比亚省尤为显著。不列颠哥伦比亚省采用总价承包的方式,将养护合同期限设定为5年,并逐年根据物价增长指数调整合同价格。私营承包商不仅负责日常养护,还需要负责预防性养护和年度养护。合同明确规定了承包商的养护管理责任,包括质量、进度和应对公众申诉等方面。政府则主要监督合同的履行和养护结果的质量。这种私营化养护管理的质量保证体系涉及承包商的质量控制及政府的质量保证两个方面。承包商需要确保养护及时、安全,采用符合标准的材料和养护方法,并保证基础设施的完好。政府则通过有计划的检查系统来确保养护工作的合规性。该模式的优点在于,总价承包方式使承包商在基础设施维护上承担更大责任,从而提高养护质量;承包商受到公路使用者及舆论的监督,有利于提升服务质量;政府得以将更多精力投入宏观管理,使养护工作分配更合理。然而,该模式也存在确定承包总价困难、养护标准难以统一、承包商与政府职员间压力较大等缺点。

(三)日本高速公路养护管理体制

日本已建成运营高速公路约7600km,并以250km/年左右的速度增长。由于日本车辆数量居高不下,高速公路承担的运输份额逐年增长,高速公路对国民经济的影响也越来越大。日本在公路建设与管理方面,实行了一套清晰明确的三级垂直管理体制,即国土交通省、公路局和道路公团。其中,国土交通省是宏观管理政府投资项目的核心机构;公路局则专注于公路的规划、开发和建设管理;而道路公团作为公路的承建主体,负责高速公路的建设、常规维修、改造及灾害后的修复工作。道路公团作为一个特殊的法人实体,其业务主要聚焦于收费公路及相关设施的建设和管理。其组织架构层次分明,设有管理局和技术部,分别负责高速公路的区域性管理和技术性工作,如公路的改建、大修、日常养护等。基层单位则以管理事务所的形式存在,按路线区间划分,确保养护工作的及时性和有效性。日本道路公团对高速公路的养护工作承担明确责任,具体养护工作由管理事务所负责组织。养护工作分为日常养护和定期养护两大类。日常养护主要包括检查、清扫和小修保养等,确保公路的日常运行状态良好;而定期养护则侧重于对高速公路设施进行周期性的预防性养护或改善工作,如路面改善、设施更新等,以提升公路的使用寿命和安全性。日本高速公路养护管理体制的特点包括依法管理、公司化垂直管理和养护施工社会化程度高。依法管理为高速公路的修建和管理提供了明确依据,公司化垂直管理确保养护模式统一,而社会化程度高则通过对外发包或委托实现养护工程的专业化和高效化。

国外发达国家的高速公路养护管理体制普遍采用养管分离的模式,通过招投标将养护工程外包给私人承包商,形成养护市场,并受到政府和舆论的双重监督。其中,美国、加拿大、日本等国均全面推行此制度,实现了养护资金的高效利用和养护质量的提升。法国和意大利则在小修和日常养护上由政府负责,其余养护工作通过市场化方式完成。这些国家的共同点是养护市场社会化程度高,机械化、现代化水平突出,政府宏观调控与市场机制相结合。虽然这种模式有利于私营承包商在有限资金下提高养护质量,但也存在成本导向下新材料、新工艺推广受阻的局限。总体而言,这些成功的管理经验对我国高速公路养护管理体制的发展具有借鉴意义,是当前我国努力探索的方向。

二、宁夏绿色运维的研究与实践

（一）沥青路面废旧材料高效循环再生利用

宁夏在制定相关地方标准及政策措施基础上，实施了废旧材料信息全周期跟踪、动态管理系统建立、残值评价研究等，以及通过系统化控制和长期化检测解决关键技术问题的措施。通过系统性研究沥青路面再生技术并实施工程示范，有效促进了资源节约、生态环境改善。宁夏在沥青路面废旧材料循环再生利用方面积累的经验，对建立绿色低碳循环发展经济体系具有重要意义，其成果和进步值得借鉴。

（二）大宗工业固废道路资源化综合利用

煤矿等企业在生产过程中会产生大量煤矸石、粉煤灰等工业固体废弃物，传统的消纳途径主要是回填矿坑采空区、制砖等。作为老工业城市，石嘴山市也面临固废种类多、产量大、化解难的问题。为推动城市绿色发展和转型升级，打造沿黄城市集约发展绿色公路，响应"双碳"目标要求，需要以交通基础设施建设需求为导向进行大宗工业固废道路资源化综合利用。大宗工业固废道路资源化综合利用技术路线主要包含以下四条：全粒度矿渣集料路面梯级利用技术，废旧橡塑改性沥青路用技术，粉煤灰、煤矸石路基填筑技术，全固废基胶凝材料生产和小型预制构件制备技术。

宁夏采取了一系列创新措施，有效利用煤矸石等大宗工业固废作为交通基础设施建设材料，以促进环境保护和资源再利用：针对煤矸石特性（如膨胀量大、崩解性强、水稳定性差），宁夏进行了全面研究，包括煤矸石的分级评价、路基填筑的微观和宏观特性、施工过程中的受力特性及环境影响；开发了煤矸石和粉煤灰路基填筑技术，包括分级评价技术和有害物质迁移扩散与污染防控技术；进行了钢渣基层材料的组成设计与路用性能研究，以及钢渣沥青混凝土级配设计和路用性能研究，着重于材料体积稳定性、高温稳定性以及低温抗裂性的提升。

在实际应用案例中，2022年9月，乌玛北高速公路的一、二标段成功应用了煤矸石和粉煤灰路基填筑技术，铺设试验段400m，显著减少了二氧化碳排放；2023年3月，该技术又被应用于乌海至玛沁公路的一部分，再次证明了其有效性和可行性。

这些技术的应用不仅减少了对传统砂石材料的需求，解决了固废堆放问题，还减少了对周边环境的影响；宁夏通过这些技术实现了工业固废的规模化、无害化高值利用，预计可以显著降低碳排放；通过这些综合措施，宁夏成功将工业固废转变为贵重的建设资源，实现了环境保护与经济发展的双赢，形成了可复制、可推广的技术成果和产业化经验。

第三节 交通基础设施检测与决策方案设计

一、公路路面检测方案设计

在交通基础设施检测方案设计中,拟解决的关键问题为开发公路全生命周期信息快速采集设备,从而实现公路的全生命周期信息的快速准确采集。

在项目承担单位已有的检测设备研究基础上,使用当前比较先进的三维相机技术,开发更稳定、识别效率更高的检测设备。该设备能够同时快速完成公路的各生命周期的裂缝、车辙、平整度、纹理、景观图像等多项检测任务的检测。

公路全生命周期信息快速采集设备研究拟采取以下技术路线:设备选型、数据采集和数据集构建、算法开发、算法验证、软件开发。

在设备选型阶段,针对不同类型的公路信息数据,选择对应的传感器或者采集设备。在数据采集和数据集构建阶段,使用各采集设备对实际公路的原始数据进行采集,并通过人工辅助对数据进行分类。在算法开发阶段,需要对各种病害的识别算法进行理论设计和初步验证,各类型算法开发完成后,需要将所有算法进行整合,将算法中重合的步骤进行合并,对整个识别流程进行优化,从而提高检测效率。在算法设计完成之后,需要使用数据集对算法进行大量、反复的验证,保证算法的稳定和高效。在算法验证通过之后,开发配套的公路数据采集软件,集成设计好的算法,方便后续使用。

二、公路桥梁与隧道巡检技术方案设计

桥梁、隧道的智能化巡检需要利用自动化检测技术对桥隧工程中的健康状态进行数据采集并整理分析。在桥梁和隧道的巡检技术应用方面,至今还面临着许多挑战。要提升桥梁、隧道的智能化、数字化巡检技术水平,需要在技术研发、设备安装、监测技术应用等各阶段加大投入,根据桥梁、隧道工程的不同类别和等级制定清晰、统一的健康状态评判标准,完善相关制度体系,针对不同桥梁和隧道的监测需求及监测环境条件设计相应的巡检方案。

三、桥梁巡检方案设计

桥梁智能巡检主要包括桥梁病害的智能化监控和识别功能,巡检内容主要包括桥梁结构的裂纹、变形、腐蚀、紧固件缺陷等情况。针对不同桥梁的监测需求及监测环境条件设计

相应的巡检方案,需要对监测的各个环节考虑周全。

(一)确定桥梁结构健康监测病害的构成部分

首先,通过查阅历史数据及查看实际工程资料等方式,获取境内桥梁存在的主要病害类型及分布情况,根据危害桥梁健康的严重程度划分病害风险程度。将风险程度排名靠前的病害作为桥梁巡检的主要检测内容,并将病害在桥梁主体上的分布位置靠近的(如同在桥面出现的裂缝和凹陷)划分为一组,桥梁巡检时可考虑同时检测,提升检测效率。

(二)拟定桥梁自动化巡检技术应用方案

根据第一步确定的主要检测内容选定相对应的检测技术及检测方式,调研国内外在各种病害检测技术的研究现状,确定要使用的设备。当技术及设备目前不存在现有可靠研究成果时,应做好自主研发的准备,安排科研人员入驻,投入资金研发具有自主产权的技术设备,或是同外部公司企业合作,缩短高新技术的研究周期。用于桥梁巡检的传感器设备应满足监测量程、分辨率、精度、灵敏度、动态频响特性、长期稳定性、环境适应性要求;监测数据采样频率应对应数据分析的要求。

(三)融合多种检测设备于一体,构建综合型桥梁巡检系统

为提升检测效率,降低检测成本,可采用多种病害一体化检测的巡检方式。针对不同类型、不同环境导致病害种类不一样的桥梁巡检需求,根据现有的检测技术研发桥梁巡检综合型检测系统。如在同一辆载具车中安装三维激光扫描仪和高清摄像机,通过数据融合方式将两种数据统一采集保存,并且在检测系统中配备提前训练好的自动识别算法,即可实现载具车扫描一次即可完成两种病害的检测。同理,根据扫描方式及载具运动要求,可将不同的技术安装组合在不同的检测系统中,根据不同的桥梁工程情况使用不同类型的一体化检测系统,相比于传统人工使用辅助设备进行一次次扫描检测记录的方式节省了大量时间。

(四)制订巡检方案

根据桥梁种类、所处环境、使用年限等因素进行巡检方案的制订,巡检方案包括:巡检方式,是使用载具车搭载设备进行巡检还是使用无人机在空中扫描方便检测桥梁整体结构情况;巡检周期,根据检测需求安排是日常性检查还是经常性检查,或是定期检测、专项检测等,对于简单的桥梁外形监测可适当加大监测频率,对于桥梁永久观测点的复核、桥面高程及线型的确定、桥梁结构变形等重要且较为复杂的内容,应固定期限进行巡检,当发生特殊情况后还应该对桥梁进行特殊检测,如定期巡检中难以判明情况的部分、经历特殊水文气候

灾害后的桥梁结构;巡检路线安排,应提前根据桥梁分布及交通情况确定巡检路线,避免绕路浪费资源,也避免在交通量大的时候巡检影响检测结果。

(五)布置监测点,埋设监测设备

在拟定巡检方案后,需要对巡检路线上的重点部位布设监测点,如安装反射片、标靶等;也可能需要提前埋设分布式光纤传感器,用于收集结构变形信息。桥梁监测点布设应能够把握环境、作用、结构响应和结构变化,兼顾代表性、经济性、可更换性,并考虑设备布设条件所受约束性。结构响应和结构变化监测的测点宜布置在受力较大、变形较大、易损、影响主要部件安全耐久和结构整体安全的位置,以及已有病害和损伤的位置。对性能退化、损伤劣化严重的桥梁构件,应针对性增加监测点数量。监测点布设应明确传感器的类型、数量、安装位置和方向,对不可更换的监测点,宜做冗余布设。

四、隧道巡检方案设计

隧道巡检应考虑隧道结构监测环境(温度/湿度)、围岩/衬砌结构应变的性质、应变变化梯度、结构空间、曲率,以及当前感知技术特点,提出隧道结构监测技术适应与优化方法,进行隧道整体监测与局部监测。

(一)确定隧道巡检主要检测内容

同桥梁巡检类似,首先需要根据相关资料获取隧道存在的主要病害类型及分布情况,根据病害严重程度划分病害风险等级,确定隧道巡检的主要检测内容。由于隧道巡检主要是针对隧道路面及隧道衬砌上的病害进行检测,它们同边坡上出现的病害类型相似,且两者可以使用同一类扫描方式进行检测,在检测隧道时可同时检测周边的边坡。

(二)拟定隧道自动化巡检技术应用方案

根据隧道及边坡主要检测内容选定相对应的检测技术及检测方式,并考虑实际情况确定使用设备。在技术设备选择时,应考虑到隧道监测环境的特殊性,需对数据采集设备提出更高的要求。如隧道巡检设备应具备 RJ45 通信网口,便于组网;还应具备数据存储能力,且存储容量不低于 256MB,防止因隧道过长而内存不够导致无法完成巡检工作。

(三)隧道、边坡巡检方案的制订

考虑到隧道通常存在于山区等远离城市区域,对于物资供应相比桥梁巡检可能略显不足,所以在巡检方案制订时应尽量考虑到地域因素,防止巡检过程中物资供应不足影响巡检计划正常进行。由于隧道内部环境比较复杂,且隧道内光线较暗,所以通常隧道巡检都使用载具车搭载巡检系统进行隧道巡检。巡检周期则同样根据隧道、边坡的病害发展情况和检测需求制定,也是分为日常检查、经常性检查、定期巡检、专项检测。其中,日常、经常检查是隧道的表面外形观测,如附属设施使用性能情况、隧道表面结构的病害情况等;隧道定期巡检周期应根据隧道技术状况评定的结果进行判定,一般为每年 1 次,在经常性检查发现隧道状况值变化较大时,应立即开展定期巡检;专项检测主要是针对隧道内部重要的、检测难度高的相关内容进行特殊的检测,如隧道的结构变形情况、衬砌及围岩状况、荷载状况等。巡检路线的制定应尽量将地区因素考虑进去,天气、交通路况也都是影响巡检路线制订的因素。

(四)布设隧道巡检监测点

相比于桥梁,隧道巡检的监测点布置则更加复杂,而通常在隧道巡检时监测点的布置应符合以下规定:①同一断面,受力变形监测点宜对称布置;②区段内存在多个监测项目时,不同监测项目的测点宜布置在同一断面;③埋设牢固、标识清楚,不得进入隧道建筑限界,易遭毁坏部位应加设保护装置;④选取监测区段/重点,布设范围宜覆盖监测区段,并宜沿隧道轴向两端各延伸 2~3 倍隧道洞宽。

(五)培训技术人员,完成隧道、边坡巡检工作

为保证巡检工作顺利进行,需要对技术人员及相关辅助人员进行培训,不仅培训专业技能,还需要增加对特殊情况的应对能力培训。

综上所示,针对桥梁、隧道的巡检方案设计需要因地制宜,根据巡检目标内容及巡检环境条件设计不同的巡检方法,最可取的是将多种自动化检测技术搭配使用,实现一体化快速巡检,如图 4-2 所示。多种自动化检测技术相结合不仅能扩大巡检系统的应用范围,减少设备研发组装成本,同时相对于传统巡检方法还可以极大地提升数据采集效率,降低巡检成本,为桥梁、隧道工程的养护管理决策提供更加精确的数据支撑,提升桥梁、隧道使用寿命;自动化的巡检方式还能提升公路数字化、智能化建设进程,推动绿色交通发展。

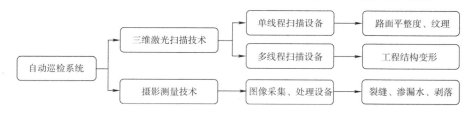

图 4-2 多种技术设备融合实现一体化快速监测

(六)交通基础设施养护决策方案设计

在交通基础设施养护决策方案设计中,拟解决的关键问题为构建公路资产性能指标精准预测模型,以及构建公路资产精细化养护决策模型。

首先,基于全自治区公路技术状况,研究设计适用的公路性能预测模型,利用基于多端数据融合的公路资产全生命周期管理中存储的海量数据对模型进行训练优化。构建多种表现形式的公路性能预测模型,包括统计回归模型、机器学习模型和深度学习模型,将模型应用于公路网性能的预测之中,期望获得较高的预测精度。

在建立好精度高的性能预测模型之后,可以通过最优化的方法建立公路养护决策模型,考虑预算和性能的双重约束,为公路管理部门提供不同预算下性能最优的组合方案,保证公路养护决策的可行性和科学性,促进有限养护资金的合理分配,显著提高养护投资经济效益。

决策系统为用户提供三种交互方式:一是给定预算下最优化公路网性能;二是给定公路网性能下最小化预算;三是为用户提供多种公路网性能和预算的组合方案。这些组合方案相互之间不存在帕累托最优的情形,即不存在一个方案比另一个方案的预算低、性能也更好的情况。

第四节 交通基础设施建设运维全生命周期数字化管理

在贯彻绿色公路养护战略的过程中,应当坚持"五绿"原则,兼顾公路养护工作的高效性与其环境友好的重要性。绿色规划引领原则要求在公路设计和规划阶段就充分考虑数字化因素,利用智能化工具如无人机、激光雷达和"BIM+GIS"技术,有效集成数据,优化公路布局,提高公路建设和养护的数字化水平。绿色方式主导原则强调在公路养护中采用先进的数字技术和方法。使用智能化设备和系统,以及推广基于云计算和人工智能的解决方案,是此过程的关键。绿色设施支撑原则涉及构建高效智能型基础设施,例如智能交通系统和使用数字化管理的公路标识,以提升公路的智能化水平。绿色工具主体原则强调运用数字化和智能化工具,如基于人工智能和大数据的决策支持系统,旨在提高养护效率并减少资源浪费。最后,绿色管理保障原则确保所有公路养护坚持数字化原则,包括持续监测公路状态并采取优化养护的措施。"五绿"原则为公路养护工作提供了兼顾数字化与高效的全面指导,推动公路养护工作与智能化发展理念深度融合。

日前,交通运输部印发《关于推进公路数字化转型加快智慧公路建设发展的意见》(简称《意见》),推动公路建设、养护、运营等全流程数字化转型,助力公路交通与产业链供应链深度融合,大力发展公路数字经济,为加快建设交通强国、科技强国、数字中国提供服务保障。公路数字化是交通基础设施智慧化运维的基础,后续的信息采集、信息整理、养护决策都需要以公路数字化为基础。公路设计施工数字化涉及推动公路各环节的数字化转型,采用先进技术如无人机、激光雷达和"BIM+GIS"等,实现数据的集成管理。这一转型还包括推广数字化勘测和设计,实现智能建造和工地管理,从而提高工程管理的效率。公路养护业务数字化旨在依托数字化成果来提升公路养护管理水平。这包括推进公路资产的数字化,加强设施监测,提升路况检测能力,并推动养护装备的智能化升级,构建安全应急数字管控体系。路网管理服务数字化意在完善监测调度体系,打造智能感知体系。这涉及构建智慧路网监测调度体系,推动服务设施智能化,并打造一体化公路出行服务的新模式。公路政务服务数字化的目标是建立市场主体数据库,提升"一网通管"监管能力和"一网通办"的政务服务水平。通过数字化手段推动审批监管制度的重塑。公路标准数字化的方向是建立适应数字化的公路标准体系,并搭建一个标准数字化服务系统。公路数字化基础支撑包括建设公路基础数据库,推广大数据技术的应用,并强化数字化安全防护体系。

交通基础设施的全生命周期数字化管理利用精准感知、人工智能、大数据技术等新兴的数字化技术对交通基础设施进行管理,覆盖交通基础设施建设运维等各个阶段。对交通基础设施全生命周期进行数字化管理,一是可以降低劳动力投入,二是可以实现科学的决策化管理。交通基础设施的使用寿命得以延长,可以节省建设和运维材料的消耗,实现绿色发展;同时在数字化管理中融入优化的概念,从而降低管养成本、提高效率。交通基础设施的全生命周期数字化管理技术通过智能感知设备和关系数据库建设来实现交通基础设施的数字化建模,通过性能预测和养护决策算法的开发来实现科学的运维决策,通过地理信息系统技术实现基础设施状态和决策结果的可视化。

一、国内外交通基础设施建设运维全生命周期数字化管理技术分析

我国早在21世纪之初就已经将数字化技术应用在交通基础设施的管理领域,开发了公路桥梁管理系统(China Bridge Management System,CBMS),提供桥况登记、数据录入管理、查询统计、评价决策、加固对策、资金分配、GIS多媒体管理、维修检查计划和年度报告等多种丰富的功能。与中国的公路桥梁管理系统不同,美国各州在美国联邦公路局认可下各自开发维护相应的桥梁数据采集系统和管理软件,其中比较有代表性的是Pontis桥梁管理系统,该系统使用动态整体规划法、概率条件状态劣化模型等方法对公路桥梁未来的性能进行预测并实施养护管理决策。

随着计算机技术的发展,交通基础设施数字管理系统也向着更加智能化和数字化的方向发展。举例来说,刘勇等将BIM(建筑信息模型)技术应用到公路桥梁管理系统之中,构建了高速公路桥梁养护综合管理的BIM地理信息数据库以及BIM信息存储模型,为数据挖掘打下了良好的基础。同时,该系统内置模糊寻优算法,可以实现公路桥梁养护管理的优化决策。

智能监测技术和大数据挖掘技术的发展为交通基础设施管理系统的自动化、数字化提供了技术支持,这也是未来交通基础设施数字化技术集成系统的发展趋势。

二、交通基础设施建设运维全生命周期数字化管理技术需求与目标梳理

为了加强交通基础设施的信息化建设,推进交通基础设施的数字化施工管理,运行状态监测,数据挖掘分析,养护管理决策的一体化、智能化,提升交通系统的服务能力,保障交通基础设施的安全运营,需要建立交通基础设施全生命周期数字管理系统。下面将对交通基础设施全生命周期数字管理系统的建设目标进行介绍。

(一)数据标准建设

目前的交通管理系统存在着采集标准缺乏、数据标准不统一、数据精度不高、数据共享困难等问题。为此,需要建立数字交通规划、设计、建设、养护、运营、管理等全生命周期的全要素数字化采集标准体系,规范化数据采集和处理标准,推动部门间、政企间多源数据融合,提升交通运输决策分析水平。

(二)施工现场数字化监控

以无人机自主巡检技术为代表的智能解决方案可实现对工程建设现场临高、临空等质量盲区的排查,监控施工进度,开展人、料、机管理,实现交通基础设施施工现场的数字化监控。

(三)交通基础设施运行状态的高效实时监测

使用先进的检测技术对交通基础设施进行多源、多维、多尺度的地理空间数据获取与集成,提高数据采集效率与精度,快速响应交通基础设施性能状态的变化,支持关键指标高效检测和实时智能分析。

(四)交通基础设施数据分析与挖掘工具

建立统计分析模型及统计分析规范,提供数据分析功能,减轻数据分析人员的工作负

担;支持报表自动导出功能,边检测边生成报表,方便交通管理部门实时掌握交通基础设施运行状态信息;与互联网地图服务商合作,深入开展交通领域数据挖掘、人工智能的算法研究。

（五）交通基础设施养护决策管理

建立交通基础设施养护决策模型,通过成本效益方法确定最佳的交通基础设施养护计划,提高交通基础设施建设和维护过程中的资金使用效率,提高交通基础设施服务水平,保障交通设施运行安全。

（六）交通基础设施全生命周期管理软件平台

采用关系数据库对道路基础设施信息包括路段名称、路段编号、路段等级、路段起止位置进行存储。对入库数据进行质量控制,保证数据可靠性;支持使用结构化查询语言(SQL)对数据库信息进行读取,支持多种文件格式的数据导出。

（七）基于GIS技术的交通基础设施状态展示

基于智能采集装备形成空间地理基础数据,同时通过三维GIS加载行政区域、路网、河流水文、地质、土地、植被及地物等多种属性,分图层管理和维护,实现以GIS技术为基础的全区公路网多源数据融合、统计、挖掘和展示。

三、交通基础设施全生命周期数字管理系统方案设计

交通基础设施全生命周期数字管理系统需要涵盖数据采集、数据处理、数据应用等多个方面,为交通基础设施的勘察设计规划、工程施工管理、历史数据维护、养护运营决策等全生命周期提供数字化管理支持。系统的运行需要硬件和软件的协同工作,接下来将从交通基础设施的智能化检测方案和管理系统软件平台的设计思路两个角度展开分析。

（一）交通基础设施智能化检测方案

1. 多传感器协同的全自动化检测设备集成方案

通过无人机和勘察采集车的设备集成,利用计算机技术将传感器得到的多源信息进行融合,一次性输出三维地形模型和各种实用的图形资料,直观表现地形地貌。除了定期检测之外,还可以在桥梁和隧道的重点区域布设光纤传感器,以实现对关键结构的全天候24h检测,保证桥梁和隧道的运行安全,及时发现结构安全隐患,避免事故的发生。

2. 公路桥梁及隧道全要素信息自动化识别技术

公路桥梁及隧道等交通基础设施全要素包括结构缺陷、标志标线、沿线设施、道路边坡损坏、桥梁变形、隧道内部变形等多种信息。在道路标志标线识别和道路沿线设施识别上，通过深度学习神经网络处理视觉数据自动化识别道路标志标线和道路沿线设施；同时，通过激光雷达采集器得到的数据对边坡损坏情况和道路沿线设施损坏情况进行对比分析。

3. 路面、路基及桥梁病害识别、提取、分类技术

借助道路三维纹理信息和不同病害的特征可以提取出病害的细节信息，并对不同的病害进行分类，结合国家标准计算得出道路性能指标诸如路面破损状况指数（Pavement Condition Index，PCI）、路面行驶质量指数（Ride Quality Index，RQI）等，对交通基础设施的性能进行定量刻画。

4. 基于 5G 的边缘计算和实时通信技术

边缘计算（Mobile Edge Computing，MEC）可以创造一个具备高性能、低时延与高带宽的电信级服务环境，加速网络中各项内容、服务及应用的下载。借助 5G 通信技术，可以将交通基础设施的全要素及病害识别算法部署到边缘云上，实时处理原始数据得到处理结果，并上传到相关管理部门，方便相关部门及时掌控交通基础设施的运行状态。

（二）交通基础设施数字化软件平台逻辑设计

根据系统需求，交通基础设施数字化软件平台由五个子模块组成，分别为基础设施信息管理模块、运营工作管理模块、统计报表自动导出模块、交通基础设施养护决策模块、GIS 地图服务模块，接下来将对各模块的逻辑设计进行简单的说明。

1. 基础设施信息管理模块

基础设施信息管理模块主要对交通基础设施信息和运营基础信息进行管理。交道基础信息主要对公路桥梁及隧道基本信息、性能信息、沿线交通设施信息、交通状况信息、环境状况信息五部分信息进行格式化的存储和管理。运营基础信息管理主要对单位信息管理、人员信息管理、设备信息管理、材料信息管理四部分信息进行格式化的存储和管理。针对不同的部分，平台提供表单显示、搜索筛选、简单图表展示、数据更新、数据导出的基本功能，其功能需求与道路基础信息管理模块相同。

2. 运营工作管理模块

运营工作管理模块主要划分为施工管理、日常巡视管理、养护管理三部分。

施工管理子模块主要用于在建项目管理。施工管理主要包括施工进度管理和施工物资管理。其中，施工进度管理通过甘特图的方式来对工程建设进度进行刻画，并借助系统工程的思路来对各子项目进行排期优化。施工物资管理建立施工物资数据库，定期更新施工现场物资损耗情况，确定物资的负责人。

日常巡视管理子模块主要用于运营管理部门管理并记录日常巡视工作，进而掌握公路桥梁及隧道的病害类型和程度，以便于养护管理。该子模块主要提供两个表单，一个表单用于展示交通基础设施病害信息，另一个表单用于展示交通基础设施宏观指标信息。交通基础设施病害信息表单展示的信息主要包括巡视编号、巡视时间、巡视路段、病害位置、病害类型、病害程度、图片资料、负责人等。需要注意的是，在一次巡视下同一个路段可能有多条病害记录，若巡视路段没有任何病害，那么病害类型填"无"。对于每条病害记录，需要附上链接以供查看原始图片资料等。除了病害信息之外，部分巡检车辆可以获取交通基础设施的宏观性能指标信息，这些信息也可以在表单中展示，主要记录巡视编号、路段编号、巡视时间、巡视起点、巡视终点、巡视车辆设备编号、各个指标信息等，并自动同步到基础信息管理模块之中。

养护计划管理主要用于养护计划管理和执行监督，自动导入道路养护决策模块生成的养护计划。表单主要用于展示养护计划编号、养护计划日期、养护完成时间、养护单位、养护方法、养护状态、养护单位、养护预算、养护花费、负责人等信息。

3. 统计报表自动导出模块

统计报表自动导出模块对公路桥梁及隧道的宏观性能指标数据进行统计、分析和评价，用户可以根据统计图表直观地了解各个路段的状况。同时，该模块支持自动生成报表的功能，支持多种标准文档格式的导出。该模块主要展示路段编号、路段名称、检测时间、路段性能指标的评定结果。该模块支持对不同数据字段的筛选功能，可以根据筛选结果绘制图表，同时可以自动生成不同路段或者不同道路网络的性能评价报表。

4. 交通基础设施养护决策模块

交通基础设施养护决策模块根据以往采集的交通基础设施大数据，进行基础设施的性能预测，内置统计回归模型、机器学习模型等多种模型形式，可以帮助交通管理部门提前掌握交通基础设施状态，及时安排养护工作，为公路桥梁及隧道的养护决策提供数据支撑。通过日常巡检之后，交通基础设施信息管理模块的数据库得到更新，预测模型的参数将根据新增数据同时进行更新，参数的更新在后台进行。根据合适的决策模型和路网当前性能情况及未来发展趋势，得出合适的养护决策方案，以辅助管理人员进行决策，提高养护管理水平，提升整个交通系统的服务水平。

5. GIS 地图服务模块

GIS 地图服务模块通过地图服务的方式来对道路网的性能状态、病害分布和养护计划进行可视化，为养护管理部门提供直观的展示。

本章参考文献

[1] 石嘴山发布.工业固废由"包袱"变财富,宁夏首次![EB/OL].(2023-04-03)[2023-06-06]. https://mp.weixin.qq.com/s/PRJVDgoadfNuvKKLIOKq9g.

[2] 李昌铸.公路桥梁管理系统(CBMS2000)的开发与应用[J].公路交通科技,2003,20(03):84-90.

[3] 刘勇,徐峰,张超,等.基于BIM的高速公路桥梁养护综合管理系统设计[J].自动化仪表,2021,42(10):106-10.

第五章

交通运输节能减排与"双碳"目标

气候变化成为人类共同面临的挑战,绿色低碳发展成为全球共识。为践行《联合国气候变化框架公约》精神,履行大国责任,2020年9月习近平总书记在第75届联合国大会上明确指出,我国的二氧化碳排放力争于2030年前达到峰值,努力争取在2060年前实现碳中和(简称"双碳"目标)。"双碳"目标的提出必将给我国经济发展、能源结构、技术创新、政策体系等带来深刻影响与重大挑战。2022年,宁夏回族自治区发展改革委员会编制完成了《宁夏回族自治区碳达峰实施方案》,是首个出台"双碳"领域实施意见的西部地区省份。宁夏交通运输行业是节能减排、污染防治和"双碳"工作的重点领域之一,"双碳"目标对宁夏综合交通绿色发展既是制约,也是机遇。

交通运输的碳排放主要来源于运输过程中运输工具燃料燃烧产生的CO_2等温室气体排放,交通工具的节能减排、提升交通运输装备能效利用水平是交通运输绿色低碳发展的基础;铁路、公路、水运、航空等运输方式的单位周转量耗能和单位周转量碳排放因子差异巨大,优化运输结构、提高交通运输组织效率是交通运输碳减排的关键。因此,必须加快形成绿色低碳运输方式,确保交通运输领域碳排放增长保持在合理区间。近年来,宁夏紧紧围绕加快建设交通强国和实现"双碳"目标,通过车辆技术升级、交通结构调整、出行方式转变等,促进交通运输行业与能源行业的融合发展,推动交通运输行业绿色低碳转型。

第一节 交通运输碳排放

一、交通运输分类

交通运输是经济发展的基本需要和先决条件,是社会经济的基础设施和重要纽带,是现代工业的先驱和国民经济的先行部门。目前,交通运输形成了铁路、公路、水运、航空、管道五种运输方式的基本格局,每种交通运输方式在基础设施和载运工具方面都有其自身独到的特征,各有长短,都有适宜的使用范围,不同交通运输方式间是一种竞争合作关系。我国交通运输部门的统计口径也分为公路、铁路、水路、民航及管道五类,目前交通运输部门的碳排放不包括管道运输,故在此不讨论管道运输的碳排放问题。宁夏交通运输以公路、铁路为主,航空运输虽稳步上升,但运输量仍较小,水路运输几乎为零,故宁夏交通运输主要考虑公路、铁路和航空运输。

二、交通运输量和周转量

运输部门在一定时期内运送的旅客量和货物量,以运输量和周转量表示。运输量反映运送旅客和货物的数量,而周转量则是旅客的数量或货物的质量乘以其运输距离,既反映运输的数量,又反映运输的距离,能比较全面地反映运输的成效,比较确切地反映运输生产产品的数量和规模。周转量分旅客周转量、货物周转量和换算周转量、集装箱周转量等。

《宁夏回族自治区2020年国民经济和社会发展统计公报》显示,2020年全年全区货物运输总量4.40亿t,货物运输周转量764.75亿t·km。全年全区旅客运输总量0.38亿人,下降37.56%;旅客运输周转量99.76亿人·km,下降37.09%,详见表5-1。

2020年全区各种运输方式完成运输量及其增长速度 表5-1

运输方式	货物 运输总量 绝对值(万t)	货物 运输总量 比2019年增长(%)	货物 运输总量 占运输总量比例(%)	货物 运输周转量 绝对值(亿t·km)	货物 运输周转量 比2019年增长(%)	货物 运输周转量 占运输周转总量比例(%)	货物 平均周转距离(km)	旅客 运输总量 绝对值(万人)	旅客 运输总量 比2019年增长(%)	旅客 运输总量 占运输总量比例(%)	旅客 运输周转量 绝对值(亿人·km)	旅客 运输周转量 比2019年增长(%)	旅客 运输周转量 占运输周转总量比例(%)	旅客 平均周转距离(km)
铁路	8633.61	5.93	19.61	214.62	0.18	28.06	248.59	557.58	-16.33	14.64	24.23	-10.81	24.29	434.56
公路	34216.62	-0.42	77.72	483.67	10.58	63.24	141.36	2902.38	-40.83	76.23	28.22	-38.66	28.29	97.23
航空	2.97	-10.8	0.01	0.37	-8.19	0.05	1245.79	347.68	-33.26	9.13	47.31	-33.95	47.42	1360.73
管道	1171.71	2.08	2.66	66.09	12.18	8.64	564.05	—	—	—	—	—	—	—
总计	44024.91	0.83	100.00	764.75	7.66	100.00	173.71	3807.64	-37.5	100.00	99.76	-37.09	100.00	262.00

由表5-1可知,宁夏运输以公路、铁路为主,2020年这两种运输方式的货物运输量占到总运量的97.33%,其中公路运输占比高达77.72%,高于全国的73.93%水平;宁夏铁路运输占比为19.61%,也远高于全国的9.62%水平;航空、管道、水运的运输量都很低。因宁夏全区面积较小,四种货物运输方式的货物运输周转量、平均周转距离也远低于全国水平,货物的平均周转距离只有173.71km,远低于全国的424.3km。

宁夏的旅客运输也以公路客运为主,2020年公路客运占比高达76.23%。

三、宁夏交通运输"双碳"目标

(一)宁夏运输碳排放清单

交通运输行业的碳排放清单主要采用能源消耗法进行核算,可分为基于能源平衡表拆分核算和基于活动水平和单位活动水平能耗因子核算。基于能源的碳排放核算方法采用实际燃料消耗量,能够真实反映出实际碳排放量,但也存在国家能源统计年鉴统计部门不能覆盖交通运输行业、难以确定能源拆分比例、难以细化到交通具体领域等问题。基于活动水平的核算方法能够较好地反映交通领域实际能耗水平,可进行细分交通子领域的精细核算,该方法需要数据种类较多,统计上通常存在较大缺口。公路运输的碳排放核算方法采用基于机动车保有量等活动水平的能耗因子核算方法,铁路、水路、民航的碳排放核算多采用周转量法。

宁夏交通运输以公路、铁路为主,航空运输的碳排放占比较小,水运几乎为0,故本节所述宁夏交通运输碳排放核算范围为公路、铁路和航空,核算时间为2020年和2018年,活动水平数据采用了宁夏统计局发布的《宁夏回族自治区2020年国民经济和社会发展统计公报》(表5-1)、《宁夏回族自治区2018年国民经济和社会发展统计公报》的数据(表5-2)。公路运输的碳排放核算包括营运性运输车辆及私人乘用车、摩托车、农用运输车等非营运性运输车辆以及消耗电力的电动公交、电动汽车等,机动车保有量数据来源于宁夏回族自治区交通运输厅。铁路、航空采用了基于周转量能耗因子的方法进行测算。铁路周转量能耗因子分别采用《2020年铁道统计公报》《2018年铁道统计公报》给出的铁路单位运输工作量综合能耗4.39t标准煤/百万换算t·km和3.81t标准煤/百万换算t·km;航空周转量能耗因子分别采用《2020年民航行业发展统计公报》《2018年民航行业发展统计公报》给出的数据,民航油耗分别为0.316kg/(t·km)、0.287kg/(t·km);客货换算系数采用我国统计制度规定的数据,即铁路客货换算系数为1,航空客货换算系数为0.072。

2018年全区各种运输方式完成运输量及其增长速度　　　　表5-2

运输方式	货物				旅客			
	运输总量		运输周转量		运输总量		运输周转量	
	绝对值(万t)	比2017年增长(%)	绝对值(亿t·km)	比2017年增长(%)	绝对值(万人)	比2017年增长(%)	绝对值(亿人·km)	比2017年增长(%)
铁路	7158.93	9.66	229.49	9.49	653	0.4	40.78	-5.74
公路	31757	0.31	398.19	-20.39	5342	-18.04	47.46	-15
航空	2.53	33.69	0.33	15.11	458.76	7.71	63.2	9.15
管道	1215.38	10.46	64.75	12.8	—	—	—	—
总计	40133.84	2.15	692.76	-14.62	6453.76	-15.02	151.44	-3.54

经核算,2020年宁夏全区公路交通碳排放为569.08万t、铁路运输碳排放为26.63万t、航空运输碳排放为37.04万t,宁夏全区交通运输部门碳排放总量为632.75万t。2018年宁夏全区公路交通碳排放为524.06万t、铁路运输碳排放为26.16万t、航空运输碳排放为34.06万t,宁夏全区交通运输部门碳排放总量为584.28万t。

从2020年、2018年宁夏交通运输排放清单可知,宁夏交通运输碳排放以公路排放为主,铁路和民航排放量较小,故主要分析宁夏公路交通碳排放的特点。

(二)宁夏公路交通碳排放现状与特点

1. 公路交通碳排放量逐年增加

核算的 2020 年宁夏公路交通碳排放总量约为 569.08 万 t,2018 年为 524.06 万 t。公路交通碳排放占宁夏交通碳排放的绝大部分,机动车保有量的迅速增加是交通碳排放量增加的主要原因,2021 年全区机动车保有量突破 200 万辆,汽车保有量为 185.37 万辆,随着机动车数量的逐年增长,宁夏交通碳排放量也在逐年增加。

2. 重型货车、小汽车、轻型货车碳排放量占比较大

根据核算的宁夏公路交通碳排放数据可知:

(1)车型:在宁夏公路交通中碳排放量占比最高的车型是重型载货车(38.69%),其次是小型载客车(32.74%)和轻型载货车(22.62%),这三种车型的碳排放量占比已超 94%,如图 5-1 所示。

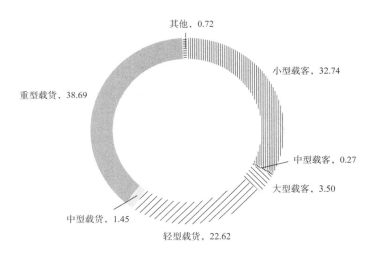

图 5-1 车型碳排放占比

(2)燃料:宁夏各车型分燃料类型的碳排放情况见表 5-3。

宁夏各车型分燃料类型的碳排放　　　　表 5-3

汽油车		柴油车	
车型	占比(%)	车型	占比(%)
微型载客车	0.26	小型载客车	0.34
小型载客车	61.82	中型载客车	0.22
中型载客车	0.32	大型载客车	4.33
大型载客车	0.15	轻型载货车	10.35

续上表

汽油车		柴油车	
车型	占比(%)	车型	占比(%)
微型载货车	0.00	中型载货车	3.14
轻型载货车	35.93	重型载货车	81.18
中型载货车	0.00	低速车	0.16
重型载货车	0.45	三轮车	0.27
小型载客车+轻型载货车	97.75	重型载货车+轻型载货车	91.53

汽油和柴油是宁夏公路交通碳排放的主要燃料,占比分别为45.89%和45.67%。在汽油车中,小型载客车和轻型载货车是碳排放的主要来源,占比分别高达61.82%和35.93%,其他各车型的总和仅为2.25%;柴油车中,重型载货车的排放占比最高,高达81.18%,其次为轻型载货车,占比为10.35%。宁夏公路运输中碳排放量占比最大的三种车型分别是重型载货柴油车37.51%、小型载客汽油车30.58%、轻型载货汽油车17.78%,这三种车型的碳排放量占宁夏公路交通总碳排放量的85.87%。

3. 轻型货车排放占比较高,重型货车碳排放增加迅速

宁夏轻型载货汽车碳排放量占比达22.62%,而全国轻型载货车碳排放量占比仅为5.5%,且存量较多、增幅较大。2020年宁夏有轻型载货车25.5万辆,占宁夏机动车总数的14.49%,2020年比2018年增加了5.2万辆,增幅高达25.62%。

重型载货车数量的增加也较快,由2018年的2.68万辆增加到2020年的3.17万辆,增幅达18.28%,导致其碳排放量增加了30.35t,比2018年增加了16.5%,是碳排放量增加最多的车型。

4. 老旧车辆较多导致排放较大

低排放标准的车型较多,导致机动车污染物排放量较大。2021年全区国Ⅴ以下排放标准汽车排放的氮氧化物(NO_x)、一氧化碳(CO)、挥发性有机物(VOCs)、颗粒物(PM)和碳氢化合物(HC)分别占汽车污染物排放总量的70.73%、65.96%、61.94%、75.42%、59.49%。

(三)宁夏交通"双碳"目标

碳达峰是指碳排放量在某一年度达到历史最大值后平稳下降,或进入"平台期"(即碳排放量在一定范围内波动并出现峰值)再平稳下降。碳达峰是二氧化碳排放量由增转降的历史性拐点,标志着碳排放与经济发展实现脱钩,达峰目标包括达峰年份和峰值。不同行业、不同区域经济发展程度、产业结构不尽相同,因此实现碳达峰也存在不均衡的现象,达峰时间具有一定的差异性,甚至明显的差异性,需要分别制订碳达峰目标。各地区的达峰数据

（峰值）也不同，碳排放量与产业特点、基础相适应，人均碳排放量和碳排放强度不一致，碳达峰与每个地方的经济和社会发展基础、特点相关。国务院印发《2030年前碳达峰行动方案》，要求尽快形成绿色低碳运输方式，确保交通运输领域碳排放增长保持在合理区间。交通领域碳排放是唯一一个没有明确碳达峰目标的领域，同时该文件指出要重点实施交通运输绿色低碳行动。在交通运输碳排放量核算的基础上，要综合考虑交通能源结构、交通运输结构、新能源发展水平、交通运输工具的低碳化水平等，对未来碳排放量进行预测，估算交通运输领域碳排放量增长的合理区间和碳排放水平。

宁夏作为首个出台"双碳"实施意见的西部地区省份，在《宁夏回族自治区碳达峰实施方案》里，对交通方面提出了四方面要求：①推广节能低碳型交通工具；②构建绿色高效交通体系；③建设现代绿色物流体系；④完善绿色交通基础设施。同时，该方案提出到2025年，预计新能源汽车销量占新车销量的20%左右，新增市政车辆将全部实现新能源替代；到2030年，当年新增新能源、清洁能源动力的交通工具比例达到40%左右，铁路单位换算周转量综合能耗相比于2020年下降10%；公路交通运输石油消费力争在2030年前达到峰值。

结合本书中核算的2018年和2020年宁夏全区交通碳排放数据584.28万t和632.75万t，根据《2030年前碳达峰行动方案》《宁夏回族自治区碳达峰实施方案》的要求，依据2018年和2020年宁夏机动车保有量的增长速度，新能源车辆的快速增加，重卡换电、重卡换氢、公转铁等措施的实施，交通结构的优化等情况，考虑5%的浮动范围。

第二节 公路运输节能减排

根据交通运输部的数据，从排放总量来看，公路运输碳排放总量最大，高达80%左右，且公路的单位周转量耗能较高，公路运输是交通领域碳排放的重点，碳减排压力也最大。公路运输是宁夏交通运输的主力，公路运输的节能减排是宁夏交通运输实现"双碳"目标的关键。

一、公路运输及排放特点

（一）公路运输特点

我国公路网比较发达，公路运输灵活性高；覆盖面积广，服务范围广；中短途运输速度快，货运效率高。但也存在运输能力小、运输能耗高、运输成本高等不足。

公路营运客运量近年虽然在下降，但公路货运一直是我国货运的主要运输方式，这源于公路运输的优势。据交通运输部统计，2020年我国公路货运量为342.6亿t，占货运总量的

73.93%,公路货运周转量为59636.4亿t·km,占货运总周转量的30.6%,公路营运性旅客运输量为68.9亿人次,占旅客运输总量的71.25%,公路旅客周转量为4641.00亿人·km,占旅客运输周转总量的24.1%。

宁夏2020年公路货物运输量为34216.62万t,货物周转量为483.67亿t·km,分别占货物运输总量和总周转量的77.72%和63.24%;公路旅客运输量和旅客运输周转量分别是2902.38万人和28.22亿人·km,分别占旅客运输总量和旅客运输周转总量的76.23%和28.29%。

(二)公路运输碳排放特点

我国公路运输的碳排放一直是交通碳排放主体,且公路运输的单位周转量碳排放较高。据交通运输部科学研究数据显示,2019年交通运输领域CO_2排放量的86.76%来源于道路运输,公路运输中货物运输占比高达61.2%,而重型货车的排放量最大,占公路运输碳排放总量的54%,其次是乘用车,占比为33.7%。公路运输的节能减排是交通运输绿色低碳的关键。

宁夏公路运输碳排放特点与全国基本类似,但轻型货车的碳排放占比较高,达22.62%,远高于全国5.5%的平均水平,但载货汽车总体碳排放与全国基本一致。

二、公路运输减排目标

2021年10月29日交通运输部印发的《绿色交通"十四五"发展规划》中提出,到2025年,交通运输领域绿色低碳生产方式初步形成,基本实现运输装备清洁低碳、运输组织集约高效,重点领域取得突破性进展,绿色发展水平总体适应交通强国建设阶段性要求。营运车辆单位运输周转量CO_2排放量较2020年下降5%,全国城市公交、出租汽车(含网约车)、城市物流配送领域新能源汽车占比分别为72%、35%、20%。

《2030年前碳达峰行动方案》提出:①推动运输工具装备低碳转型。积极扩大电力、氢能、天然气、先进生物液体燃料等新能源、清洁能源在交通运输领域应用,到2030年,当年新增新能源、清洁能源动力的交通工具比例约达40%,营运交通工具单位换算周转量碳排放强度比2020年下降约9.5%。②构建绿色高效交通运输体系。发展智能交通,推动不同运输方式合理分工、有效衔接,降低空载率和不合理客货运周转量,加快大宗货物和中长距离货物运输"公转铁""公转水",到2030年城区常住人口100万以上的城市绿色出行比例不低于70%。

宁夏提出到2025年,预计新能源汽车销量占新车销量的20%左右,新增市政车辆将全部实现新能源替代;到2030年,当年新增新能源、清洁能源动力的交通工具比例约达40%,铁路单位换算周转量综合能耗相比2020年下降10%;公路交通运输石油消费力争在2030年前达到峰值。

三、公路运输减排路径

据交通运输部规划研究院给出的数据显示,我国铁路、水运和公路单位周转量运价(普货)比约为1:0.13:2.6,能耗比约为1:0.7:5.2,碳排放比约为1:1.3:10.9。可见,公路运输是交通运输碳排放的主体,公路运输减排是交通部门节能减排的重点。公路运输的减排路径主要包括新能源和清洁能源替代、优化运输结构、提升能效水平、交通需求管理的提升等,公路交通工具的节能减排是交通运输绿色化的关键。

(一)发展新能源汽车,推动交能融合

据国际能源署IEA《2022年二氧化碳排放报告》:尽管2022年交通运输部门的碳排放增加了2.1%(1.37亿t),可再生能源、电动汽车和热泵等清洁能源技术的部署有效避免了额外的5.5亿tCO_2排放;与全球交通运输行业排放量的增长形成鲜明对比的是,2022年中国的交通运输排放量下降了3.1%。虽然新冠疫情可能是影响交通运输量下降的因素,但2022年我国新能源汽车销量突破600万辆,为交通碳排放的减少做出了巨大贡献。新能源车辆是交通运输部门实现"双碳"目标的关键。

1. 积极发展新能源车辆

据中国汽车工业协会数据,2022年我国新能源汽车销售达688.7万辆,整个欧盟的汽车总销量为950万辆,我国新能源汽车销售同比增长93.4%,占到全球新能源汽车市场的61.2%,新能源汽车新车销量占汽车新车总销量的25.6%,提前三年完成2025年规划目标。中国汽车协会、智研咨询公布的2017—2022年中国新能源汽车产销售量情况如图5-2所示。

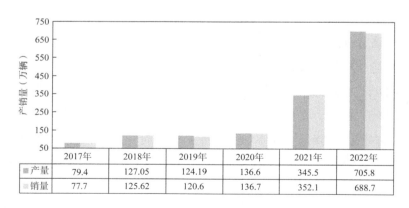

图5-2 2017—2022年中国新能源汽车产销售量

2022年全国机动车保有量达4.17亿辆,新能源汽车保有量达1310万辆,同比增长67.13%。在新能源领域,电动汽车市场是最有活力的,其中纯电动汽车保有量为1045万

辆。2022年,电动两轮和三轮车占到了中国电动车销量的50%,占全球电动两轮和三轮车新注册量的95%。同时,中国的电动客车和货车数量全球领先,占全球新注册量的90%。

《2030年前碳达峰行动方案》提出到2030年,新增新能源、清洁能源动力的交通工具比例达到40%左右。国务院、交通运输部等先后发布了《新能源汽车产业发展规划(2021—2035年)》《绿色交通"十四五"发展规划》《关于组织开展公共领域车辆全面电动化先行区试点工作的通知》,对未来新能源汽车发展进行了规划,并提出了国家生态文明试验区、大气污染防治重点区域及试点领域新增或更新的公交、出租、环卫、邮政快递、城市物流配送、机场等领域车辆中新能源汽车比例不低于80%。

宁夏回族自治区商务厅数据显示:2022年全区新能源汽车保有量超过2.54万辆,占汽车总量的1.29%,比2021年增加1.49万辆,增长141.90%,高出全国均值75个百分点。其中,新注册登记新能源汽车14037辆,占新注册登记汽车总量的12.44%,高出2021年同期比例9.11个百分点,与2021年相比增加9521辆,增长210.83%,高出全国均值129.35个百分点。新注册登记新能源汽车数量从2018年的1509辆到2022年的14037辆。宁夏纯电动汽车以小型电动轿车和大型电动公交车为主,其他新能源类的车辆集中于中大型车辆。《宁夏回族自治区碳达峰实施方案》中提出到2025年,全区新能源汽车销量占新车销量比例约达20%,市政车辆全部实现新能源替代。提高新能源车辆比重是宁夏未来减排的主要方式之一。未来应尽快提高新能源车辆的比重,同时做好充电桩布局的规划。

2. 推动重型货车换电、换氢、换气

重卡的碳排放在全国公路运输中占比高达54%,重卡也是宁夏碳排放量最大的车型,2020年在道路交通碳排放的占比高达38.69%,重卡减排是宁夏交通运输部门节能减排的关键。重卡换电、换氢、换气是目前重卡减排的主要途径。交通运输碳减排,目前在家用乘用车、客车和轻型货车方面,已经有可行的新能源解决方案,但是在重型货车方面,氢能、换电、充电重卡无论是在载具还是充换电、加氢基础设施方面,都尚未达到完全商用的水平。积极推动科技进步,解决重卡换电、换氢中面临的难题,提高重卡换电、换氢的商业化水平,是重型货车减碳的关键。天然气虽然不属于新能源,但其碳排放远远低于煤、汽油、柴油等传统化石能源,可以弥补目前新能源重卡在动力或续航里程等方面的不足,重型货车换气也是目前重卡减排的一项重要措施。

终端上牌数据显示,2022年全国新能源重卡累计销售25152辆,同比(2022年新能源重卡销售10448辆)增长141%。其中,换电重卡累计销售12431辆,同比(2021年换电重卡累计销售3327辆)增长2.7倍(274%)。2022年12月换电重卡销量超3000辆(3349辆),超过了2021年全年的换电重卡销量(3327辆),主要是受新能源汽车购置补贴政策即将完全取消(2023年1月1日取消)的影响和刺激导致的。2022年新能源重卡各细分车型销量占比如图 5-3 所示。

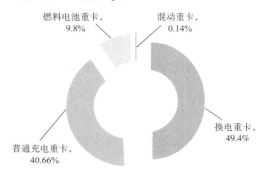

图 5-3　2022 年新能源重卡各细分车型销量占比

宁夏结合光伏优势，积极推动重卡换电，2022 年 5 月国家能源集团宁夏电力宁东公司"换电重卡绿色交通（物流）示范项目"顺利竣工并正式投入使用。该项目是全国首座光伏直供换电站，可服务 100 辆换电重卡。2023 年 8 月，银川高新区重卡充换电站项目是宁夏建设的首座单体充换电站项目。2023 年 8 月，中卫工业园重卡换电站项目设备采购招标。鼓励在煤矿-发电厂、煤矿-化工厂、物流园区等短倒运输应用场景发展充（换）电重卡，统筹推进充（换）电站、分布式光伏布局建设，逐步构建公路货运需求旺盛区域绿色低碳运输场景，提高绿色物流水平。

氢能被誉为 21 世纪最具发展前景的二次能源，是世界上最干净的能源。近年来，世界上许多国家在积极推进氢能产业发展。氢能清洁可靠、零碳排放、能量转换效率高，可与其他能源耦合使用，是可再生的新能源载体。通过燃料电池利用氢能是目前最常用的方式。中国氢燃料电池行业市场前瞻与投资战略规划分析报告显示，2016—2021 年，中国氢燃料电池汽车销量在当年汽车总销量中的占比从万分之 0.22 增长到万分之 0.76。

重卡是氢燃料电池的应用场景之一，适合固定路线长距离运输。在海外，美国尼古拉、日本丰田、韩国现代等车企已经推出氢燃料重卡；在国内，解放、东风、红岩、陕汽、江铃、大运等车企也已经推出相关氢燃料重卡产品，部分企业已经实现量产。2020 年 9 月，财政部、工信部等五部门发布的《关于开展氢燃料电池汽车示范应用的通知》补贴政策落地，明确提出重点推动氢燃料电池在中远途、中重型商用车领域的产业化应用，支持重型货车发展。2022 年 3 月 23 日，国家发改委、国家能源局联合印发《氢能产业发展中长期规划（2021—2035 年）》，该规划明确了氢能的能源属性，是未来国家能源体系的重要组成部分，是绿色低碳转型的重要载体，是战略性新兴产业和未来产业重点发展方向。2021 年全年累计销售氢燃料电池重卡 779 辆，2022 年全年氢燃料电池重卡累计销售 2465 辆，同比增长 216%，高于新能源重卡 141% 的增速。2022 年氢燃料电池重卡上牌量超百辆的省份主要集中在几大氢燃料电池汽车示范城市群，以及明确了氢燃料电池汽车补贴"价码"的区域。以山西省为例，2022 年 12 月 27 日，山西省吕梁市人民政府对吕梁市 2022 年氢能重卡示范应用拟补贴名单进行公示，2022 年吕梁市共有 224 辆氢能重卡获得补贴，补贴总金额接近 1 亿元。

宁夏重卡换氢项目主要集中在宁东基地。结合自身在氢能资源方面的优势，宁东成功加入上海和郑州氢燃料电池汽车示范城市群，成为我国唯一获得示范资格的化工园区。宁东可再生氢碳减排示范项目是全国首个与化工、交通多场景一体化协同耦合的商业化可再生氢项目,融合新能源、氢能、化工、交通等业态。截至2022年宁东基地的重卡的保有量为6000~7000辆,对氢燃料电池汽车的需求潜力很大,这也是支撑宁东大力推广氢燃料电池汽车的基础。未来应合理规划加氢站建设,统筹公路、铁路、物流园区、场区等载运工具对氢能应用的需求;推进氢燃料电池汽车在物流运输、公共交通、市政环卫等领域试点应用,促进氢能制输储用一体化发展。

天然气是传统化石燃料中相对清洁的能源,天然气重卡是阶段性降低碳排放的重要措施。受天然气、柴油价格变动的影响,2023年,天然气重卡销量占比出现大幅提升。终端上牌数据显示,2023年全年天然气重卡累计销售15.2万辆,重卡总销量为66.7万辆,同比2022年全年的3.73万辆大涨308%;2023年重点区域市场天然气重卡销量最大的是山西,达44050辆,宁夏排第三,销量达13521辆,占市场份额的8.9%,约占宁夏2023年重卡总销量(1.6万辆)的84%。

（二）提高车辆排放标准,降低碳排放强度

国务院印发的《2030年前碳达峰行动方案》中明确提出了到2030年营运交通工具单位换算周转量碳排放强度比2020年下降9.5%左右的目标。提高车辆的排放标准,制(修)订适应碳达峰碳中和要求的营运车辆能耗限值准入标准,健全营运车辆能效标识,加快老旧车辆的更新改造,是提升能效水平,降低公路碳排放强度的重要举措。

目前我国的排放标准有国一(国Ⅰ)至国六(国Ⅵ)标准。不同的排放标准,排放差距非常大。排放标准的提高,可大幅降低车辆的污染排放,如国Ⅰ标准的CO排放为3.16g/km,而国Ⅵ第二阶段仅为0.5g/km,仅为国Ⅰ的13.9%;贯彻新标准还可以大幅降低油耗,即碳排放强度,在长途路程和稳定行驶时,国Ⅲ车相较国Ⅱ车省油,5t的车型百公里可省1L左右,10t的在2L左右。

宁夏低排放标准的车型比例较大,导致机动车污染物排放量和碳排放量都较大。2021年全区国Ⅴ以下排放标准汽车是目前机动车污染排放的主体,占比在59%以上,推进老旧车辆淘汰和高排放柴油车治理、提高排放标准是减少机动车排放的关键。加快传统动力能效提升和减排技术的研发,加快推动燃油品质升级,推进老旧车辆淘汰和高排放柴油车治理,全面提升新车的燃油效率和排放标准,提高车辆能效水平,减少公路单位周转量耗能,降低碳排放强度,加快实现与国际先进标准接轨。

（三）发展多式联运,优化运输结构

目前我国以公路运输为主,公路货运量占比达70%以上,而铁路不足10%,水运在15%

左右。从单位周转量能耗来看,据交通运输部规划研究院的数据显示,公路单位周转量(普货)碳排放约是铁路的10.9倍,是水运的8.4倍,将目前周转量耗能较高的公路运输转向单位周转量耗能较低的铁路或者水路运输,加快货物和中长距离货物运输的"公转铁""公转水""公水联运、铁水联运",积极发展多式联运,优化运输结构,是降低公路碳排放的重要手段。国家《"十四五"现代物流发展规划》提出到2025年,货物运输结构进一步优化,铁路货运量占比较2020年提高0.5个百分点。宁夏水运规模很小且以客运为主,多式联运集中于公转铁、公铁联运。

1. 积极推动"公转铁",加快铁路专线建设

积极推进"公转铁",发展"公铁、铁水联运"等,减少大型货车的运输量,建立高效的"陆-港-空"综合调度体系,是降低交通运输碳排放的主要途径,也是降低物流成本的重要手段。

目前宁夏铁路专用线建设不足,加快铁路专线的建设是提升铁路运输比重的关键。目前宁夏专用铁路网络缺口较大,对物流园区、工矿企业的支撑不足,是导致铁路运输比例较小的重要原因。铁路专用线需求紧迫的有两类,一类是大型工矿企业,比如天元锰业、热电厂、大型煤炭企业等;另一类是物流园区,比如宁东物流园、华夏物流园等。要支持煤炭开采企业、大宗物资物流企业及大型物流园区新建或改扩建铁路专用线。煤炭、矿石、焦炭等大宗货物年运量达150万t以上的物流园区、工矿企业,原则上可接入铁路专用线。

宁夏专用线建设面临的主要困难有以下三点:一是建设难。铁路专线多以企业投资建设为主,投资成本高,资金压力大,企业积极性不高。二是接轨难。路网接轨条件和办理流程复杂,特别是在跨地市区域、占用基本农田、穿越生态红线时,审批手续更为复杂。三是改造难。部分专线建设较早,配套设施投入不足,严重影响效率和安全;设计运量与运输增量达不到预期,难以满足市场需求。

本书提出如下建议:一是加大政策扶持力度,包括税收优惠政策、运营补贴政策、用地支持力度、简化铁路专线接轨审核程序、完善投融资制度等;二是加速铁路专用线和铁路干线的衔接,提高专线利用效率和综合效益;三是积极促进铁路和工矿企业、物流园区的合作,建设多式联运物流服务平台,提高智能管控水平,发挥铁路运输安全、节能、环保优势,推动运输结构优化。

2. 积极推动绿色物流,发展多式联运

国务院印发的《加快建立健全绿色低碳循环发展经济体系的指导意见》、交通运输部印发的《综合运输服务"十四五"发展规划》、中共中央和国务院印发的《国家综合立体交通网规划纲要》等,都将物流行业绿色低碳发展作为文件的重要内容。《"十四五"现代物流发展规划》,是国务院层面又一个推动现代物流发展的纲领性文件,提出到2025年,基本建成供需适配、内外联通、安全高效、智慧绿色的现代物流体系。

据中国物流与采购联合会通报显示,2022年全国社会物流总额347.6万亿元,按可比价格计算,同比增长3.4%,2022年社会物流总费用达17.8万亿元,同比增长4.4%。运输成本是物流成本的重要部分,甚至超过一半。虽然近年来运输成本所占比重在逐步下降,但仍在40%以上。2022年我国全社会物流总费用与GDP的比值,已经下降到14.7%,虽然近几年宁夏的物流成本在持续下降,但仍然高达17%左右。绿色物流是宁夏交通减排的重要途径。

积极推动绿色物流,加快铁路物流基地、铁路集装箱办理站、港口物流枢纽、航空转运中心、快递物流园区、交通枢纽等的规划建设和升级改造,开展多式联运枢纽建设,建立高效的"陆-港-空"综合调度体系,积极推动"公转铁""公转水",深入推进多式联运发展,减少大型货车的运输量,将货物运输尽量调整到碳排放较少的铁路、水运,优化调整运输结构。加快城乡物流配送体系建设,创新绿色低碳、集约高效的配送模式。实行多式联运"一单制",推进标准规则衔接,加快应用集装箱多式联运电子化统一单证,加快培育一批具有全球影响力的多式联运龙头企业。

(四)优化交通组织,提高绿色出行比例

不同交通方式之间的耗能有较大区别,公共交通工具的人均耗能远远低于小汽车、出租汽车等私人交通工具。随着我国经济水平的提高,小汽车数量急剧上升,据公安部统计,2022年全国机动车保有量达4.17亿辆,其中汽车保有量为3.19亿辆,总量和增量均位居世界第一。2022年宁夏机动车保有量也达214.9万辆,汽车保有量达196.9万辆,占机动车总量的91.61%,比2021年增加11.4万辆,增长6.17%。机动车保有量的快速增加成为交通碳排放量增长的主要驱动力,且机动车仍有快速增加的趋势。机动车的飞速增长导致的交通拥堵成为很多城市的"顽症",研究证实交通拥堵又加剧了机动车碳排放。优化交通组织,提高公交出行分担率,既是减少交通拥堵的重要手段,更是交通减排的关键。

2020年7月23日《交通运输部 国家发展改革委关于印发〈绿色出行创建行动方案〉的通知》提出引导公众出行优先选择公共交通、步行和自行车等绿色出行方式,降低小汽车通行总量,整体提升我国各城市的绿色出行水平;到2022年超大、特大城市公共交通机动化出行分担率不低于50%,大城市不低于40%,中小城市不低于30%。北京交通发展研究院发布的《2023北京市交通发展年度报告》显示,2022年北京市公共交通出行比例为24.4%,比上年降低1.8个百分点;中心城区工作日绿色出行比例为73.4%,比上年降低0.6个百分点。《宁夏回族自治区城市公共交通"十三五"规划纲要》中指出,宁夏全区大多数城市公共交通出行分担率平均不足10%,除银川市公共交通分担率超过20%以外,其他城市平均约为

6%。宁夏绿色出行的比例远低于北京等超大城市。宁夏应积极推进落实城市公共交通优先发展战略政策,优化城市公交网络,以交通与土地深度融合的 TOD 为基础,构建轨道交通、公交等多层次低碳集约的公共交通体系,积极发展公共交通、做好各种公共交通方式的衔接,优化交通组织,尤其是"最后一公里"的共享单车停放的优化等,提高公交调度水平,减少小汽车、出租汽车等高碳排放出行方式,大力倡导慢行出行,实现绿色低碳出行,把出行更多转到公共交通、轨道交通和步行与自行车出行上来,提高绿色出行比例。

(五)加快科技创新,完善政策法规

交通工具的低碳化、运输结构的优化、能效水平的提升、交通需求管理水平的提升都离不开科技的支撑。科技创新是加快建设交通强国的重要驱动力,推动大数据、互联网、人工智能、区块链、超级计算等新技术与交通行业深度融合,是《交通强国建设纲要》中发展智慧交通的重要内容。

目前,宁夏清洁能源使用比例依然较低,新能源和清洁能源在交通运输行业尚未形成规模化应用,在一定程度上依赖新能源装备技术的突破性进展。积极发展新能源、清洁能源的相关技术以及车能融合技术,扩大电力、氢能、天然气、先进生物液体燃料等新能源、清洁能源在交通运输领域应用,优化交通用能结构。积极发展提升运输装备能效、推广应用低碳运输装备、持续支持重型装备低碳化等关键技术。结合宁夏光伏、绿氢等优势,积极发展氢能电池和氢燃料内燃机技术,解决氢能利用中功率密度低、成本高、存储运输难度大等关键核心技术,推动氢能在交通运输领域的应用。从科技创新角度深挖能源、资源的利用效率、降低单位周转量耗能和单位碳排放。不断提升的车辆排放标准既推动了车辆减排技术的发展,又依赖于科技的进步。多式联运的高效运行,同样需要大数据、互联网、人工智能等新技术的支撑,以及新技术与交通行业深度融合。

完备的政策体系是规划能够落实的必要保障。应加快完善绿色交通标准体系,逐步构建基础设施、运输装备、运输组织等方面的绿色交通标准体系,配套制定绿色交通相关建设和评价标准,完善交通运输行业重点用能设备能效标准和能耗统计标准等。

建立和完善行业碳排放的监测与统计体系,增加碳排放的统计指标,完善节能减排管理制度建设。推进交通运输节能减排目标责任评价、考核指标体系和考核制度的建立和健全。强化各级交通运输主管部门和企业的节能减排责任,分解落实节能减排目标,形成对地方行业主管部门和重点企业的综合考核办法及相应奖惩措施,提高企业节能减排的主动性和积极性,完善碳交易制度,加快完善绿色交通监督管理体系。

对绿色交通相关产业给予一定的政策倾斜与激励机制。鼓励企业进行技术创新,对参与交通运输绿色发展工作的货运客运单位、企业,在资质就位、市场信誉等方面给予政策倾

斜,支持低碳交通相关企业的研发和推广,提高企业参与绿色交通的积极性,提高企业的核心竞争力,营造绿色交通蓬勃发展的良好氛围。

<h2 style="text-align:center">本章参考文献</h2>

[1] GUAN Y R, SHAN Y L, HUANG Q, et al. Assessment to China's recent emission pattern shifts[J]. Earth's Future,2021,11(9):1.

[2] 陆化普.交通强国建设的机遇与挑战[J].科技导报,2020,38(9):17-25.

[3] ZHANG L, LONG R, CHEN H, et al. A review of China's road traffic carbon emissions [J]. Journal of Cleaner Production, 2019, 207: 569-581.

[4] 李晓易,谭晓雨,吴睿,等.交通运输领域碳达峰、碳中和路径研究[J].中国工程科学,2021,23(6):15-21.

[5] 王世进,蒯乐伊.中国交通运输业碳排放驱动因素与达峰路径[J].资源科学,2022,44(12):2415-2427.

[6] IPCC. 2006 IPCC guidelines for national greenhouse gas inventories [EB/OL].

[7] CIFUENTES F, GONZÁLEZ C M, TREJOS E M, et al. Comparison of top-down and bottom-up road transport emissions through high-resolution air quality modeling in a city of complex orography [J]. Atmosphere, 2021,12 (11):1372.

[8] 李晓易,吴睿.交通运输温室气体核算边界和测算方法研究[J].气候变化研究进展,2023,19(1):84-90.

[9] 庄贵阳,魏鸣昕.城市引领碳达峰、碳中和的理论和路径[J].中国人口·资源与环境,2021,31(9):114-121.

[10] 陆化普,冯海霞.交通领域实现碳中和的分析与思考[J].可持续发展经济导刊,2022(1):63-67.

[11] 田佩宁,毛保华,童瑞咏,等.我国交通运输行业及不同运输方式的碳排放水平和强度分析[J].气候变化研究进展,2023,19(3):347-356.

[12] 吴雪妍,毛保华,周琪,等.交通运输业不同方式碳排放因子水平比较研究[J].华东交通大学学报,2022,39(4):41-47.

[13] 于谦,刘海海,邱树荣,等.基于手机信令数据的城市通勤碳排放分析[J].武汉理工大学学报(交通科学与工程版).2024,48(2):205-210.

[14] 徐龙,王力,刘莹,等.基于多源数据的公交车能耗碳排放测算模型[J].交通运输系统工程与信息,2020,20(3):174-181.

[15] ZHANG S J, WU Y, WU X M, et al. Historic and future trends of vehicle emissions in Beijing, 1998~2020: A policy assessment for the most stringent vehicle emission control program in China [J]. Atmospheric Environment, 2014, 89:216-229.

第六章 >>>

基于智能化提升运输效率和实现绿色发展

第一节 交通运输绿色化发展与智慧效能提升的关系

一、智能化与绿色化的关系

绿色化是结果,智能化是途径。通过智能化促进交通绿色发展。绿色化的根本内涵就是交通运输活动要最大限度地减少资源投入、减小对生态环境的冲击,降低对经济社会发展可持续性的影响,而提高交通基础设施的耐久性和使用效率,就是综合交通绿色发展的有力举措之一。图6-1为智能交通与绿色交通关系示意图。

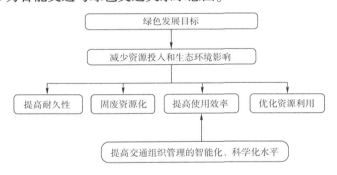

图6-1 交通绿色化与智能化之间的关系示意图

二、基于智能化手段支撑宁夏交通绿色发展

通过智能化手段,实现综合交通绿色发展和效能提升,是宁夏高质量发展新阶段交通运输领域面临的重要任务和关键突破点。宁夏回族自治区国民经济和社会发展第十四个五年规划和2035年远景目标纲要指出,宁夏将"坚持统筹城乡、强化功能、服务发展,实施基础设施重大工程,加快构建系统完备、高效实用、智能绿色、安全可靠的现代化基础设施体系,更好发挥基础设施发展的先行引领作用"。《宁夏综合交通运输体系"十四五"发展规划》指出,为实现"碳达峰碳中和",需加快提升宁夏综合交通运输绿色智能化水平,将绿色发展理念和低碳发展要求贯穿综合交通运输发展全过程,推动交通运输在发展方式、能源结构、技术创新等方面的高质量转型发展。《宁夏交通运输信息化"十四五"发展规划》提出应牢牢把握宁夏"黄河流域生态保护和高质量发展先行区"定位,积极融入"双循环"新发展格局,贯彻实施网络强国、交通强国、综合立体交通网和"碳达峰、碳中和"等国家发展战略,实现信

息化引领交通运输高质量发展。

第二节　宁夏综合交通运输体系智能化发展现状

"十三五"时期,宁夏主要围绕交通运输信息化建设,在数字化网络化、治理能力现代化、公众信息服务、网络信息安全等方面取得了有效进展。

一、数字化网络化水平稳步提高

基础设施、从业企业、从业人员等交通要素数字化管理基本实现;全区高速公路信息通信系统进一步扩建改造,"纵向到底、横向到边"的自治区—市—县(区)三级交通运输通信网络基本形成。

在智能化发展基础方面,"十三五"期间全区高速公路沿线布设高清视频监控点共计1274个,高速公路重点路段运行实时监测覆盖率达到100%。全区国省道布设交通量调查设施207套,重点路段、桥隧布设高清视频监控点236个,与气象部门共建共享气象监测设施19个,国省道重要节点运行实时监测覆盖率达到68%。

在信息化软件基础方面,在"智能宁夏"统一部署下,汽车电子健康档案大数据监管平台等一批交通运输信息化系统已部署或迁移至宁夏政务云平台,为交通运输信息化发展提供强有力的信息化基础设施保障。

二、综合交通运输治理能力现代化程度明显改善

宁夏在各运输方式领域信息化系统建设方面成效显著,公路建设、公路运营、道路运输、港航管理、综合执法等核心业务基本实现信息化全覆盖。

在公路建设方面,公路建设市场信用信息系统已上线应用,公路建设市场规范化发展体系基本完善。高速公路安全质量信息管理系统已建成,施工现场实时视频监控、试验数据的实时采集及不合格数据的实时预警基本实现,安全质量监管能力进一步提升。

在公路运营方面,公路网交通情况调查数据采集与服务系统进一步升级,桥梁健康管理大数据云平台启动建设,公路应急和基础设施管理能力明显增强。

在道路运输方面,实名制售票系统上线应用,曾为新冠疫情防控提供了强有力的支撑。危险货物道路运输安全监管系统启动建设,监管力度将进一步增强。

在港航管理方面,在交通运输部统一部署下,船员发证、船舶登记和船舶检验等业务的在线办理基本实现。通航环境采集、险情上报与查询、事故调查统计、行政处罚管理、法规基

础数据信息管理等部省联网业务系统已部署应用,监管水平进一步提升。

在综合执法方面,行政执法综合管理信息系统已建成,初步实现部省共建、联网运行,有力推动了交通运输执法管理走向法治化、智能化、专业化。大件运输许可平台和跨省大件运输并联许可系统上线应用,全程实现网上办理,并在全国范围内实现"跨省通办"和"一网通办"。治超站联网系统、非现场执法等系统启动建设,治超执法工作效率和规范化水平进一步提升。

在安全管理方面,交通运输安全生产标准化系统已建成,安全生产监管监察和工程质量监督信息系统已启动建设。

三、公众信息服务能力迅速增强

目前,宁夏交通运输信息服务"一线两网三平台"(即12328热线,宁夏交通出行网、宁夏交通气象服务网,宁夏路网短信、微博、微信公众号)应用广泛,信息服务系统建设不断推进,公共信息服务能力进一步提升,公众信息服务体验不断改善,公众出行更加便捷。

在高速公路出行方面,依托取消省界收费站项目,电子不停车收费(Electronic Toll Collection,ETC)车道新建和改造取得显著进展,"十三五"期间开通ETC车道391条,高速公路93个收费站ETC站点覆盖率达到100%,人工车道移动支付实现全覆盖。

在行业服务监督方面,宁夏12328交通运输服务监督热线与96779、96958、ETC客服等行业服务热线有效整合,运行服务质量明显提升。在综合出行服务方面,宁夏路网出行信息服务平台进一步升级,全区公路网实时路况、养护施工、公路出行研判、高速通行费及ETC服务查询等各类出行服务信息,可通过"乐行宁夏"App、微信小程序等,实现多渠道发布和查询。"宁夏出行""石嘴山出行""全微通"等一批公众出行服务平台已建成应用,客票、机票、火车票、景点门票等在线购买服务全面开通,出行信息服务便捷化、多样化、品质化不断提升。

城市客运票务方面,银川市、固原市、吴忠市、石嘴山市公交卡已实现与全国公交一卡通互联互通。

四、网络信息安全逐步加强

网络和信息安全工作进一步得到重视和加强。《宁夏交通运输系统网络与信息安全应急预案》《宁夏回族自治区交通运输行业网络安全信息通报工作实施办法》等制度出台,网络安全风险管理更加规范。网络安全自查自纠、专项检查、巡检等管理工作定期开展,日常网络安全风险基本化解;交通运输网络和信息安全通报工作持续开展,应急指挥机制基本形成,网络信息安全防控保障和响应能力明显提高。

如前所述，宁夏交通基础设施系统经过多年发展建设，基本适应了交通运输的发展需要。不过，系统构建宁夏绿色智能现代化交通运输体系，还存在不少痛点、难点问题亟须解决。

宁夏道路交通运输碳排放量逐年增多，需要探索如何以智能化为手段有效降低道路交通碳排放水平及综合交通运输能耗水平。

宁夏全区公路、铁路、水路、航空、管道等多种运输方式融合发展还存在不足，需要重点研究通过交通智能化助力不同交通方式规划、建设和管理协同性，以实现多种运输方式融合发展、发展多式联运。

第三节 宁夏综合交通智能化效能提升思路与目标

一、总体思路与目标

根据国家《交通强国建设纲要》和《宁夏综合交通运输体系"十四五"发展规划》要求，提出宁夏综合交通效能提升思路与目标如下：

坚持以习近平新时代中国特色社会主义思想为指导，紧紧围绕宁夏综合交通运输体系"全方位统筹、全网络感知、全数据融合、全行业覆盖、全周期管理、全信息服务、全安全可控、全过程监督"目标要求，以数字智能技术赋能，提升综合交通运输效能、改善运输质量，不断适应人民日益增长美好出行需求。为此提出宁夏综合交通运输体系绿色智能化发展效能提升路径框架(图6-2)。

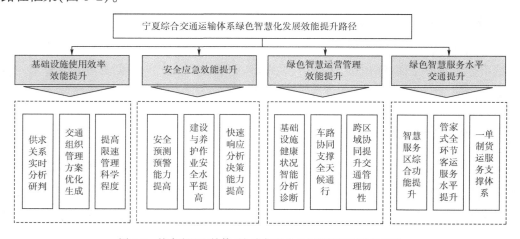

图 6-2 综合交通运输体系绿色智能化发展效能提升路径框架

二、分阶段目标

以智能化为手段全面实现交通体系发展绿色化,以支撑绿色低碳、拉动经济发展、提升安全水平、提供一流服务为目标,经过"十四五"时期努力,形成"高效+安全+绿色"的宁夏智能交通效能提升框架体系,重点围绕基础设施使用效率效能提升、安全应急效能提升、绿色智能运营管理效能提升、绿色智能服务水平效能提升四大重点任务实现宁夏智能综合交通运输体系效能大幅提升。

中长期(从现在至 2030 年"碳达峰")可持续发展目标:

(1)积极探索研发适合宁夏生态特点的交通设施建设、管理、养护、运营阶段智能安全、节能减排、运营管理等技术研发及应用;

(2)积极引进国内外交通设施建设、管理、养护、运营阶段成熟智能安全、绿色智能、智能运营管理等技术及应用;

(3)借助能耗碳排智能监测及运行优化系统实现设施建设、管理、养护、运营阶段极低事故风险、极低能耗碳排水平、极高运行效率,实现宁夏交通基础设施建设、管理、养护、运营等阶段率先"碳达峰"。

远期(从 2030 年"碳达峰"至 2060 年"碳中和")可持续发展目标:

(1)不断依托先进智能化节能减排技术升级完善交通设施绿色智能化建设、管理、养护、运营水平;

(2)实现宁夏交通基础设施建设、管理、养护、运营阶段率先"碳中和"。

第四节 综合交通绿色智能重点任务与实现途径

一、基础设施使用效能提升

主要通过三个方面实现基础设施使用效能提升,如图 6-3 所示。

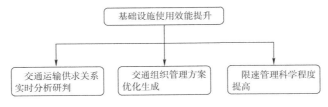

图 6-3 基础设施使用效能提升的实现路径

（一）交通运输供求关系实时分析研判

依托宁夏回族自治区交通运输大数据中心数据资源采集与路网监测能力，补充构建宁夏综合交通运输供求关系实时分析研判平台。

通过对大数据的分析处理，辅助交通管理部门制订更好的统筹与协调解决方案。一方面减少各交通部门运营人力物力成本，另一方面可有效提升道路交通资源合理使用。如可根据大数据分析确定多模式公交网络优化和客流组织方案，分层公交主干网络绿波控制及交通信号自适应控制等。

在充分利用卡口过车数据、浮动车轨迹数据的基础上，通过建立科学、准确、实用性强的交通流状态指标体系，如路网使用指数、交通总量、运输周转里程及比例、拥堵发生及持续时间、重点路段状态和分布等，把握交通系统中观宏观运转状况，明确交通状态变化趋势和时空演化规律，找出运输网络运行的薄弱和低效症结，针对性地治理并提高设施使用效率。

同时利用大数据分析技术提高交通预测能力，降低误报和漏报概率，随时针对交通的动态性给予实时监控和历史回溯分析，从而当车辆即将进入拥堵地段时，系统可预知交通拥堵可能性并告知驾驶人最佳路径方案，大幅降低行车成本，进而提高整体交通运营效率、路网通行能力、设施使用效率及实现交通需求调控。

此外，通过共享交通运行与环境数据建立区域交通排放监测与预测模型，有效分析交通运行与环境影响。同时，通过历史数据分析，围绕降低交通延误和减少排放的目标，构建绿色交通控制系统和交通排放环境影响仿真系统，辅助降低交通运输对环境影响。

（二）交通组织管理方案优化生成

依托宁夏国省干线公路网运行监测系统及运输供求关系实时分析研判平台，进一步补充构建交通组织管理方案优化生成平台，支撑实现交通事件智能快速感知、交通运行状态高精度预测、交通组织优化方案智能生成与快速决策响应。

通过系统监测视频智能分析与精确定位，构建宁夏交通运行事件智能感知系统，实现在有限的工作人员支撑下，依靠人工智能分析算法更快速、更全面、更精确、更智能地发现运输系统中的事故点、拥堵点、安全隐患点段等。

根据不同运输服务部门分类协作需求，构建多层级的可视化交通运输指挥调度平台，即时交互交通事件信息、统筹实地管理人员布设、公布指挥调度系统任务、快速完成任务及时传送、调度过程可视化、决策人员和一线人员即时通信的事件快速响应，实现交通事件智能提示、预警信息自动判断、任务指令快速下达的完整业务链条。

同时，通过搭建基于大数据感知、评定、提升、执行、意见反馈的交通信号优化闭环控制流程,结合交叉口信号机、视频、卡口及浮动车数据及高精度交通流实体模型,支撑信号配时调优与交叉口总体通过效率提升。

通过交通实时状态微信小程序中的交通出行路线规划服务,以群众读得懂、看得明白的方式展现实际交通信息,同时开展多种人性化智能交通提醒服务,如针对驾驶人推送驾照验审、换证提示、限号提醒、挪车警示通知等。

(三)限速管理科学程度提高

依托上述交通监测系统及智能分析平台,进一步构建宁夏交通网络运行分场景智能分析平台,支撑实现交通运行分场景差异化交通管控及限速管控科学水平提升。

构建分区域或路段的分场景差异化交通管控策略,并借助车载智能导航或手机导航应用实时发布,优化车辆行驶效率及体验,如高安全场景路段限速要求放宽(如对当前车流量较小、安全风险极低的高速公路路段放宽限速)、低安全场景路段限速要求提高(如对当前车流量较大、雨雪雾天等安全风险较高路段实现精准限速)。

二、安全应急效能提升

主要通过三个方面实现安全应效能提升,如图6-4所示。

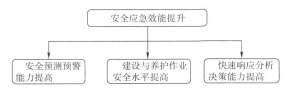

图6-4 安全效能提升的实现路径

(一)安全预测预警能力提高

依托宁夏交通客货运监测系统数据采集能力,构建宁夏综合交通运输安全应急监测系统,包括道路交通运行安全监测、客货运行业安全风险监测等。

依托综合监管系统采集道路交通实时及历史数据、气象/道路交通事故历史数据,构建宁夏道路安全应急智能管控平台,实现典型场景区域及路段公路安全风险智能分析。

依托综合监管系统采集运营数据、安全风险数据等进行客运企业、车辆、驾驶员安全风险智能画像,定期确定行业重点监管对象,实现基于数据融合分析的客运企业安全责任风险智能识别及差异化管理。

依托宁夏物流电子运单监管系统、治超站联网系统及交通运输部通信中心系统补充构建货运全过程运营安全风险监管平台,实现货运车辆运营动态安全风险监测预警、基于运单信息校验的运输企业安全信用评价管理。

(二)建设与养护作业安全水平提高

依托宁夏交通基础建设项目智能管理系统、宁夏公路智能养护综合管理系统数据采集分析能力,构建宁夏公路建设与养护作业安全风险管控平台,实现交通建设养护项目作业安全水平科学分析监管。

依托系统 BIM 技术、项目建设运营管理数据及工程安全智能分析决策技术,补充构建交通建设工程智能安全监管平台,实现对交通基础设施建设工程全过程"人"和"物"的动态安全数据智能监测。

全面构建建设数据智能安全预警模型实现安全监测数据智能分析、智能预警、智能决策、智能处置,如通过视频人工智能(Artificial Intelligence,AI)分析自动识别监控中工人的劳保用品未正常穿戴、吊装区域人员进入等违章行为,并通过现场广播、通知现场负责人等形式提醒工人改正等。借助 AI 视频智能识别技术,管理人员可以掌握安全生产状况的实时统计数据,包括接收隐患数据、分拨隐患数据、退回隐患数据、隐患处理数据及隐患接受分拨处理的地理分布状况,同时监控设备运行过程中车速、疲劳驾驶、关键结构受力等情况的实时监测预警。

针对安全风险隐患较高的区域及路段,作业现场集成使用智能锥桶、智能安全帽、车载巡检等物联网设备,实时采集工程作业现场情况,实现现场施工安全智能管控,高效提升公路工程作业安全风险管控智能化水平。

(三)快速响应分析决策能力提高

依托上述系统安全监测系统及智能分析平台,构建宁夏交通运输安全事件智能响应决策平台,提高快速响应分析决策能力。

针对不同场景事故风险集中区域或路段,综合使用道路安全智能主动管控技术(高清视频图像智能检测、提示、处置、反馈等),实现路段有车辆停驶、逆行、抛撒物、行人闯入等情况系统即刻自动处理。同时构建多部门协同治理平台,实现跨部门道路安全监控数据共享共治,进一步提升安全事件预警及应急处置效率。

针对客运行业重点监管对象(安全风险较大的企业、营运车辆、驾驶员等),借助道路运行监控系统及国内外车辆智能安全防控技术,补充构建宁夏客运主动安全智能防控平台,高效实现道路安全隐患及时通知、车辆安全运营隐患及时预警上报管理、安全事件快速智能处置等。

依托危险货物道路运输安全监管系统及道路运行状态监测系统,补充构建危货运营安全风险预警管控平台,实现危货车辆安全驾驶行为智能识别、道路安全事件智能分析引导、安全事件快速智能响应等。

三、绿色智能运营管理效能提升

主要通过三个方面实现绿色智能运营管理应效能提升,如图6-5所示。

图6-5 绿色智能运营管理效能提升的实现路径

(一)基础设施健康状况智能分析诊断

依托宁夏公路智能养护综合管理系统采集重点构造物健康监测历史数据、道路/构造物监测养护历史数据、气象历史数据及大数据中心交通特征数据,构建宁夏公路系统区域及路段分场景综合养护需求预测平台,进一步提升公路基础设施养护需求分布的准确度和提前量。

针对养护需求集中区域及路段,试点集成使用道路综合养护车、无人机/自动驾驶车辆巡检、自行式灌缝一体机等一系列智能道路养护设备及技术,进一步提升人工作业效率。

依托系统开发构建突发养护事件智能管理应用,实现公路养护事件发生时(如滴洒漏、积水、路树倒伏、占道经营等),全社会群众可通过手机应用、小程序或拨打热线限时反馈、快速响应、限时办理,缩短问题处置时间,有效降低公路养护成本。

(二)试点车路协同支撑全天候通行

依托机场高速智能交通诱导试点项目构建数字化道路基础设施系统,实现全时空信息实时获取和交互,支撑所有道路参与者实时共享。进而从检测、交互、管控三个层级推进试点实现车路协同支撑全天候通行。

检测指道路本身的感知检测能力,可以检测如流量、速度等信息,车路协同环境下需要检测每一辆车的状态,如位置、速度、方向、状态等动态数据。数据有两个来源:一是从车辆来,车辆报送给系统,再实时交互给其他的车和路侧设备;二是利用路侧设备检测每辆车的状态。

交互在这里指车路协同的数据交互。要求实现实时的数据交互,在毫秒级时间内把道路交通状态分享给周边车辆,即300~500m内与行驶安全相关的车辆,从而预防二次事故发生。实时要求可考虑采用低延时高可靠的直联通信,实现全局大交互。

管控包括与智能公路有关的主动管控以及诱导、关闭车道等被动管控。在主动管控中,车辆本身也可作为控制变量参与到管控当中,管控手段包括主动避撞、主动交通控制和全天候通行。主动避撞可以实现车车交互,车辆之间交换安全和状态信息,实现恶劣天气和密集交通环境预警,避免连环撞击。在特殊道路环境下,如在匝道、弯道、隧道,提供驾驶人盲区预警,避免碰撞。

(三)跨区域协同提升交通管理韧性

通过智能管理手段,提高部门间协同组织能力,进而达到提高综合交通系统韧性的目的,交警、路政、气象等部门需要基于一套指挥调度机制开展协同。此外,还可以通过合署办公方式,由多个单位的沟通协调变成一个单位的协调配合,实现快速路警联动处理路况、警情、突发事件等。

四、绿色智能服务水平效能提升

主要通过三个方面实现绿色智能服务应效能提升,如图6-6所示。

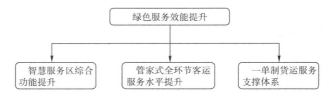

图6-6 绿色智能服务效能提升的实现路径

(一)智能服务区综合功能提升

以服务区资源整合为主,整合服务区现有物联网基础设施数据,注重与加强数据共享。完善与新建服务区基础设施,以大数据、物联网为抓手,实现服务区全方位的信息资源整合共享。

利用服务区内建筑物屋顶及小型停车位处新建车棚(光伏组件兼做车棚顶),因地制宜布置光伏组件。光伏组件经逆变器就近接入配电装置,为场区提供新能源电力,冬季利用现有供热设备通过光伏取电为服务区供热,推进实现"零碳服务区宁夏模式"建设目标。

(二)管家式全环节客运服务水平提升

依托联网售票系统及人脸识别技术,补充构建宁夏客运服务全过程电子身份查验模块,实现交通旅游出行全过程"一张脸",同时针对场景客流需求预测优化客运资源运营组织调度,如增开定制客运线路、调整客运班次、差异化收费、碳积分碳交易系统等,实现宁夏客运系统智能化节能减排。

依托客运监管系统采集数据,开展客运服务主体多维度评价及智能推荐服务,打造一批行业领军客运企业、客运车辆、客运驾驶员(如零事故企业、无差评车辆、金牌驾驶员等),引导行业精细化管理提升。

依托联网售票系统、客运监管系统、道路运行监测系统及客运企业采集数据,补充构建旅客人群特征智能分析服务平台,实现基于全场景旅客特征信息的管家式全环节客运服务智能升级,如规划路线拥堵时针对年轻旅客优先推荐公交出行、夜间女性乘客网约车时优先指派女性驾驶员接单等。

(三)一单制货运服务支撑体系

针对多场景货运需求预测优化货运资源运营组织调度,如发布货运需求预测信息、优化货运线路、鼓励多式联运、碳积分碳交易系统等,支撑推进多式联运"一单制"技术应用,缩短货运手续流程,提高货运周转效率,实现宁夏货运系统智能化节能减排。

依托治超站联网系统及先进智能监测技术试点构建危货智能识别平台,如采用多级吸入式和探针式耦合采样器件,实现不开箱状态下集装箱内气体的快速采集与危化品识别,提高危化车运营管理效率。

依托治超站联网系统及先进智能监测技术试点构建绿通车智能识别监测平台,如以海量 X 射线图像为基础,针对绿色通道检查要求,通过大规模 AI 训练,智能准确查验混装假冒"绿通"品种,降低误检率。

依托宁夏电子运单监管系统、网络货运企业及交通运输部通信中心、路网中心等可信数据源补充构建网络货运税务监管平台,实现网络货运业务真实性、合规性智能校验,降低网络货运税务风险。

依托宁夏"一张图"、交通大数据中心、道路运行监测系统及国内外自动驾驶先进技术,补充构建宁夏自动驾驶道路环境地图分析平台,并在具有较好条件的路段优先试点开展自动驾驶货运通道业务。

第五节 综合交通绿色智能发展的关键技术

全面推进第五代移动通信技术(简称"5G")通信技术、北斗卫星导航技术、大数据与人工智能技术、区块链技术等关键技术与宁夏交通绿色智能化重点任务的深度融合,可联合宁夏各地市行业部门、交通运输企业、科研机构与高校打造相关创新技术应用产业,加速提升交通运输体系效能。

一、5G 通信技术

5G 是具有高速率、低时延和大连接特点的新一代宽带移动通信技术,5G 通信设施是实现人机物互联的网络基础设施。

依托 5G 高速度、低时延、广连接等特点,可在宁夏推进 5G 与关键交通基础设施深度融合。充分利用 5G 赋能数据高质量传输的核心技术能力,引领重点客运枢纽、公路走廊等设施智能化升级。"5G+智能枢纽":利用"5G+室内定位"、高清视频等技术,实现精准客流组织、室内导航、人员调度等创新应用。5G+智能公路:开展基于 5G 的超视距融合感知,实现车路协同下的车速协调、车道引导等精准管控。

此外,还可推进 5G 与交通运输核心业务深度融合。围绕行政执法事件识别、违法处置等全流程效率提升,开展"5G+智能执法创新应用",探索 5G 与 AR 智能眼镜、执法记录仪、执法车车载设备等执法装备集成融合,通过"5G+智能执法终端+高清视频实时回传+AI 智能识别",实现数字化协同作战,不断提升执法效能,全力打造 5G 场景下的立体执法系统。

二、北斗卫星导航技术

北斗卫星导航系统(简称"北斗系统")是我国自主发展、独立运行的全球卫星导航系统,为全球用户提供全天候、全天时、高精度的定位、导航和授时服务,是继美国的 GPS、俄罗斯的全球导航卫星系统(GLONASS)之后,第三个成熟的卫星导航系统,也是国家实施"一带一路"建设的重要支撑。依托北斗卫星导航系统自主可控、功能全面的特点,充分发挥其高精度定位、导航、授时服务功能,推动北斗卫星导航系统在宁夏交通绿色智能化的广泛应用。

基于北斗的业务效能升级。充分利用北斗高精度定位的核心技术优势,重点推进设施养护、营运车辆监管及行政执法等业务流程再造及效能提升。"北斗+基础设施建设养护":依托北斗定位设备,提供地形图测绘、施工图纸放样、施工监控与监测等测绘和监测基准服务,为隧道沉降监测、桥梁变形、边坡位移等养护提供全天候不间断"毫米级"动态监控服务。"北斗+营运车辆监管":推动重点营运车辆安装北斗兼容终端,实现运输车辆车道级动态监控和监控终端时间同步,助力车辆违章监管和事故调查。"北斗+综合执法":推动北斗卫星导航系统与执法车辆、执法船舶、执法记录仪、非现场执法监测点、公路超限检测站等融合应用,为执法提供高精度、高可靠的定位、导航、授时服务。

基于北斗的交通新技术新模式创新应用。"5G+北斗融合应用":推进结合北斗高精度位置信息的大规模数据高可靠传输,支撑车路协同、交通基础设施状态自动监测、高速公路无人机巡检等创新探索。"北斗+智能物流":结合智能物流枢纽建设,推动各物流枢纽在货物搬运、甩挂运输、场站管理调度、车货匹配、货物跟踪、多式联运等方面应用北斗系统,提高枢纽运输调度和运营效率。

三、大数据及人工智能技术

推进大数据及人工智能技术在交通行业监管领域的创新应用。依托视频AI、大数据分析等技术,自动识别异常事件及挖掘行业运行特征,助力构建精准精细的行业治理模式。"人工智能+视频智能分析":基于人工智能算法识别旅客运输车辆、危险货物运输车辆、出租汽车等车牌、车型等关键特征、运营行为、时空规律,形成运营车辆"精准画像",辅助交通行业实现高效管理、路网综合管控和精准执法;强化"两客一危一重"(即从事旅游的包车、三类以上班线客车、运输危险化学品、烟花爆竹、民用爆炸物品的道路专用车辆和重型货车)智能车载监控视频的分析应用,开展驾驶员疲劳检测、驾驶行为分析判断,提高客货运输安全监督力度。"人工智能+执法稽查":利用大数据分析、人工智能算法,精准分析多变的违法行为、多变的违法对象、多变的违法地点的执法难题规律特征,为精准执法提供数据支撑,实现精准发现、精准布控、精准打击,确保道路运输市场稳定有序。

此外,在出行服务领域,利用语音识别、视频识别等技术提升出行各环节效率,结合技术成熟度,围绕智能客服及智能停车率先开展探索应用。"人工智能+智能客服":利用大数据分析、机器学习、知识图谱、智能语音等AI技术建立智能交互服务与人工服务相结合的全新客服模式,对公众的交通服务咨询进行自动答疑,为公众出行提供向导指引;受理运输服务投诉,按照类别形成量化的服务报告,帮助运输企业改进服务。"人工智能+智能停车":利用高位视频技术实现区域停车资源管理和服务,通过手机地图、诱导屏等方式进行停车指引,提升车位利用率,降低寻找车位时间,为违法停车提供完整的取证数据链。

四、区块链技术

以专项应用为引领,加快推进区块链技术在交通运输领域的探索应用,充分发挥其在促进数据共享、优化业务流程、提升协同效率、建设可信体系等方面的作用,支撑交通基础设施建造与管养、物流运输、交通大数据分析与数据治理应用等领域创新发展。

"区块链+交通工程建设监管":加强区块链技术在交通建设工程质量和造价监管领域的应用,利用"共识算法"解决原材料生产、现场施工、验收检测、工程计价、行业监督各方面的数据溯源、安全和信任问题。"区块链+公路自由流收费":探索基于区块链分布式账本的通行费清分及逃费车辆管理,推进"北斗导航+5G通信+区块链集成应用"的新型公路自由流收费体系建设。"区块链+交通综合行政执法":探索道路运输、路政航政等执法流程和记录、行政处罚、信用评价等信息上链及跨部门共享,强化执法的规范性、透明度及业务协同。"区块链+信用交通":推动各地交通运输主管部门、物流平台、第三方企业的信用数据上链,建立完善的个人、企业以及车辆的信用评价体系,服务于政府监管和行业应用。"区块链+多式联运电子提单":探索推进电子海运提单流转及电子签收过程写入区块链存证,实现电子提单的签发、流转和海运货物溯源和追踪,缩短单证处理、结算的周期。"区块链+出行电子票证":探索建设基于区块链技术的湾区通票证平台,通过湾区码支付及出行信息上链,实现出行轨迹追溯及辅助交通事故调查。

五、路网一体化协同管控技术

以宁夏跨城市、跨区域内的多条高速公路为管控对象,以区域内高速公路数据共享、智能协同诱导、高品质出行体验为侧重点,引导全区高速公路按照统一的数据标准及传输协议,建立区域高速公路网交通数据共享中枢,建立区域路网在线仿真平台,实现区域交通态势的自动识别和预测,辅助路网内交通诱导、调度策略生成,支撑跨区域高速公路运营协同,打造区域内的同城化、网络化出行体验。

构建全区高速公路网一体化协同管控平台试点。以路网一体化协同管控技术为主线,以大幅度提升通行者通行感受为理念,以实现车道级运行管理应用和车辆级协同控制为目标,构建高速公路服务云数据中心,实现高速公路基础设施数字化、路运一体化车路协同、北斗高精度应急指挥调度与收费、"互联网+"服务、基于大数据的路网综合分析决策等业务应用,构建以高速业务需求为导向的智能公路技术创新与工程推广应用体系,有效提升宁夏高速公路网营运、服务公众的水平,为探索车路协同以及未来智能网联技术奠定基础。

第六节 综合交通绿色智能发展政策建议

一、积极探索宁夏公铁绿色智能化技术应用

充分发挥公路、铁路在宁夏综合交通运输体系绿色智能化发展的带动作用,围绕宁夏综合交通运输痛点、难点问题,如综合运输服务质量不高等,探索利用大数据和人工智能技术大幅提升区域交通组织方案生成、收费费率动态优化等智能运维管控能力,构建智能绿色出行信息服务体系,建立宁夏绿色出行和绿色运输"碳积分"奖励体系,引导出行者选择公共交通、慢行系统等绿色出行方式。

二、充分发挥宁夏绿色智能产业保障优势

依托宁夏光伏、新能源、大数据中心产业优势,支持宁夏开展国家综合交通运输信息平台部省联合共建,通过布设交通检测器、路面状态检测器及各类传感器等,应用道路信息监测、高精定位、车道级交通诱导等技术及管理手段,实现主动交通管控和服务,积极开展创新技术应用,如智能公路动态限速管理示范、"下雪不封路、隧道不减速"的车路协同全天候高速通行示范、智能光伏"零碳"服务区示范、管家式全环节智能客运、"一单制"协同智能货运等。利用最新数字化技术,开展交通基础设施状态自动化监测,建立基础设施结构状态及性能的预估模型,实现基础设施养护与管理的智能决策。

本章参考文献

[1] 傅志寰,孙永福,翁孟勇,等.交通强国战略研究[M].北京:人民交通出版社股份有限公司,2019.

[2] 宁夏回族自治区十二届人大四次会议.宁夏回族自治区国民经济和社会发展第十四个五年规划和2035年远景目标纲要[R].银川:宁夏回族自治区人民政府,2021.

[3] 宁夏回族自治区交通运输厅.宁夏回族自治区综合交通运输体系"十四五"发展规划[R].银川:宁夏回族自治区交通运输厅,2021.

[4] 宁夏回族自治区交通运输厅.宁夏交通运输信息化"十四五"发展规划[R].银川:宁夏回族自治区交通运输厅,2021.

[5] 宁夏回族自治区交通运输厅.宁夏交通运输系统网络与信息安全应急预案[R].银川:宁夏回族自治区交通运输厅,2017.

[6] 宁夏回族自治区交通运输厅.宁夏回族自治区交通运输行业网络安全信息通报工作实施办法[R].银川:宁夏回族自治区交通运输厅,2020.

第七章

宁夏绿色物流发展思路与发展情景分析

第一节　绿色物流概论

一、绿色物流的概念

（一）绿色物流的内涵及特征

1. 绿色物流的内涵

绿色物流中的"绿色"是一个特定的形象用语，泛指的是保护地球生态环境的活动、行为、计划和思想观念在经济活动中的体现。本文中绿色物流的定义是以降低污染物排放、减少资源消耗为目标，引入面向环境管理的理念和通过运用先进的物流技术，进行物流系统的规划、控制、管理和实施的过程。

下面从绿色物流的目标、行为主体、活动范围及其理论基础四个方面剖析绿色物流的内涵。

（1）绿色物流的最终目标是实现可持续发展，具体目标是实现经济、社会和环境和谐发展。

一般的物流活动主要是为了实现企业的盈利、满足顾客需求、扩大市场占有率等，这些目标最终均是为了实现某一主体的经济利益。而绿色物流在上述经济利益的目标之外，更追求节约资源、保护环境这一既具有经济属性、又具有社会属性的目标。尽管从宏观角度和长远的利益看，节约资源、保护环境与经济利益的目标是一致的，但对某一特定时期、某一特定的经济主体却是矛盾的。按照绿色物流的最终目标，企业无论在战略管理还是战术管理中，都必须从促进经济可持续发展这个基本原则出发，在创造商品的时间效益和空间效益、满足消费者需求的同时，要注重按生态环境的要求，保持自然生态平衡和保护自然资源，尊重子孙后代生存和发展的权利。

（2）绿色物流的行为主体不仅包括专业的物流企业，还包括产品供应链上的制造企业和分销企业，以及不同级别的政府和物流行政主管部门等。

产品的生命周期的每一阶段，都不同程度地存在着环境问题。专业物流企业对运输、包装、仓储等物流作业的绿色化负有责任和义务。作为供应链上的制造企业，既要设计绿色产品，还应该与供应链上其他企业协同起来，从节约资源、保护环境的目标出发，改变传统的物流体制,制定绿色物流战略和策略,因为绿色物流战略是连接绿色制造和绿色消费之间的纽带,也是使企业获得持续竞争优势的战略武器。此外,各级政府和物流行政主管部门在推广和实施绿色物流战略过程中具有不可替代的作用,由于物流的跨地区和跨行业特性,绿色物流的实施不是仅靠某个企业或在某个地区就能完成的,它需要政府的法规约束和政策支持。例如,制定统一的物流装备标准,限制运输工具的环境污染指标,规定产品报废后的回收处理责任等。

（3）从绿色物流的活动范围看,它包括物流作业环节和物流管理全过程的绿色化。从物流作业环节来看,包括绿色运输、绿色包装、绿色流通加工等。从物流管理过程来看,主要是从环境保护和节约资源的目标出发,改进物流体系,既要考虑正向物流环节的绿色化,又要考虑供应链上的逆向物流体系。

（4）从绿色物流的理论基础看,包括可持续发展理论、生态经济学理论和生态伦理学理论。

首先,物流过程不可避免地要消耗资源和能源、污染环境,要实现持续的发展,就必须采取各种措施,形成物流环境之间共生发展模式。其次,物流系统既是经济系统的一个子系统,又通过物料流动、能量流动建立起了与生态系统之间的联系和相互作用,绿色物流正是通过经济目标和环境目标之间的平衡,实现生态与经济的协调发展。另外,生态伦理学告诉我们,不能一味地追求眼前的经济利益而过度消耗地球资源,破坏子孙后代的生存环境,绿色物流及其管理战略将迫使人们对物流中的环境问题进行反思和控制。

2. 绿色物流的特征

绿色物流除了具有一般物流所具有的特征外,还具有学科交叉性、多目标性、多层次性、时域性和地域性等特征。

1）学科交叉性

绿色物流是物流管理与环境科学、生态经济学的交叉。一方面,物流与环境之间的密切关系,在研究社会物流与企业物流时必须考虑环境问题和资源问题;另一方面,生态系统与经济系统之间的相互作用和相互影响,生态系统也必然会对经济系统的子系统——物流系统产生作用和影响。因此,必须结合环境科学和生态经济学的理论、方法进行物流系统的管理、控制和决策,这也正是绿色物流的研究方法。学科的交叉性,使得绿色物流的研究方法复杂,研究内容十分广泛。

2）多目标性

绿色物流的多目标性体现在企业的物流活动要顺应可持续发展的战略目标要求,注重对生态环境的保护和对资源的节约,注重经济与生态的协调发展,追求企业经济效益、消费者利益、社会效益与生态环境效益四个目标的统一。系统论观念告诉我们,绿色物流的多个目标之间通常是相互矛盾、相互制约的,一个目标的增长将以另一个或几个目标的下降为代价,如何取得多目标之间的平衡,这正是绿色物流要解决的问题。从可持续发展理论的观念看,生态环境效益的保证是前三种效益得到持久保证的关键所在。

3) 多层次性

绿色物流的多层次性体现在三个方面。首先,从对绿色物流的管理和控制主体看,可分为社会决策层、企业管理层和作业管理层等三个层次的绿色物流活动,或者说是宏观层、中观层和微观层。其中,社会决策层的主要职能是通过政策、法规的手段传播绿色理念;企业层的任务则是从战略高度与供应链上的其他企业协同,共同规划和控制企业的绿色物流系统,建立有利于资源再利用的循环物流系统;作业层主要是指物流作业环节的绿色化,如运输的绿色化、包装的绿色化、流通加工的绿色化等。其次,从系统的观点看,绿色物流系统是由多个单元(或子系统)构成的,如绿色运输子系统、绿色仓储子系统、绿色包装子系统等。这些子系统又可按空间或时间特性划分成更低层次的子系统,每个子系统都具有层次结构,不同层次的物流子系统通过相互作用,构成一个有机整体,实现绿色物流系统的整体目标。另外,绿色物流系统还是另一个更大系统的子系统,这就是绿色物流系统赖以生存发展的外部环境,包括法律法规、政治、文化环境、资源条件、环境资源政策等,它们对绿色物流的实施将起到约束作用或推动作用。

4) 时域性和地域性

时域性指的是绿色物流管理活动贯穿于产品的生命周期全过程,包括从原材料供应,生产内部物流,产成品的分销、包装、运输,直至报废、回收的整个过程。绿色物流的地域性体现在两个方面:一是指由于经济的全球化和信息化,物流活动早已突破地域限制,呈现出跨地区、跨国界的发展趋势,相应地,对物流活动绿色化的管理也具有跨地区、跨国界的特性;二是指绿色物流管理策略的实施需要供应链上所有企业的参与和响应,例如对于托盘的标准、汽车尾气排放标准、汽车燃料类型等进行规定。跨地域、跨时域的特性也说明了绿色物流系统是一个动态的系统。

(二) 绿色运输的概念及意义

1. 绿色运输的概念

绿色运输,是绿色物流的重要组成部分,是指以节约能源、减少废气排放为特征的运输。为实现国家"碳达峰、碳中和"目标,解决经济增长与能源资源约束之间日益凸显的矛盾,绿色运输主要从深入推进交通结构调整、构建综合交通运输网络、推广低碳能源运输技术等方面探索货物运输绿色可持续发展方向。

深入推进运输结构调整主要体现在深入推进交通运输结构调整,以适合铁路运输、需求量较大的货类为重点,推动大宗货物从公路转向铁路运输。构筑对外大开放、对内大循环的立体交通网络能够加强城市内外联系,形成多模式协调发展的综合交通运输系统,有效提高交通运输效率。推广低碳能源运输技术主要是加大绿色新能源技术的开发力度,促进绿色能源在交通运输领域的应用,通过改进优化运输设备结构、积极宣传并推进使用绿色能源货运汽车、开发先进的节油技术等方式,提高能源利用率,进而降低碳排放,推动公、铁、水运输向低碳化发展。

2. 绿色运输的意义

发展绿色低碳运输,能够更好地提高运输效率。绿色低碳运输不仅节约资源和降低污染,而且对于提高生产经营效率的作用也很突出。一是多式联运运输方式,由于运输环节和运输工具之间能够密切衔接和配合,使得货物在路途停留的时间最小化,保证货物准确、及时运达目的地,因而相应降低了货物库存量和成本。多式联运用集装箱运输,既能使货物直达目的地,又可省去运输包装,减少所运商品因运输保管不当给环境带来的污染。同时使用专业机械装卸,不涉及箱内货物,因而在运输过程中货损货差事件大幅减少,运输质量在很大程度上得到提高;二是新能源货车的应用,已成为物流业绿色化转型发展的重要内容之一。首先,新能源货车具有环保高效的特点,以电动货车为例,相比于传统燃油车,它们能够减少85%的尾气排放,减少67.5%的空气污染物排放,并且具有充/换电方便、噪声低等优势,既能节约成本,又能保护环境,成为绿色物流行业的最佳选择。此外,新能源货车的智能化管理也让配送效率得到了进一步提升。做好新能源货车的推广和应用,将有助于解决传统物流车辆在配送过程中所带来的环境和交通拥堵问题,提高物流行业的运营效率和服务水平。

(三)运输对绿色物流的影响

运输是物流的主要环节之一。交通基础设施、载运工具、信息及运输组织所构成的运输系统是物流管理系统中的重要组成部分。通过运输活动,物流系统的各个环节有机地联系起来,物流系统的目标才得以实现。运输在物流活动全过程中发挥着举足轻重的作用,传统的、粗放型的运输模式必将对绿色物流的发展造成巨大的阻碍。

1. 运输结构对绿色物流的影响

调整交通运输结构是以习近平同志为核心的党中央做出的重大战略决策,是打好污染防治攻坚战、建设美丽中国的重要载体,也是实施"碳达峰"交通运输行动,实现节能减排、节能降碳的必然要求。目前,宁夏货物运输以公路和铁路为主,公路运输货运量市场份额占比超过总运输量的80%,铁路运输市场份额占比不足总运输量的20%,多种因素制约多式联运发展,运输结构亟待优化。

2. 运输工具对绿色物流的影响

运输活动的完成离不开对交通工具的使用。大量交通工具的使用,大幅提高了运输的效率,在提高全社会流通速度的同时,也成为环境污染的主要来源。目前,宁夏公路运载工具能源消耗及污染较高,全区的货运量很大一部分仍是由公路货运量构成的,公路运输中运输工具使用的燃料多为柴油和汽油,造成的能源消耗和污染排放较多,而使用清洁能源的电动配送车存在续航里程短且成本高的问题,短期内难以大规模推广。

二、宁夏绿色物流发展现状

(一)宁夏绿色物流发展概况

2022年,宁夏全区实现社会物流总额10230.1亿元,完成货运量4.86亿t,完成货运周转量873.99亿t·km,铁路发送量3441.39万t,完成货运周转量482.02亿t·km,全年全区实现社会物流总费用840亿元。全区面积达150亩(约0.1km²)以上的物流园区、货运枢纽及站场共有60家,推进建设了宁夏交通物流园、银川国际公铁物流港、石嘴山保税物流中心、中国物流中卫物流园等一批货运枢纽功能突出、公共服务属性强、集聚效应明显、辐射范围较广的物流园区。全区从事物流运输、仓储配送、物流信息服务的各类物流企业18577家,共有全国A级物流企业56家,A级企业数量位居西部前列。平台型物流企业创新能力不断增强,梦驼铃物流产业平台、宁东能源化工供应链管理平台等物流数字化平台已形成一定集聚效应。

(二)宁夏交通运输发展概况

交通基础设施建设完备。截至2022年底,宁夏全区公路总里程达3.83万km,基本形成以国家级和省级公路为骨架的"三纵九横"干线网络,实现了县县通高速,所有乡镇、建制村通硬化路。截至2022年,全区铁路运营里程达到1645km,其中高速铁路363km,铁路网密度达2.5km/百km²。基本形成以包兰、宝中、太中银、干武4条干线铁路为骨架,平汝支线、宁东铁路等地方铁路为补充的普速铁路网;银西高铁、银兰高铁开通运营,包银高铁建设步伐不断加快,银太高铁等新线加速规划建设,高铁网逐步完善,运输能力持续提升。全区建成运输机场3个,形成以银川河东国际机场为核心,以中卫沙坡头机场、固原六盘山机场为支撑的"一干两支"运输机场布局,基本实现运输机场100km半径范围全覆盖,初步建成"内畅外联"的航空枢纽体系。综合货物运输总量呈增长态势。2022年,宁夏全社会完成货运量为4.86亿t,同比增长3.6%,其中,铁路货运量增长7.8%,高于公路货运量增速5.2个百分点,"公转铁"成效显著。

(三)宁夏物流运输环节碳排放分析

从客货运输领域能源消费总量上来看,宁夏交通运输能源消费和排放总量有所上升,2020 年能源消费总量达到 155.83 万 t 标准煤,二氧化碳排放总量为 381.67 万 t,较 2018 年增长 4.7%,如图 7-1 所示。从运输方式来看,宁夏公路货运能源消费占比最高达到 68.4%,其次为管道货运、铁路货运,占比分别达到 13.0%、4%。同时,公路货运完成货运周转量占比较高,单位能耗强度高,单位换算周转量综合能耗为 0.2868t/万 t·km,约为铁路货运单位能耗强度的 10 倍,如图 7-2 所示。

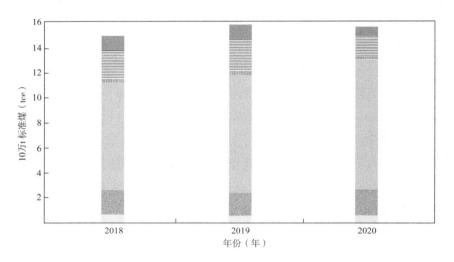

图 7-1 宁夏综合交通运输领域能源消费现状

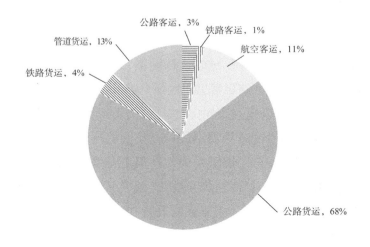

图 7-2 宁夏各种运输方式能源消费占比(2020 年数据)

第二节 宁夏绿色物流发展重点及实施路径

一、宁夏绿色物流发展重点

强化政府政策扶持引导,持续改善绿色物流发展环境,在"双碳"目标要求下,绿色发展理念深入人心。宁夏在推动运输结构调整、支持新能源汽车发展、支持绿色电力氢能产业发展方面出台了相关的扶持政策,为加快绿色物流发展奠定了良好基础。在现有政策基础上,结合宁夏货运物流发展实际,下阶段应聚焦绿电重卡、氢能重卡等试点推广应用情况,研究制定在配套设施建设、用地保障、资金补贴、融资支持等方面的政策,有效改善绿色物流发展的政策环境。同时将绿色物流作为对厂矿企业年度能耗指标、星级评定等工作考评的一项硬性指标,实施相应的奖惩措施,提升企业绿色物流发展的积极性。

纵深推进运输结构调整,稳步提升铁路物流运输占比。依托建设全国性综合交通枢纽城市、国家多式联运示范工程建设,以及国家发改委等部门关于加强公路煤炭环境污染治理工作的契机,实施包兰铁路、太中银铁路、宝中铁路等干线铁路增建二线项目,提升干线铁路通道运能。加快外煤入宁铁路货运通道建设,为宁夏打造"保障宁夏、辐射西部、面向全国、流通口岸"的能源中心奠定基础。加快推进铁路专用线进园区、连厂区,强化铁路专用线与干线铁路、货运堆场的无缝衔接,同时还需要政府牵头开展跨省到端营销工作,形成完善的到端营销机制,准确掌握企业信息,持续推进运输结构调整,提高铁路运输占比。完善集装箱"公铁联运"衔接设施,提高换装效率,鼓励发展集拼集运、"散改集"、甩挂运输、共同配送等运输组织模式。

加快新型基础设施建设,支持公路货运绿色转型发展。强化公路货运领域新型基础设施布局顶层设计,加强货运车辆充(换)电站、加氢站等配套设施布局建设。推动公路货运领域装备用能结构调整,依托国家氢燃料电池汽车示范城市群创建、换电重卡绿色交通(物流)示范项目建设契机,充分发挥可再生电力资源和氢资源丰富、重卡物流市场规模巨大、短倒物流运输场景多的优势,推广新能源重卡、叉车在现代物流,尤其在宁东能源化工基地等重点产业园区物流运输、仓储环节的应用。

完善绿色物流标准体系,以规范化提升设施装备使用效率。鼓励使用可循环利用环保包材,减少物流过程中的二次包装,推动货物包装和物流器具绿色化、减量化、可循环。加快构建逆向物流服务体系,加大逆向物流基础设施建设,培育专业化的逆向物流企业。结合宁夏产业发展实际,构建粉煤灰、炉渣等一般工业固废资源外运外销体系。提高再生资源收集、仓储、加工能力，提升再生资源回收网络化、专业化、信息化发展水平。

构建智慧物流服务体系，以数智化提升物流运输服务效率。贯彻绿色发展理念，推动物流基础设施智慧化改造，加快物联网相关设施建设，大力发展智慧物流枢纽、智慧物流园区、智慧仓储基地、数字仓库等新型物流基础设施，促进自动化、无人化及自动感知、自动控制、智慧决策、碳排放测算等管理技术应用。围绕重点产业发展，大力发展网络货运，构建供应链上下游智慧物流公共信息平台，提供物流信息发布、线上采购、在线交易、物流运输、仓储管理、智能分析等功能，实现物流、商流、资金流、信息流有效结合，有效提升物流运输服务效率，降低汽车空驶等因素产生的不合理周转量。

二、宁夏绿色物流发展实施路径

（一）绿色铁路建设工程

持续提升铁路运输方式的可靠性和韧性，是推动"公转铁"、支持多式联运发展的重要保障。为提升宁夏铁路运输核心竞争力，一是，要提升全区对外铁路货运通道运能，加快包兰铁路、宝中铁路、太中银铁路、东乌铁路等干线铁路增建二线工程建设，补齐宁东铁路向北衔接南部铁路、向南连通太中银铁路设施短板，推动宁东至乌力吉口岸、宁东至新疆、宁东至甘肃环县等铁路建设，畅通"蒙煤""疆煤""陕煤""甘煤""晋煤"等入宁通道，结合区域优势，在铁路站点配套建设煤炭储运基地，实现淡季运输保旺季用煤的需求，有效解决煤炭运力问题，有效保障宁夏能源安全；二是，要加快大型工矿企业和物流园区铁路专用线建设，打通物流运输"最后一公里"，推动长距离大宗商品运输向铁路运输方式转移，为实现铁路"点对点"直达货运服务提供基础保障。增加政府配套工程建设，实现资源共享、公铁物流方式有效衔接，发挥物流园优势，实现货源集结、金融融合、产品加工、储存等多功能。盘活既有铁路专用线资源，避免重复建设；三是，要推动宁东铁路等地方铁路专用线电气化改造，在牵引方式上实现与周边干线铁路的互联互通。在此基础上，可通过货运设备系统、行车设备系统改造、货运票据、收入结算方式变更、业务办理公布、调度指挥优化等开办直通业务，加深与国铁的合作。积极探索氢能燃料机车试点运行。

（二）绿色枢纽提升工程

枢纽是实现公铁联运、支撑多式联运发展的重要载体，加快绿色枢纽建设将有效提升绿色物流发展水平。为加快绿色物流枢纽建设，一是，依托全国性综合交通枢纽城市、国家多式联运示范工程建设契机，进一步优化全区重点区域物流枢纽、物资储运基地布局建设，加强枢纽联运转运设施建设，有效衔接多种运输方式，强化多式联运组织能力，实现枢纽间干线运输密切对接;二是,推动物流枢纽场站设施绿色化改造,加强分布式光伏在场站应用,推动充(换)电站、加氢站等配套设施在重点物流园区布局建设,实现物流园区设施用电绿色化;三是,盘活既有物流园区场站资源,统筹考虑新建物流园区、储运港等仓储设施布局建设,减少物流设施重复建设和闲置。

(三)绿色装备更新工程

运输是物流过程中碳排放最大的环节,推广使用绿色低碳的公路铁路货运装备将极大促进物流领域节能减排。一是,在方家庄电厂绿色交通(物流)示范项目、宁夏赛马物联科技电动重卡项目提供的经验基础上,鼓励在煤矿-发电厂、煤矿-化工厂等短倒应用场景发展充(换)电重卡,统筹推进充(换)电站、分布式光伏布局建设,逐步构建公路货运需求旺盛区域绿色低碳运输场景;二是,依托宁东能源化工基地入选国家氢燃料上海、郑州示范群建设契机,引导支持宁东基地煤化工、火力发电等煤炭消耗量大的企业发展氢能重卡,完善煤矿、电厂、化工厂区域加氢站建设,力争到2025年实现氢能重卡投入运营。

(四)绿色物流运输组织模式

高效的物流运输组织模式将有效推动物流业提质增效降本支持绿色物流发展。一是,鼓励引导物流企业共享物流资源,整合分散的运输、仓储、配送能力,发展共建枢纽、共建车队、共享仓储、共同配送等物流运输组织模式,提高资源利用效率。优化调整物流流通体系,构建干支仓配一体化的物流体系,减少迂回、空驶等低效、无效运输;二是,大力发展多式联运、甩挂运输、集装箱运输等运输组织模式,提高全过程物流运输效率,不断降低公路货运比重;三是,加快构建面向煤炭等大宗商品的逆向物流服务体系,依托既有物流园区建设煤矸石、粉煤灰、炉渣等大宗固废外运物流基地,既有供应链管理信息平台,构建"互联网+回收"的废旧资源回收利用模块,建设线上废物和再生资源交易市场,促进产品回收和资源循环利用。

(五)绿色标准体系完善工程

根据换电重卡、氢能重卡等新能源装备试点推广情况及多式联运、甩挂运输等物流运输组织模式运行情况,加快物流行业标准化建设,提升物流运输服务效率助力绿色物流发展。一是,参考先进发达地区换电重卡、氢能重卡及配套设施标准体系,研究制定适合宁夏地区发展的换电重卡、氢能重卡装备、电池及配套站点建设的标准体系;二是,鼓励企业加强物流新技术和设备研发应用,推广使用循环包装,促进包装减量化再利用。加快标准化物流周转箱推广应用,推动托盘循环公用系统建设。

(六)数字智慧物流提效工程

推动物流业数字化智慧化转型是数字中国建设的必要组成部分,也是支持绿色物流发展的重要举措。一是,推进物流设施智慧化改造,加快前端智能感知设施及物联网建设,支持智慧物流枢纽、智慧仓储物流基地、数字仓库等新型物流基础设施,支持自动化、无人化、智慧化物流技术装备以及自动感知、自动控制、智慧决策等智慧管理技术应用;二是,推进物流数字化转型,依托既有物流信息平台,整合上下游物流数据资源,实现物流要素在线化数据化,加强物流公共信息服务平台建设,推动交通运输、商务、工信等政府部门和公路、铁路、航空等企事业单位向社会开放与物流相关的公共数据,为推动绿色物流发展决策提供依据;三是,聚焦煤炭、化工产品等大宗商品,利用现代信息技术搭建数字化、网络化、协同化的多式联运供应链信息服务平台,整合供应链上下游物流、信息流、资金流及原材料供应、产品加工、物流运输企业资源,提出重点产业上下游产业链供应链数字化解决方案;四是,针对宁夏大宗商品生产情况、物流实际,政府部门牵头,制造企业、铁路部门等主导,建设公转铁智慧平台,实现商品交易、资金结算、信息共享等功能,进一步促进公转铁,同时将铁路运输等绿色物流作为企业年度能耗指标考核、企业星级评定的一项重要指标,采取奖惩机制,提升企业发展绿色物流的积极性。

第三节 宁夏绿色物流发展实践应用

一、基于多式联运的运输结构高效转型示范

(一)宁东基地物流运输发展现状

宁东基地是国务院批准的国家重点开发区,规划区总面积为 3500km²(核心区面积 800km²),是国家重要的大型煤炭生产基地、"西电东送"火电基地、煤化工产业基地、现代煤化工产业和循环经济示范区,与陕西榆林、内蒙古鄂尔多斯共同构成国家能源化工"金三角"。以煤炭为主要原材料,形成煤制油、煤基烯烃、新材料、氢能、精细化工、电子材料及专用化学品、节能环保等互为补充、协调发展的产业格局,是西北地区唯一的产值过千亿元的化工园区。据统计,2022 年宁东基地货运量达到 1.5 亿 t,占全区货运总量的近 1/3。其中,公路货运量约达 9000 万 t,铁路货运量约达 6000 万 t,约占全区铁路货运总量的 60%,以煤炭、化工品、固废为主的货物品类运输需求非常旺盛,具备发展公铁联运的基础条件。

基础设施建设日趋完善。截至"十三五"末,宁东基地铁路总里程达484.15km,太中银、包兰、宝中等国铁线路贯穿宁东基地;公路运输网络基本成熟,公路总里程达761km。物流运输结构持续改善。2020年,宁东铁路货运量达到5370万t,同比增长18.91%,占宁夏全区铁路货运量比重达到62.2%。宁东基地铁路货运量占全区货运量比重由2015年12.8%扩大到2020年19.6%,大宗货物运输"公转铁"取得阶段性成果。智慧物流水平不断提升。以宝丰能源集团有限公司、港通国际物流有限公司、宁夏西创运通供应链有限公司等为代表的企业已运用信息技术开展物流服务,宁东能源化工供应链管理平台实现了线上线下相融合、开放、智能、高效等功能。当然,宁东现代物流业发展过程中存在基础设施及装备供给偏弱、物流运输结构有待优化等问题,未来需要宁夏回族自治区人民政府在银川、惠农等大型物流基地建设铁路专用线或集装箱公铁物流园,达到集装箱多用铁路运输目的。宁东基地衔接宁东地方铁路,目前宁东地方铁路与国铁接轨采取换票运输方式,运输效率并未完全释放,宁东基地内产品公路运输占比较大,需要宁东地方铁路进一步推进基地货源铁路优化运输,采取降低运输成本费用、宁东铁路与国铁运价联动、电气化改造、直通运输等方式,加强与企业、国铁促进合作,实现路企共赢。

(二)宁东基地基于构建多式联运的绿色物流发展对策

1. 加快绿色交通基础设施建设

1)加快铁路专用线建设

加密铁路专用线布局,促进"公转铁"提速;推进铁路专用线进企进厂进园,加强企业、物流园区与铁路、公路网络的无缝对接。加快建设宝丰能源、宝廷新能源、润丰新材料、和宁化学、娲龙油品、宁东煤炭储运港、临河电厂、鸳鸯湖电厂、马儿庄煤矿等铁路专用线。

2)提升能源储存消纳能力

提升宁东煤炭储运港、市场集散地、交通枢纽地建设煤炭集散、中转储配中心、储煤基地、各企业煤炭储备库的储备能力。鼓励大型骨干企业开展煤炭、成品油、天然气、氢气等能源储备,布局煤炭集散中心,加快光伏发电储能设施、天然气储气设施、氢气储氢设施建设,大力推进储能技术装备研发示范及"新能源+储能"一体化开发示范工程。

2. 加快绿色交通运输装备更新

1)推广绿色运输装备

推广应用清洁能源运输工具与物流装备。支持推进氢燃料电池重卡示范运营,重点推进服务于电厂、煤化工物流运输,引导物流配送企业使用新能源车辆或清洁能源车辆。持续提升铁路电气化率和电力机车比例,推广氢能机车研发应用。鼓励和引导入驻企业采用节能型绿色仓储设施、清洁能源运输工具以及电力叉车、立体仓储等物流设备,实现仓储装备绿色化。

2）加快运输装备升级

提高多式联运装备专业化、标准化、智能化作业水平。推广跨运输方式快速换装转运专用设备；鼓励发展铁路集装箱专用平车、铁路驮背运输专用载运工具等专业化装备和配套机具。推广应用集装技术和托盘化单元装载技术，鼓励发展煤炭集装箱运输。推广叉车装卸、带板运输等机械化作业，推广应用从坑口到装车点的自动化传送带技术与装备，推进战略装车点智能化配套设施改造。

3. 推广绿色物流运输组织模式

1）推广多式联运"一单制"服务模式

推动大宗货物集装箱铁水联运、铁公联运在"一单制"运输上率先突破，促进宁东铁路与国铁"一单制"便捷运输制度对接。鼓励多式联运经营人、集装箱场站、铁路、公路、海关等相关方共同参与搭建多式联运"一单制"信息系统，提供货物全程实时追踪、信息查询等服务，加快多式联运运营调度、统计分析、运行监测等系统建设。

2）推动大宗货物"散改集"

优化集装箱运输组织模式，在运量较大的节点站、口岸、港口间组织开行集装箱直达班列，逐步提升集装箱班列和直达列车比重；加大集装箱重点项目推进力度，争取疆煤入宁、粉煤灰入甘入藏及川渝地区等一批集装箱重点项目落地。落实集装箱箱源保障，加大对铁路集装箱特别是敞顶集装箱的箱源支持，加大35t敞顶箱的使用力度，满足大宗货物"散改集"的需求。

3）加速推广"铁路运输+汽运短驳"

对于不具备建设铁路专用线条件的企业，支持采取"铁路运输+汽运短驳"方式实现"公转铁"，中长距离运输时主要采用铁路运输，短距离运输时优先采用新能源车辆或封闭式皮带廊道。

4）加快逆向物流体系构建

加大逆向物流（物品从供应链下游向上游的运动引发的物流活动）基础设施建设，培育专业化逆向物流服务企业。推动"互联网+回收"模式创新，鼓励建立基于供应链的废旧资源回收利用平台，建设线上废弃物和再生资源交易市场。利用大数据、云计算等技术优化逆向物流网点布局，促进产品回收和再制造发展。

5）加快可循环利用资源物流服务体系构建

鼓励宁东基地龙头企业与回收企业建立战略合作关系，建立适合煤炭、化工等产业特点的回收模式。鼓励企业将粉煤灰、煤渣等可循环利用资源通过厂企直挂满足下游产业需求，提高资源回收利用率。逐步实现跨地区回收市场联动发展，支持粉煤灰资源化外运，政府牵头与国能电力公司、宁钢等大型产废企业利用资源优势整合目前粉煤灰、水渣、矿渣等固废贸易商，积极开发下游市场，固定发运模式，制定相关补贴政策，形成规模化稳定运输，打造宁夏固废品牌优势,促进再生资源的区域化循环利用,完善资源循环利用产业链,构建再生资源回收绿色物流服务体系。

4. 构建绿色物流规则标准体系

1) 推进物流业标准化建设

推动宁东基地物流体系与华东、华南等重点地区物流体系的衔接。鼓励宁东基地推进各部门间逐步建立涵盖公路、铁路、民航等不同运输方式的信息采集交换、共享和应用机制,建立物流标准服务平台,发布相关标准规范和管理办法。加大物流标准应用推广力度,规范引导物流企业、工业企业、商贸流通企业物流标准化建设。

2) 推广物流设施标准化

推广应用标准托盘,推进周转箱、集装箱货运车厢等物流载具的标准衔接。发展单元化物流,实现一体化运输,提高供应链各环节运作效率。对标国家行业标准,支持企业加快现有仓储、转运设施和运输工具的标准化改造,促进标准化仓库和专业仓库建设。

5. 打造智慧供应链管理信息平台

1) 构建数字化物流服务供应链

提升宁东对煤炭化工等大宗物资供应链资源配置的服务能力,对接宁东能源化工供应链管理平台,加快建设能源化工物流交易所,促进物流信息服务产业和电商平台集聚。推进设施设备数字化、车辆进出数字化监管、危化品货物数字化标记与监管,实现能源化工等大宗物资生产运行及监管防控的全面数字化、智能化、透明化。构建服务宁东、面向"能源金三角"区域,辐射全国的物流数字生态服务体系。

2) 提高优势产业供应链集成水平

依托宁东能源化工供应链管理平台,联合龙头企业共建共享能源化工大数据中心,整合能源化工大数据资源。鼓励基地骨干企业形成供应链合作伙伴高效协作的运行机制,打造集采购、物流运输、配送于一体的集成化供应链,提高产业供应链集成水平。

3) 推动"互联网+回收"模式创新

鼓励建立基于供应链的废旧资源回收利用平台,建设线上废弃物和再生资源交易市场,促进资源循环利用。重点针对粉煤灰、炉渣等产品,利用大数据、云计算等技术优化逆向物流网点布局,促进产品回收和再制造发展。

二、基于新能源重卡的公路货运绿色转型示范

(一)宁东基地新能源重卡发展现状

截至2022年底,宁东基地电动重卡保有量为34辆,主要分布在羊场湾煤矿、煤炭储运

港和方家庄电厂区域,主要使用场景包括封闭场景、短倒运输场景、干线中长途运输场景,设有重卡充电设施两处。2021年3月,宁夏宝廷新能源建成西北首座加氢站,率先拥有宁夏第一辆氢能客车、重卡、轻卡等氢能车辆,实现氢气的生产、储存、充装、运输一体化运行。

(二)换电、氢能重卡发展对策

1. 加强换电、氢能重卡基础设施建设

1)加强换电基础设施建设

按照适度超前原则,加速构建集慢充、(超)快充和换电等于一体的多层次补能网络。加快重卡等商用车的专用换电站基础建设,满足换电重卡等的应用需求。

2)明确加氢站等基础设施重点布局

优先在氢能产业发展较快、产业基础较好、应用场景较为成熟的区域重点布局,发挥宁东氢能基地对周边地区的带动作用,实现在全区有建设条件地区的推广应用。

2. 加强换电、氢能重卡推广力度

1)加速新能源重卡更新替代

加强地方对新能源重卡的购车补贴,鼓励企业和个人车主购买新能源重卡。围绕矿场、堆场、工业园区、城市转运等应用场景,推动重型货车电动化转型,形成明确的换电重卡切换计划。在市政工程和政府投资类工程招投标项目中,对使用新能源换电重卡的企业加分,进一步鼓励企业更换、购置换电重卡。

2)加快公共领域车辆的全面新能源化进程

在全区公交、城市物流配送、公路及旅游客运、环卫、建筑垃圾和混凝土运输等公共领域试点推广换电汽车,鼓励在私人消费、企业用车等非公共领域开展换电汽车商业化运营试点。在近期发展规划中,应重点关注氢动力的工业园区货运车辆、城市公交和环卫等专用车辆,在加氢站规划中充分考虑和照顾专用车辆的加氢需求。

3. 加大换电、氢能重卡资金扶持力度

1)给予换电站电价优惠支持

联合自治区发改、工信、交通、商务、电力等厅局,建立统一的价格制定机制,协调电网企业,给予换电站电力补给优惠政策,对电动重卡充换电配套设施提供低成本的电力接入保障,并适当提供专用充换电配套设施的建设补贴和运营补贴。鼓励换电站项目就近接入分布式光伏,免收过网费,进一步降低换电站运维企业和终端客户换电成本。

2)加强换电重卡产业财政支持

一是建议在税费、金融等领域给予换电产业支持政策。通过成立政府基金,以低息或无息贷款形式支持换电产业,降低换电产业税率,减轻换电企业负担。二是加大换电模式试点

财政资金支持力度。支持建设运营各类换电站,对符合同城通换要求并接入市级监管平台的公共领域新能源换电站,给予用电补助。

3)给予氢能汽车一定购置补贴

宁东基地是国家氢燃料电池汽车上海示范城市群、郑州示范城市群成员,除了国家给予的购车补贴资金外,尚未享受省、市级补贴。氢能汽车购车成本高,给予氢能汽车配套购置补贴,可以降低氢能产业发展初期企业(用户)的成本,提升企业参与国家示范城市群建设积极性。

4. 加大换电、氢能重卡政策支持力度

1)加大对新能源重卡路权的政策支持

对新能源重卡推出路权优先政策,具体包括(但不限于)新能源重卡不限行、不限号、高速过路过桥费减免、建立绿色交通示范运营区等。明确新能源重卡在普通公路收费站、煤管站、路政执法检查、工矿企业、露天开采企业等场所享有优先通行权。

2)实行换电重卡动力电池质量不计入车辆总重量

换电重卡相对于传统燃油重卡整备质量普遍多出1.6~2t的电池质量,虽然换电重卡能很好解决传统燃油动力货车碳排放和大气污染问题,但因自重较重,载质量较燃油车少,导致经济效益降低。换电重卡动力电池质量不计入车辆总重量可提升换电模式的经济性。

3)开通新能源重卡绿色通道

一是在换电重卡使用进程中开辟绿色通道,给予过路费优惠政策,在现有过路费基础上给予折扣优惠;二是在换电重卡承载物流运力方面,帮助换电重卡获取更多物流订单,或在物流招投标条件中加入新能源重卡加分条件;三是保障为当地电动重卡资产持有企业和运营主体提供合法的运营资质,对新增换电重卡的运营许可证等审批流程开辟绿色通道。

5. 加快换电、氢能重卡标准体系完善

1)加快换电标准统一化

由政府牵头组织企业或者行业协会参与宁夏地方换电标准的制定,加速统一电池标准,统一相关换电设备位置、尺寸、接口等标准,开展公共领域重卡换电试点,推动新能源重卡在电池规格与换电站标准统一方面先行先试。

2)完善氢能重卡标准体系

完善氢能重卡全产业链通用规范标准建设,建立健全检测、保险及售后保障在内的产品和技术标准体系;加强标准制定过程中产学研用衔接和跨领域标准制定的协同,形成一体化标准体系。

三、宁夏绿色物流发展分析

近年来,宁夏在绿色物流建设方面取得了较快发展。铁路多式联运量持续提升,绿色物流基础设施不断完善。2018年"银川公铁物流港多式联运示范工程"获批国家第三批多式联运示范工程项目;2022年"中国锰产业链高效协同国际多式联运示范工程"和"打造西北内陆枢纽、辐射东南沿海城市、服务'一带一路'倡议公铁水多式联运示范工程"获批国家第四批多式联运示范工程项目;全区加强联运设施衔接和业务协同,进一步深化与天津港、钦州港在海铁联运、"一单制"方面的合作,加强通道沿线经贸合作。2022年5月,"换电重卡绿色交通(物流)示范项目"竣工投入运营,换电站电力供应完全来源于分布式光伏所发绿电,是全国首座光伏直供换电站;2021年5月,宁东能源化工基地宝廷加氢站正式投入运营,是西北地区首座集充装与加氢一体的氢气子母站,实现氢气的生产、储存、充装、运输一体化运行,有利于支撑氢能车辆发展。宁夏绿色物流建设已取得较好发展实效,但是仍存在一些问题,主要包括:行业体制机制尚不健全,绿色物流发展理念薄弱;物流运输结构尚不合理,多式联运设施建设不足;绿色物流发展落后,公路货运绿色转型缓慢。

针对以上问题及宁夏绿色物流发展现状及发展趋势,宁夏绿色物流可以从以下几方面推进发展。

(一)强化绿色物流政策引导

1. 完善绿色物流发展政策

制定并出台宁夏扶持绿色物流发展相关政策方案,推动物流业高质量发展。制定推动多式联运发展和运输结构调整的碳减排政策,鼓励各地出台支持多种运输方式协同、提高综合运输效率、购置新能源车辆、便利新能源和清洁能源车辆通行等方面的政策。对物流基础设施、公共信息平台、新技术应用、冷链物流等重点项目建设给予政策支持。推动建立绿色理念相适应的法律、标准和政策体系,强化物流绿色治理,加强对物流企业规范的管理,充分发挥政府在绿色物流运输中的导向作用。

2. 加强绿色物流项目的资源保障

加大对全区物流枢纽综合货运枢纽、中转分拨基地、铁路专用线、集中式充换电设施、氢能源制储设施等项目用地的支持力度,优先安排新增建设用地指标,提高用地复合程度,盘活闲置交通用地资源。对支撑多式联运发展、运输结构调整、新能源开发利用的规划和重点建设项目,开辟环境影响评价绿色通道,依法依规加快环境影响评价审查、审批。加强跨部门联合监管监察,做好重大物流项目的履约监管。探索正面引导和负面清单制度相结合的管理方式,赋予物流市场主体更多主动权,激发市场活力。

(二)加大资金支持力度

1. 加大财政资金投入

加大对多式联运发展、运输结构调整和新能源车辆购置等方面的财政性资金支持力度。加大财政资金对物流园区基础设施、物流服务网络、公共信息平台、设施装备改造等的支持力度,以补贴、贴息、奖励、股权投资等方式给予引导和扶持。鼓励通过"以奖代补"的方式,对符合要求的每个(条)多式联运服务品牌和精品线路给予资金支持。对换电、氢能车辆购置给予财政补贴和通行便利,支持充电桩、换电站、加氢站建设运营,实施差异化补贴。完善一系列财税支持政策,对于公转铁多式联运要进一步加大财政资金补贴力度,向西部重庆、四川、陕西等省份靠近,进一步扩大多式联运精品线路虹吸效应。积极构建有力促进绿色发展的财税政策体系,引导和带动更多政策和社会资金支持绿色物流发展。

2. 拓展资金融资渠道

引导各银行业金融机构加大对物流行业的信贷投放力度,通过降低贷款门槛、缩短到款时间、延长还款时限等举措,为绿色货运配送企业提供融资支持。引导各银行业金融机构向绿色物流优质项目及企业倾斜,对信用记录好、有竞争力、有市场、有订单的绿色物流企业给予信贷支持。支持符合条件的物流企业通过企业债券、股票上市、增资扩股、中外合资等有效途径筹集建设资金。引导金融机构、社会资本通过投资发展基金、政府和社会资本合作(Public-Private-Partnership,PPP)、众筹等多元渠道投资建设物流设施和项目。

(三)优化绿色物流发展环境

1. 完善物流体系标准化

加大对物流标准化建设的政策、资金、税收等支持力度,切实提升标准托盘使用率,推广使用标准化物流周转箱(筐),积极培育托盘、周转箱(筐)循环共用市场,加快发展物流标准化新技术、新模式,推动供应链全流程设施设备、标准规范、运营管理的高效衔接。夯实物流行业中计量标准、技术标准、数据传输标准、物流作业和服务标准等方面的基础工作。

2. 优化物流企业营商环境

深入推进"放管服"改革,对物流业发展新业态、新模式实施包容审慎监管,进一步完善相关领域市场准入制度,取消不合理的市场准入限制,确保各类市场主体平等参与市场竞争。严格落实国务院和相关部门出台的物流降成本措施,加快完善铁路运输组织方式,完善铁路运价灵活调整机制,鼓励铁路运输企业与大型工矿企业等签订"量价互保"协议。促进物流行业规范建设,引导"小、散、弱"物流企业整合重组,走集约化、规模化道路,进一步建强物流枢纽平台,提升行业良性竞争力。

3. 优化人才引进机制

制订物流人才引进和培养计划，加大对物流人才引进的支持和投入力度，促进产学研深度合作，引导骨干企业与高等院校、科研机构联合建立培训和试验基地，多渠道培养复合型物流高端人才。加强物流从业人员职业技能教育和在职教育，提高物流从业人员职业能力和职业素质。打通人才上升通道，为科技型人才和操作型人才创造和提供充分的就业机会，提高社会对物流专业人才的认可度和接受度。

本章参考文献

[1] 王长琼.绿色物流的产生背景及发展对策初探[J].物流技术,2002(6):39-40.

[2] 王长琼.绿色物流的内涵、特征及其战略价值研究[J].中国流通经济,2004(3):13-15.

[3] 中华人民共和国国务院.国务院关于加快建立健全绿色低碳循环发展经济体系的指导意见[R].北京：中华人民共和国国务院,2021.

[4] 刘细良,张超群.城市低碳交通政策的国际比较研究[J].湖南社会科学,2013,156(2):160-164.

[5] 陆键.当代世界城市低碳本位的交通战略[J].上海城市管理,2011,20(1):47-51.

[6] 孙明辉,刘继来.基于绿色物流的低碳运输问题研究[J].中国商贸,2011,512(23):127-128.

[7] 邓超,陈志军,吴超仲,等.绿色运输与物流的发展与现状——第16届海外华人国际交通科技年会综述[J].交通信息与安全,2017,35(1):1-9.

[8] 吕锦旭.基于碳足迹原理的雄安新区绿色物流运输工具比选研究[D].石家庄：石家庄铁道大学,2021.

第八章 >>>

绿色交通与全域旅游的深度融合发展

第一节 交旅融合基本情况

一、交旅融合发展概况

(一)交旅融合发展的定义和内涵

1. 交旅融合的定义

交旅融合是交通运输和旅游进行深度产业融合的成果。马健将产业融合定义为由于技术进步和放松管制,发生在产业边界和交叉处的技术融合,改变原有产业产品的特征和市场需求,导致产业的企业之间竞争合作关系发生改变,从而导致产业界限的模糊化甚至重划产业界限。涂静通过产业融合的特征、范围以及产业间分工的内部化对产业融合进行定义,他认为产业融合是指不同产业之间的分工的内部化过程。王朝辉将产业融合定义为不同产业或同一产业的不同行业通过相互渗透、相互交叉,逐步形成新的产业属性或新型产品形态。李美云等认为文化与旅游的融合是两大产业在产品边界、业务边界、运作边界以及市场边界的融合。学者对产业融合的解读可以概括为:一是,融合发生在不同的两个以及两个以上对象之间;二是,融合导致不同对象的元素的相互渗透与交融,从而产生边界模糊现象;三是,融合后会产生新的价值链。

根据对产业融合的分析,可将交旅融合定义为:交通运输业与旅游业的要素在空间布局、设施设备、供给产品、服务品质、政策管理上的相互渗透、协调共建、交叉汇合的融合形态和发展方式,从而催生出新业态、新模式,以实现双方品质、效率、效益的全面提升。

2. 交旅融合的内涵

交旅融合基本内涵包括:

(1)交通系统包括基础设施、运输设备、服务水平、网络科技、行业组织、政策保障体系;旅游系统包括旅游吸引物、接待设施、公共服务、资源环境、信息网络、保障监管体系。双方体系又由若干要素构成。交旅融合新发展模式即将双方要素相互配合,以实现在空间布局、设施设备、供给产品、服务品质、政策管理上的交叉互融,组建交旅融合新元素,如图 8-1 所示。

（2）高质量发展要求交通运输从粗放式发展转向精细化发展，从纵向延伸转向横向拓展，也促使旅游从简单观光转向融入体验，从单一景点转向全域景群。交通和旅游在人民群众对美好出行和旅游的需求下，其服务与体验的交叉性、共享性、互融性随之体现。因此，交旅融合的出现是长期发展、顺应规律的必然结果。

（3）作为第三产业中发展的新模式，交旅融合不是简单地回应双方产业的需求，也不是两者相关要素的盲目叠加，而是在融合发展中结合对方的特征，有目标地对双方系统中的部分要素进行有机渗透或资源重组，达到给使用者提供更高品质的服务和更愉悦的氛围的目的。

（4）交旅融合是一种动态优化过程，在交通与旅游的规划设计过程中应良性互动，增加沟通，积极配合，从而达到用交通升级带动旅游、用旅游转型渲染交通的共赢阶段。

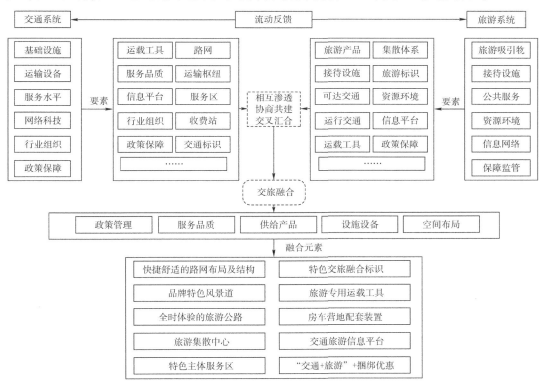

图 8-1　交旅融合发展演化示意图

（二）交旅融合发展特征

随着交旅融合的不断深入，交旅融合的特征也更加清晰，主要表现为以下三个方面：

（1）速达性。交旅融合发展意味着旅游者从所在地到达旅游目的地的交通运输条件不断改善，进出旅游目的地更加通畅高效、快捷便利，既为旅客提供多选择性的交通组合产品，提高出行质量，提升旅游者的幸福度，又有助于提高交通部门和旅游行业经济效益。

(2) 拓展性。随着交通网络的不断延伸、交通工具的日益丰富和旅游交通条件的日臻完善,旅游者的旅游半径必将不断拓展,对拥有丰富旅游资源但交通不便的地区有着深刻的影响,可直接推动区域旅游快速发展。

(3) 可融性。"可融性"是指交通与旅游属于不同产业,但又有许多相通性。比如,都需要空间移动,都是典型的流量经济。正是两者的共同特性,使得两者具有天然的可融性,两者在融合渗透的过程中,必将不断衍生出新的旅游交通产品和产业业态。

二、交旅融合发展理论

(一) 交旅融合发展的关键

交旅融合的目的在于实现多产业和多业态的整合,即在旅游需求的引导下,充分整合双方资源,有效培育经济发展的新动能,在发展路衍经济的同时,服务相关产业的高质量发展,从而带动区域经济的显著增长。

交旅融合高质量的关键包括三个方面:

(1) 深度对接。交旅融合不是交通和旅游简单的要素叠加,而是一种互动的资源整合,是要通过系统内部的耦合关系促成两者产生"化学反应",从而达到"1+1>2"的集聚效果。欲实现这一目标,首先,要厘清交旅融合"融什么"的问题。基于产业融合理念,产业间融合是指不同产业或同一产业内不同行业相互交叉与渗透,最终融为一体且形成新产业或新业态的动态优化过程;交旅融合是系统性多元方式的交融,包括交通和旅游在理念、技术、产品、功能、空间、服务等多方面的融合;其次,我们面临的是交旅融合"如何融"的问题,即以何种渠道融、以何种方式融。在基础设施、运输服务和管理服务三个方面促进交旅的深度融合,进一步提出交通设施、交通组织和交通媒体与旅游融合的三种模式。基于此,才能科学地回答如何促进交通产业和旅游产业的深度对接,找到二者之间的契合点,促进交旅深度融合发展。

(2) 功能提升。旅游功能结构系统包括旅游客源地、旅游目的地和旅游交通。旅游交通作为连接旅游目的地和旅游客源地的重要纽带,是游客实现高质量旅游的重要前提,应当将旅游交通作为旅游产品来考量,从而满足快进慢游的需求。因此,交旅融合的关键还在于二者功能的同步提升,表现为旅游业能够通过其强大的延伸产业链功能,带动上下游产业关联发展,交通运输则通过其对旅游空间格局、资源开发、游客偏好以及旅游经济等方面产生的影响,实现二者的融合发展。对于现在的交通系统而言,除了具备传统的交通运输功能、接待服务功能外,还应增加民生功能、拓展产品功能、延伸文化功能等,形成独具地域特色的复合功能型交旅融合产品,最终实现从原来的单一交通功能向综合旅游功能的转变。此外,完善的交通枢纽网络也是汇集旅游流的基础,因此,还应对交通枢纽功能进行系统性的提升,既要借助枢纽功能实现对周边旅游的控制力,又要能使目的地与枢纽功能融合发展。

(3)推陈出新。交旅融合,贵在摒弃传统思维,勇于开拓创新。在数字经济、新基建转型和智慧高速公路发展的背景下,创新是引领交旅融合发展的第一动力。然而,现有的旅游公路、旅游风景道、旅游服务区、旅居车营地、交旅融合文创产品还处于初步发展阶段,能够在特色、功能、价值、核心吸引物上有创新的交旅融合产品较少,尤其是一些道路的封闭性过强,对沿线土地的利用率不高,存在路衍产业开发率低、服务品质不高等问题。同时,大多数服务区、休息驿站等仍处于较为传统的发展阶段,普遍存在经营业态单一、商业布局简单等问题,忽视了大众在旅游途中的体验感,难以满足人们高品质、多样化和个性化的旅游需求。因此,还需要不断创新交旅融合的发展模式,强调交旅融合的思维创新、理念创新、体制创新、产品创新、技术创新、服务创新、人才创新等,注重打造具有吸引力的交旅融合产品、业态、模式,以实现交旅融合新的突破。

(二)交旅融合发展的内在逻辑

交通和旅游是相互促进、相得益彰的关系,交通是旅游业发展的重要引擎,旅游业的发展又会进一步要求更高品质的交通服务,交通产业与旅游产业的融合发展具有内在逻辑的统一性。从旅游角度来看,一方面,交通是旅游六要素的必备要素之一,作为旅游业发展的基础条件,交通可达性会对旅游目的地的吸引力、客流量以及经济效益产生直接影响;另一方面,交通本身也可以作为旅游景区、景点、旅游项目等,吸引旅游者。交通产业与旅游产业若想实现高质量的融合发展,必须具有内在逻辑的统一性,主要通过体制、资源、产品、科技、服务和人才等维度的融合来体现。其中,体制融合是交旅融合高质量发展的保障,包括交旅融合运行机制、交旅融合发展规划、交旅融合法律政策体系等;资源融合是交旅融合高质量发展的基础,包括交旅融合资源的类型、数量和等级,其中产业融合是资源融合的核心,包括上下游产业链的覆盖程度、"交旅+"新兴产业业态的打造等;产品融合是交旅融合高质量发展的主体,包括产品供给的目标,现有产品的丰富度、个性化、特色化、创新化程度;科技融合是交旅融合高质量发展的支撑,包括交旅融合的信息化程度,对互联网、大数据、人工智能等现代信息技术的普及和应用程度等;服务融合是交旅融合高质量发展的过程,包括基础设施建设、配套设施建设、运输服务功能、管理服务水平等;人才融合是交旅融合高质量发展的支撑,包括交旅从业人员的数量、结构、学历、行业从业年限等,如图 8-2 所示。

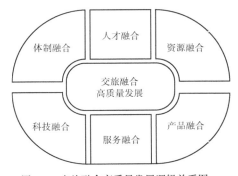

图 8-2 交旅融合高质量发展逻辑关系图

三、宁夏交旅融合的发展条件

（一）交旅融合发展的优势分析

宁夏旅游资源丰富，虽然面积只有 6.64 万 km²，但自然生态和历史人文资源得天独厚，且呈现出多样性、全域性特征，被誉为"中国旅游的微缩盆景"。旅游产业结构初步形成，产业融合不断提高，结构比例不断优化，产业结构更趋合理。截至 2022 年，宁夏共有国家级全域旅游示范区 4 家，自治区级全域旅游示范区 9 家；A 级旅游景区 118 家（5A 级景区 4 家），旅行社 201 家（出境社 25 家），星级旅游饭店 89 家；全国乡村旅游重点村镇 37 个（3 镇 34 村），宁夏特色旅游村 100 个，五星级乡村旅游示范点 34 家；国家级旅游休闲街区 1 家，自治区级旅游度假区 6 家。旅游交通网络日趋完善，基本形成"内畅外联、衔接高效"的综合立体交通网络，实现快速网和干线网对区内重要行政、产业、旅游节点的全覆盖。交旅融合发展环境逐步优化，出台多个交通旅游领域的政策文件，推动交通运输服务旅游业发展水平全面提升，为宁夏发展全域旅游交旅融合发展提供坚实的交通基础保障。

（二）交旅融合发展的机遇分析

全域旅游时代的开启。聚焦全域旅游是贯彻落实习近平总书记 2016、2020 年两次视察宁夏对宁夏旅游发展重要指示精神，宁夏成功申报创建国家全域旅游示范（省）区。随着我国经济水平不断提升，大众旅游时代全面到来，现阶段在宁夏发展交旅融合恰逢其时、正当其势。国家顶层释放交旅融合发展活力。我国已进入高质量发展阶段，国家从顶层制度设计层面高度重视和大力支持交通与旅游融合发展，先后出台多项政策法规，将交通与旅游融合发展推向了新高度。各省发力投入交旅融合浪潮。多个省份打造立体畅联的交通旅游设施，创新特色旅游交通产品，完善协同推进机制，提升交旅融合服务品质。中短途自驾游市场爆发。一系列鼓励和刺激旅游消费政策的出台，我国大众旅游从观光游逐渐向自主体验游过渡，对于宁夏这种面积小、区位优、文旅资源互补性强的内陆省份而言，是一个不可错过的好机会。交旅融合新发展模式层出不穷。交通运输与旅游业融合发展深入推进，交旅融合发展模式不断创新，各地相继探索出铁路旅游、公路旅游、水上旅游等融合联动发展新模式。

（三）交旅融合发展的制约问题

（1）缺乏顶层设计与发展规划的衔接。目前，宁夏在交通、旅游相关规划中虽提出融合发展，但由自治区级交通和旅游主管部门联合编制的交旅融合发展规划顶层设计尚未出台，交通与旅游融合发展相关政策支持仍停留在指导思想层面，没有建立完善的政策体系。

（2）交通基础设施建设与旅游业发展协调性仍待改善。综合交通体系难以支撑全域旅游的游览需求，黄河以东地区路网支撑较弱，景群间联系缺少免费快速通道，公共客运支撑不足；核心旅游资源中贺兰山东麓旅游带、黄河金岸旅游带等缺乏串联。旅游公路配套设施较为薄弱，交通旅游服务设施体系不完善。

（3）交通运输与旅游业规划联动程度有待加强。宁夏现阶段的交通运输更倾向于交通基础设施的建、管、养，旅游业则更多体现出了现代服务业的特征，致使长期以来二者在规划过程中交叉融合不够。旅游是现代交通转型升级的重要方向标，旅游业的发展客观上要求提供品质更高的交通运输服务。

第二节 宁夏全域旅游发展策略及交旅融合发展的顶层设计

一、总体目标

聚焦全域旅游是贯彻落实习近平总书记2016年、2020年两次视察宁夏对宁夏旅游发展重要指示精神，是自治区政府着力打造的"六新六特六优"现代化产业格局中"六优"产业之一的定位，将交旅融合发展作为高质量推进全域旅游的重要抓手。为促进交通运输与关联产业深度融合发展，坚持把交通变成旅游发展的组成部分，把"最后一公里"变成通途、把道路变成最美的风景的原则。

通过旅游交通空间融合、服务融合两大板块实现宁夏全域旅游交通空间布局优化和一站式服务功能的提升，有效推动宁夏高质量、高水平、高标准建设国家全域旅游示范区。通过宁夏全域自驾游发展和贺兰山东麓交旅深度融合两个示范研究，助推宁夏建成全国自驾游最佳目的地和贺兰山东麓国家级旅游度假区，把宁夏交旅融合发展模式打造成为全国全域旅游和交旅融合发展的示范样板和新典范。

二、顶层设计框架及具体策略

（一）基于交通网络、交通节点优化宁夏全域旅游空间策略

构建形成支撑宁夏全域旅游空间优化布局的交通设施体系，实现旅游资源吸引力和辐射带动力的显著提升，形成系统完备的旅游交通集疏散体系，引导全域旅游空间结构的优化，打造宁夏具有通达、游憩等复合功能的旅游风景道和特色主题旅游线路，构建畅达便捷的"快进漫游"旅游交通网络。

（二）构建全过程交旅服务融合，构建全域旅游一站式服务体系

加快推进全过程旅游交通服务融合，从信息端、交通端、产品端和治理端提升全域旅游一站式服务功能，构建形成智慧高效、服务优质、安全有效的旅游交通服务体系，切实推进宁夏交通运输与旅游服务供给侧结构性改革，进一步激发宁夏旅游市场消费潜力、释放旅游产业活力。

（三）基于宁夏全域自驾游体系建设打造全国自驾游最佳目的地示范

以交通网络为依托，以宁夏"二十一景"节点为孵化，快速带动宁夏全域自驾游发展生长，以高质量、高标准推动宁夏自驾旅游体系建设，依托网红道路建设、优美景观打造、观景平台建设，打造精美线路景观，构建精品服务要素，建设精细保障体系，树立宁夏在自驾游发展方面的示范高地。

（四）基于精品旅游线路建设打造贺兰山东麓国家级旅游度假区示范

围绕构建"多层次"的旅游交通网络体系、"规范化"的精品旅游道路设计体系和"高品质"的旅游服务设施体系，着力完善贺兰山东麓"快进慢游"交通网络体系，创新旅游交通产品，提升旅游交通服务品质，扩大新需求，创造新供给，更好地适应贺兰山东麓葡萄酒产业发展和文旅需求新变化，为贺兰山东麓国家级旅游度假区和国家级文化产业和旅游产业融合发展示范区建设提供有力支撑。

第三节 全域旅游空间结构优化策略

一、宁夏旅游空间发展现状及特征

区内交通网络分布与旅游资源空间分布不匹配。南部区域公路交通较为滞后，制约六盘山地区旅游发展，直接影响宁夏"一轴两核三片区"旅游空间格局形成。宁夏旅游交通基础体系待改善。直达北京、上海等一线城市的高铁班次较少，旅游知名度未能向西北以外地区扩散。旅游核心区银川，距离西安、兰州较远，难以形成集聚效应。宁夏旅游交通系统化、集成化程度不足。宁夏全域旅游发展呈现北高南低的特点，北部地区旅游业发展较好，受限于客流不均衡、运输系统效率低下，南部地区旅游业发展较缓慢。

二、交通节点支撑全域旅游空间结构优化路径

强化枢纽布局及功能完善,提升交通节点辐射能力。优化铁路客运站、公路客运站等场站和旅游集散中心布局,鼓励同站布设,加强同城市交通系统有效衔接;拓展"一干两支"民航运输机场旅游航线,提升全域旅游航空交通可达性;构建以高速铁路和城际铁路等大容量快速客运系统为骨干、以高速公路和民航为补充的区际城际客运服务体系;探索开展旅游客运长途班线分段式接驳运输,增设枢纽站场到旅游景区之间的停车接驳服务;在旅游资源丰富的乡镇建设改造集客运、货运、邮政快递、旅游等功能于一体的乡镇综合运输服务站。推进高速公路"开口子",盘活沿线旅游资源。通过新增互通立交出入口、改造连接线、拓展服务区空间与功能等措施,使封闭的高速公路多点开放,提升高速公路的辐射范围和服务能力,盘活沿线旅游资源要素,带动沿线旅游产业快速发展。提升和拓展服务区旅游功能。鼓励公路新建项目与文旅项目"同步规划审批、同步建设运营",实现服务区与文旅项目同步发展;依托路网结构及沿线文旅资源,打造一批主题色服务区;积极谋划"服务区+"业务,推动服务区向多业态商业综合体转型。统筹布局旅游驿站、观景平台。在旅游资源丰富的美丽乡村、特色小镇等区域和交通转换节点等附近合理布局游客驿站;鼓励游客驿站与旅游公路养护站、景区服务中心,乡镇综合运输服务站等合并设置;灵活设置一批类别多样、特色各异的观景平台,实现"站在风景上看风景"。

三、交通轴线支撑全域旅游空间结构优化路径

依托国家战略规划发挥区位优势。建立西北地区与东中部联系,借助西部陆海走廊宁夏运输轴的构建,强化宁夏南向与成渝地区的交通联系,吸引更多国内主要旅游客源城市的游客途经宁夏或在宁夏中转;充分发挥丝绸之路的重要节点和必经之道,全国第二个全域旅游城市的区位优势,将"丝路之旅"品牌建设和开发作为重点;以西安、银川、兰州、西宁、乌鲁木齐等西北中心城市为依托,以陇海铁路、兰新铁路和兰青铁路、青藏铁路为主轴,构架丝绸之路南、中、北三线齐头并进、相互连通的"大丝路"格局;借助包兰线、京藏高速公路、G106、青藏铁路线,与青海联合打造西北地区一级旅游交通发展轴(带);借助银百高速公路、银西高铁及G211打造南起陕西西安、经甘肃平凉、北达宁夏固原、中卫、吴忠、西安和石嘴山的旅游经济轴(带)。支撑构建区内旅游交通发展轴。依托高等级交通干线,培育旅游发展轴线,引导旅游空间结构优化;推进布设乌海至西吉普通国道,强化沙坡头片区和六盘山片区之间的联系;打造宁夏黄河旅游风景大道,支撑构建黄河文化旅游带;以乌玛高速公路、银川绕城高速公路、G110等主要干线为葡萄旅游主轴,串联沿线景点、酒庄,打造贺兰山葡萄酒文化旅游带,支撑打造酒庄休闲品牌。打造大西北旅游目的地、中转站和国际旅游目的地。积极

参与西部陆海新通道建设,充分发挥宁夏在西部旅游交通中的集散功能;开行通达主要旅游客源城市到达或途经银川、中卫的旅游专列,吸引更多铁路中转游客;加强与京藏高速公路、青银高速公路等高速公路沿线客源城市合作,开发途经宁夏的跨区域自驾游产品。着力构建全域旅游交通网络。利用既有国铁线路和城际铁路跨线运行开通城际列车,实现五个地级市"同城化";加快建设旅游公路网络,支撑打造升级版的"宁夏二十一景",以推动全域旅游发展。

第四节 一站式服务功能提升策略

一、信息端,构建旅游交通信息融合服务体系

以游客、运营管理单位、政府部门实际需求为基础,基于一站式服务理念,融合交通出行信息服务与旅游信息服务,构建"1+2+N"旅游交通信息融合服务体系。包括 1 个具备数据整合、计算和分析能力的旅游交通数字化云平台,1 个可提供交旅信息融合数据支撑的旅游交通大数据中心和 1 个搭建人、车、路、环境协调运行的旅游交通智能服务中心,N 个可满足政府、景区运营企业、游客等多应用方服务需求的信息服务模块。

二、交通端,构建旅游便捷交通系统

建立多层级旅游交通集散中心。构建省际旅游集散中心体系,依托民航机场、高铁站等建设一级集散中心,依托公路客运站主站、口岸建设二级集散中心,依托 AAA 级及以上景区建设三级集散中心。鼓励发展无缝衔接的旅游联运模式。鼓励引导运输企业与旅游、邮政企业发展游客联程运输服务模式,开发"空铁通""空巴通"等游客联程运输服务产品。开通交通枢纽、旅游集散中心与景区之间的直通车,打造无缝衔接的联程运输网络。

三、产品端,构建旅游交通产品供给服务体系

建立"深化旅游合作,多方发展共赢"运营机制。以政府为主导,带动企业参与,建立西北区域旅游合作组织,整合区域旅游产品、线路等资源,打造宁夏特色旅游产品。强化与区域旅行社之间的合作,实现合作共赢。鼓励发展"一站式"运游服务模式。打造"门票·车票""车票·门票·酒店""车票·酒店"等"一站式"旅游客运产品。提供定制化的运游融合服务,提供"菜单式"的自由行旅游产品。重点发展"租赁自驾"等自由行服务。完善汽车租赁点布局,加强汽车租赁与其他交通工具的换乘衔接。鼓励客运枢纽开辟自驾停车区域。推动汽车租赁业与移动互联网融合发展,鼓励分时租赁发展。积极培育"运游融合"发展新

业态。引导"运游融合"新业态精细化、高端化发展。拓展精品铁路旅游线路、特色旅游专列等铁路旅游运输产品。开展航空体验、航空运动等低空旅游。鼓励挖掘地域特色和历史文化,打造文化旅游主题的特色服务产品。

四、治理端,构建旅游保障服务体系

深化旅游运输管理改革。推进班线和旅游包车客运改革,实现旅游交通运力共享,放宽起讫点、时限和区域等管制。联合建立跨区域旅游客运运力调配机制,实现运力异地调配。改善旅游运输信用体系。鼓励交通、旅游部门加强信用管理协作,建立旅游运营企业、驾驶员等黑红名单制度,实施守信联合激励和失信联合惩戒。定期公布旅游运营企业信用评估情况。积极开展"三黑"联合执法行动。开展多部门联合执法,加大旅游景区、旅游集散中心等区域执法检查力度,推动实现"正规车""正规社""正规导"服务模式。加强旅游客运安全管理。督促企业落实《道路旅客运输企业安全管理规范》,推进旅游客运企业安全生产标准化建设。提升安全监管能力,形成"事前预警、事中监管、事后考核"和"信息主导、快速反应、重点防范"的旅游客运动态监管体系。

第五节 打造全国自驾游最佳目的地策略及示范

一、宁夏自驾游发展现状及发展趋势

随着周边游的恢复,自驾游市场将成为国内旅游市场的新增长点。宁夏资源类型多元,交通条件不断改善,具有发展自驾游的得天独厚的优势。近年来,在宁夏全区接待的国内游客中,选择自驾游的人群占62%,比例最多,自驾游已成为游览宁夏的主要交通方式。自驾游正在被越来越多的旅游爱好者所追捧,成为宁夏文旅业的一个新空间与方向。

从自驾游线路来看,宁夏部分区域自驾游线路已推出品牌,但呈现北强南弱的状态,对游客的吸引力不足,全域自驾游旅游体系尚未形成。宁夏现有交通体系较完善,但仅作为串联各旅游点间的交通通道,自驾游线路沿途缺乏相关配套要素。从宁夏现有的自驾游服务水平来看,宁夏自驾游线路沿途旅游交通、自驾服务设施、信息服务等均无法满足游客需求,宁夏自驾游服务还有极大的提升空间。

二、打造全国自驾游最佳目的地示范

宁夏重点打造升级版的"宁夏二十一景",通过自驾游体验的形式,将宁夏东、南部散落

的资源点有体系地串联起来。构建宁夏全域自驾游体系,通过自驾游风景道路的全域贯通,将宁夏全域有机结合起来,完善全域自驾游配套设施,用服务和质量打造宁夏自驾游目的地特色,形成目的地建设示范,打造国家级全域自驾游最佳目的地。

(一)完善宁夏全域自驾游线网,拓宽自驾体验空间

加强跨省域自驾游合作。立足宁夏交通设施基础,加强节点城市对接合作,依托高速路网向外对接自驾游主题环线,实现宁夏自驾游线路与周边自驾游线路的无缝对接。

提升宁夏内部自驾游发展水平。根据宁夏全域高质量道路发展规划,结合现有道路基础设施建设,构建功能清晰、层次分明的路网系统,形成"一横两纵三环线"的内部自驾游线路格局。

加强自驾游风景道建设。发挥自驾游线路辐射带动能力,围绕六大特色自驾游风景道干道延伸形成自驾游支线,以景点、景区为依托,以特色产业为引领,带动周边及沿线经济社会发展,推进乡村振兴建设。

(二)拓展自驾游供给设施功能,提升全域旅游内涵品质

高速公路服务区:坚持"一区一品牌一特色"的思路,推进高速公路服务区改造升级,全力打造集地方特色文化和休闲停车、旅游、购物、娱乐等于一体综合旅游服务区。

自驾游营地:依托宁夏自驾游资源分布情况,鼓励支持依托交通集散地、景区景点、各类公园、各类体育设施等,在符合相关规划的前提下建设不同类型、不同档次、特色突出的自驾车旅居车营地。

自驾游驿站:围绕沿自驾游线路的旅游景区、旅游经营场所等旅游资源聚集区,依托邻近景点、停车场汽修厂、加油站等,设置自驾游驿站,提供购、食、住以及急救等各类基础服务。建议在景观和视线较好路段,设置观景平台,满足短暂休憩和休闲。

标识引导:推进全区旅游交通引导标识系统化、规范化,在高速公路等主要道路沿线设立AAA级以上景区标识,对现有标识牌进行维护,打造"宁夏二十一景"文旅品牌体系。

(三)提升自驾游服务水平,打造全域自驾游示范区

信息服务:依托宁夏全区的智慧旅游平台,加快智慧旅游基础配套设施的建设,实现自驾游交通信息、营地信息、景区信息、住宿信息、餐饮信息、医疗卫生服务信息、道路救援信息、天气信息等信息的实时更新与发布,实现"一张自驾地图游宁夏"。

租赁服务:引进大型连锁汽车租赁企业,规范本地汽车租赁市场,优化经营网点布局,为消费者提供"一点租多点还""一城租多城还"租赁服务。加强与公共交通接驳,开启"落地

自驾、停车起飞"畅游模式,实现一站式换乘。

安全救援:与交通、医疗等部门对接,开通自驾游救援服务专线,建立完善的自驾游救援服务和安全保障系统。提升营地、驿站、服务区、加油站等设施安全,推动硬件和软件等项目落地,完善自驾游安全保障工程。

第六节 贺兰山东麓交旅深度融合方案设计及示范

一、贺兰山东麓概况及交旅融合发展研判

贺兰山东麓葡萄酒产区位于世界酿酒葡萄种植黄金地带,独特的地形、气候环境和土壤条件,使其成为世界上少数几个能生产高端葡萄酒的绝佳产区,也是我国葡萄栽培十大产区之一。现有酒庄和种植企业实体228家,生产葡萄酒1.36亿瓶,占全国的37%,综合产值342.7亿元,酒庄年接待游客超过135万人次,获得过500多项世界级酒类大奖。贺兰山东麓旅游资源数量大、等级高、类型丰,具有得天独厚的旅游发展优势,辐射区域内拥有国家AAAAA级景区2家、国家AAAA级旅游景区12家、国家AAA级/AA级旅游景区33家。旅游品牌建设成效显著,贺兰山东麓旅游度假区被评定为宁夏回族自治区(省)级旅游度假区。贺兰山东麓葡萄酒产业和文旅产业已成为宁夏扩大开放、调整结构、转型发展、促农增收的重要产业。

贺兰山东麓旅游度假区内外部交通体系完善,以G110、乌玛高速公路为载体的贺兰山国家级风景道基本建成通车,干线公路服务品质全面提升。银西高铁、银兰高铁、银川河东国际机场综合交通枢纽建成运营,极大缩短了宁夏与周边重要旅游城市的时空距离,实现游客零距离换乘。镇苏路、新小线、滚苏岩画路等地方干线公路合理串联周边葡萄酒庄和旅游资源点,基本实现对所有酒庄和旅游景区景点的全覆盖。立足新发展时期,我们也清醒地认识到,贺兰山东麓葡萄酒文旅产业存在道路交通基础设施服务水平不高、交通旅游融合发展程度不足、旅游标识系统不完善、旅游服务设施布局不合理等关键性问题。

二、贺兰山东麓交旅融合总体思路

2021年5月农业农村部、工业和信息化部、宁夏回族自治区印发《宁夏国家葡萄及葡萄酒产业开放发展综合试验区建设总体方案》,旨在充分挖掘贺兰山东麓葡萄酒生产"黄金带"优势,努力打造引领宁夏乃至中国葡萄及葡萄酒产业对外开放、融合发展的平台和载体。围绕宁夏葡萄酒产业发展的重大发展机遇和贺兰山东麓打造"葡萄酒之都"的战略目标,立

足交通运输作为国民经济尤其旅游产业发展的基础支撑和先决条件,需要把区域交通网络作为贺兰山东麓文旅产业的重要组成来统筹规划设计,推进交旅深度融合发展,要着力完善快进慢游交通体系,创新旅游交通产品,提升旅游交通服务品质,更好地适应贺兰山东麓葡萄酒产业发展和文旅需求新变化,为贺兰山东麓国家级旅游度假区与国家级文化产业、旅游产业融合发展示范区建设提供有力支撑。

三、贺兰山东麓交旅融合总体方案设计

（一）"快进"交通网络方案设计

依托全区加快构建"通道+网络+枢纽"的现代化综合立体交通网络,完善贺兰山东麓"三纵三横三芯多点"的快进通道体系,构建以银西高铁、银兰高铁和乌玛高速公路、京藏高速公路等快速线网为主,包兰铁路、太中银铁路和G109、G110等骨干线网为辅的"快进"旅游交通网络,提升银川河东国际机场、银川火车站、银川汽车站等枢纽节点旅游服务功能,加快贺兰金山、西夏镇北堡、青铜峡鸽子山等旅游集散中心建设。

（二）"慢游"交通网络方案设计

根据贺兰山东麓资源分布情况,规划形成"一主干、多枝蔓、多片区"以葡萄酒文化为主题的特色"慢游"交通网络。以贺兰山东麓葡萄酒文旅主题特色为根,以葡萄酒庄文化旅游精品道路为主干,以核心区内葡萄种植基地、酒庄等资源为果叶以葡萄园生产道路为枝蔓,以枝蔓串联果叶,以藤蔓衔接主干,形成覆盖整个葡萄酒产区的特色"葡道""慢游"交通网络。

（三）精品旅游道路设计指南

通过对贺兰山东麓自然景观、文化旅游资源和酒庄、种植区大范围调研,贺兰山东麓范围内既有的旅游公路缺乏内涵且服务功能单一,旅游服务体验水平总体不高。对于贺兰山东麓旅游道路的规划设计主要可以从线性美化、标识系统、景观小品、慢行步道、门户形象等方面进行优化提升。

（四）交旅服务设施配套方案

根据贺兰山东麓葡萄酒产业和文化旅游产业发展趋势,配套建设游客集散中心、服务区等服务设施和民宿、酒店、野奢等旅游设施。同时将充电桩、智慧信息平台等设施植入服务设施内,打造集停车观景、休憩如厕、加油充电、餐饮住宿、休闲娱乐、养生度假、旅游服务为一体的"慢游"服务体系。

第七节 宁夏交旅融合体制机制及政策保障建议

一、体制机制

（一）完善行政管理机制

强化顶层设计，建立健全促进交通与旅游融合发展的协调推进机制，并且形成分工明确、协同联动的工作机制。制定由各地方政府牵头，统筹交通、旅游、国土等相关部门协同联动的建设管理机制，推进交通与旅游融合发展项目，以保障交通与旅游融合发展的安全环境。

完善涵盖"交通+旅游"融合发展体系构架、资金筹措、奖惩方案等内容的政策管理体系，夯实"交通+旅游"融合发展建设根基。构建涵盖"筛选—确定—评估—管理"等各个环节的合理操作流程，建立健全必要部门的工作管理机制，为"交通+旅游"融合发展项目建设提供有效支撑。

（二）明确协调及责任分工机制

政府部门做好统筹指导，加快推动政府事权内可控事项，为企业介入优质资源开发提供更好的平台；建设及运营企业需强化市场手段，合理介入、有序开发、科学经营相关资源。

根据交通基础设施管理职责及投资主体责任、收益分配等客观因素，高速公路、普通国省道、水运等领域开展"交通+旅游"的实施主体（包括行业主管部门、地市级人民政府、投资主体、建设主体和运营主体），负责组织实施各省"交通+旅游"融合发展项目申报、建设和管理等具体工作。

（三）建立联席会议工作机制

在"交通+旅游"融合发展项目建设中，建立以地方政府为主导，交通、旅游、规划、国土、发改、环保等部门深度交互的联席会议工作机制，做好规划衔接、用地需求管理和产业发展协同。以联席会议为工作平台，统筹协调各地方省级交通与旅游融合发展的重要事项，研究工作中的重大问题，组织研究制定推进交通与旅游融合发展的政策措施。

（四）完善市场及利益导向机制

完善市场机制和利益导向机制，创造良好的政策环境、体制环境和法治环境，激发市场主体的积极性和创造性,明确市场在"交通+旅游"融合发展项目建设和运营中的主体责任。支持大中型旅游企业承担或参与"交通+旅游"融合发展项目建设及运营管理。积极探索"近期交通支持旅游、远期旅游反哺交通"的策略,采取基础设施特许经营权、政府购买服务、政府和社会资本合作(PPP)等模式,吸引更多社会资本参与项目投资,鼓励整合"交通+旅游"融合发展项目沿线旅游、自然和土地等资源,在服务区、汽车营地等节点实现旅游、交通、产业一体化开发建设。

(五)建立政府监督管理机制

建立关于"交旅融合"的政府监督管理机制,明确各单位职能职责及其工作内容、工作方向,制定包括"交旅融合"发展日常管理制度、"交旅融合"发展考核制度、"交旅融合"发展奖惩制度等多项监督管理制度。

二、政策保障建议

(一)完善补偿优惠的政策体系

建议完善补偿、优惠政策体系,细化补偿、优惠的方案、指标,提出保障交通与旅游融合发展的措施,以解决在推进交通与旅游融合发展的过程中,部分地方虽把握丰富的自然、土地资源及产业资源,但可能出现为保护自身利益而不愿意将有效的资源注入交旅融合项目的问题,保障政策提出的补偿措施有效落地。

(二)完善支持新业态发展的政策体系

交通与旅游融合业态的发展离不开政策的支持。建议由地方政府牵头,相关部门配合,依托公路建设、运营单位给予交旅融合新业态发展在审批、税收减免等方面的政策支持,以解决新业态发展存在的开发成本高、市场应用价格高的"双高"难题,使新业态产品可匹配大多数游客的消费能力,并实现"网红打卡"带动人流量、消费量的目的。

(三)提供对游客吸引的政策支持

建议在完善交旅融合体系建设的同时,考虑将宁夏有效的旅游资源与公路进行捆绑,以"套票"方式推出全线旅游产品,在"套票"中给予旅行者旅行成本的优惠,使交通与旅游深度融合,加强利益捆绑,减轻游客对高消费旅游的顾虑,使游客乐于消费、敢于消费,吸引游客入宁旅游。

(四)提供向投资交旅融合项目企业的政策支持

建议给予投资交旅融合项目的企业债务延期、延迟付息等政策支持,并出台专项金融政策,鼓励为企业提供低成本的专项贷款,提供公开市场融资工具审批绿色通道,提高企业的融资效率。同时,为政府配套更多用途灵活的专项债额度,支持交通与旅游融合项目的发展。

本章参考文献

[1] 马健.产业融合理论研究评述[J].经济学动态,2002.5:78-81.

[2] 涂静.产业融合的经济学分析[J].现代管理科学,2017.8:84-86.

[3] 王朝辉.产业融合拓展旅游发展空间的路径与策略[J].旅游学刊,2011,26(6):6-7.

[4] 李美云,黄斌.文化与旅游产业融合下的商业模式创新路径研究[J].广东行政学院学报,2014,26(3):92-97.

[5] 詹斌,苏健,张艳秋.高质量发展背景下交旅融合优度的评价研究[J].公路,2022,67(3):211-217.

[6] 夏杰长,刘怡君.交旅融合高质量发展的内在逻辑与实施方略[J].改革,2022,8:111-122.

[7] 李任.深度融合与协同发展:文旅融合的理论逻辑与实践路径[J].理论月刊,2022,1:88-96.

第九章

宁夏综合交通绿色可持续发展的实践与经验

第一节　宁夏高速公路材料可持续利用

一、沥青路面废旧材料高效循环再生利用

（一）背景介绍

宁夏境内公路总里程已超过 3.7 万 km，其中，高速公路总里程超过 2000km，普通国省道公路总里程超过 5000km。然而，宁夏仍然存在公路沥青路面废旧材料综合利用率低、高值化再生技术手段不完善、高结构层位及高品质再生利用经验匮乏、技术标准体系及相应配套政策不完善等突出问题。一方面，随着宁夏境内骨架公路网基本形成，宁夏公路交通基础设施领域正在逐步由建设期转入养护期。另一方面，随着公路养护工程的不断增加，宁夏每年将产生大量沥青路面废旧材料，"十四五"期间普通国省道及高速公路预计产生沥青路面废旧材料 470 万 t。

（二）案例内容

2023 年 5 月以来，宁夏公路管理中心逐步推进《全固废胶凝材料道路工程应用技术规范》《沥青路面厂拌热再生技术规范》等地方标准的制定工作，牵头实施了《公路废旧材料再生循环利用技术研究和应用——沥青路面及交安设施》课题，石嘴山分中心基于宁夏地区公路沥青路面废旧材料利用现状开展了沥青路面再生成套关键技术及规模化应用研究（图 9-1）。

a) 应用场景一　　　　b) 应用场景二

图 9-1　宁夏公路管理中心石嘴山分中心采用沥青路面厂拌热再生技术应用图

具体实施内容主要包括以下两个方面：

（1）对沥青路面废旧材料从来源、数量、储存、交易、再生、铺筑等关键环节形成数据链条，实现废旧沥青混合料信息全周期跟踪，完整记录其循环再生利用全过程信息。建立宁夏地区废旧沥青混合料动态管理系统，实现对废旧沥青混合料循环再生利用全过程的动态监管；研究废旧沥青混合料的残值评价办法，制定废旧沥青混合料再生拌和站建设、制度控制标准，完善废旧沥青混合料循环利用配套支持政策。

（2）结合前期室内试验研究成果和后期示范路段性能检测，借助系统化控制、精细化施工、标准化应用和长期化跟踪检测，拟全面系统解决宁夏地区沥青路面废旧材料性能精准化评价、级配变异性控制、高性能再生剂研发、耐久性再生沥青混合料级配设计、适应性再生技术选择等关键技术问题。促进宁夏交通建养设施向"绿色低碳、资源集约、节能环保"方向发展，助力建设黄河流域生态保护和高质量发展先行区。

（三）经验与亮点点评

沥青路面废旧材料循环再生利用是宁夏贯彻新发展理念的重要举措，对宁夏节约资源、改善生态环境质量、建立健全绿色低碳循环发展经济体系具有重要意义。近些年，宁夏针对沥青路面就地冷再生、乳化沥青厂拌冷再生、沥青路面就地热再生等技术开展了较为系统的研究和工程示范，取得了一定的科研成果，并逐步完善了区内沥青路面再生技术体系。宁夏在沥青路面废旧材料高效循环再生利用方面的经验值得借鉴。

二、大宗工业固废道路资源化综合利用

（一）背景介绍

煤矿等企业在生产过程中会产生大量煤矸石、粉煤灰等工业固体废弃物，传统的消纳途径主要是回填矿坑采空区、制砖等。作为老工业城市，石嘴山市也面临固废种类多、产量大、化解难的问题。为推动城市绿色发展和转型升级，打造沿黄城市集约发展绿色公路，响应"双碳"目标要求，需要以交通基础设施建设需求为导向，进行大宗工业固废道路资源化综合利用。

大宗工业固废道路资源化综合利用技术路线主要包含以下四条：

（1）全粒度矿渣集料路面梯级利用技术。开展钢渣材料匀质化梯级利用加工技术、钢渣集料性能质量稳定性评价研究与应用，推广钢渣全粒度道路规模化应用技术和炉渣基层应用技术，形成矿渣在路面工程中的绿色处理和施工工艺，建立全粒度矿渣集料生产线，实现矿渣集料在路面工程中的资源化利用和产业化。

(2)废旧橡塑改性沥青路用技术。开展废旧塑料精细化筛分及预处理技术和废旧塑料改性沥青技术研究与应用,推广应用多源废胎胶粉改性沥青技术,形成废旧橡塑改性沥青制备方法和施工工艺,提升沥青综合路用性能,延长路面使用寿命。

(3)粉煤灰、煤矸石路基填筑技术。推广煤矸石路基填筑分级分类评价、煤矸石路基资源化利用与环境控制、粉煤灰路基填筑施工等技术,开展煤矸石、粉煤灰路基填筑规模化应用,提高固废填充剂在路基填筑中的综合利用水平。

(4)全固废基胶凝材料生产和小型预制构件制备技术。开展全固废胶凝材料制备与性能调控技术研究与应用,推广固废基小型预制构件制备技术,建立全固废胶凝材料生产线,实现固废基材料高附加值利用和产业化。

(二)案例内容

针对煤矸石膨胀量大、崩解性强、水稳定性差等问题,宁夏开展了煤矸石独有特性与分级评价、煤矸石填筑路基微观-宏观颗粒重构特性、煤矸石填筑路基施工过程受力特征与演化规律、煤矸石路基环境影响评价及污染物迁移扩散规律等研究,提出了煤矸石路基填筑分级评价技术和煤矸石有害物质迁移扩散与污染防控技术,形成了煤矸石路基填筑成套工艺与质量控制关键技术。

2022年9月,宁夏乌玛北高速公路管理有限公司已在项目一、二标段成功应用煤矸石路基填筑关键技术和粉煤灰路基填筑关键技术,铺筑煤矸石、粉煤灰路基试验段400m(煤矸石200m和粉煤灰200m),总面积达1.8万m^2,消耗煤矸石2万t、消耗粉煤灰1.6万t,减少二氧化碳排放量约200t,为大面积推广应用奠定了基础。随着项目工程推进,全线57.3km路基路面将100%实现固废资源综合利用,工业固废利用量不少于280万t,可减少二氧化碳排放约2万t。经过测算,每公里新建高速公路综合利用工业固废量约6.2万t,可以替代水泥用量约1200t、碎石集料约1.1万t,路基填充剂约5万t,减少二氧化碳排放量约1100t,实现工业固废规模化、无害化高值利用。

2023年3月,煤矸石路基填筑技术已被宁夏乌玛北高速公路管理有限公司应用于乌海至玛沁公路惠农(蒙宁界)至石嘴山段项目四标段,施工现场轧路机正来回碾轧着路基(图9-2)。

该项目在宁夏高速公路路基整体填筑时首次使用了工业固废煤矸石作为路基填充剂,取代了常见的砂石料(图9-3)。

该工程聚焦工业固废资源化综合利用,围绕石嘴山市当地钢渣、煤矸石、粉煤灰等大宗工业固体废物,坚持"因地制宜、能用尽用、环境协调、经济合理"的原则,攻克不同工业固废在不同路用场景应用技术难题,探索建立大宗工业固废路用整体协同解决方案,形成工业固废道路资源化利用可复制、可推广的技术成果和产业化经验。以工业固废代替传统的砂石筑路材料,变"包袱"为财富,将大幅度降低项目对砂石材料的需求量,解决由固废堆放引发的土地占用问题,减少对周边地区生态环境的破坏。宁夏紧扣"固废资源化综合利用"主题,坚持"因地制宜、经济合理"原则,开展全粒度矿渣集料、废旧橡塑改性沥青、粉煤灰、煤矸石等固废材料在公路工程中的综合利用和产业化,形成工业固废道路资源化利用可复制、可推广的技术成果和产业化经验。

a) 作业场景一　　　　　　　　　　　　b) 作业场景二

图 9-2　乌海至玛沁公路惠农(蒙宁界)至石嘴山段项目四标段施工现场轧路机作业场景

a) 工业固废煤矸石　　　　　　　　　　　b) 砂石料

图 9-3　工业固废煤矸石与砂石料比较图

此外,宁夏还开展了以下四项技术研究:

(1)煤矸石路基填筑关键技术研究。针对宁夏地区煤矸石存在的膨胀量大、崩解性强、水稳定性差等问题,开展了煤矸石独有特性与分级评价、煤矸石填筑路基微观-宏观颗粒重构特性、煤矸石填筑路基施工过程受力特征与演化规律、煤矸石路基环境影响评价及污染物迁移扩散规律等研究,提出了煤矸石路基填筑分级评价技术和煤矸石有害物质迁移扩散与污染防控技术,形成了煤矸石路基填筑成套工艺与质量控制关键技术。

(2)粉煤灰路基填筑关键技术研究。围绕宁夏地区粉煤灰特性、开展了粉煤灰理化特性和力学特性研究,特别是粉煤灰击实特性、压缩特性和渗透特性研究,提出粉煤灰路基沉降量控制指标。开展了粉煤灰在不同含水率条件下的抗剪强度试验研究，揭示了粉煤灰在不同含水率和压实度条件下的剪切力和内摩擦角的变化规律，形成了粉煤灰路基填筑成套工艺与质量控制关键技术。

（3）钢渣基层材料组成设计与路用性能研究。针对宁夏地区钢渣特性，开展了不同配合比设计、稳定类型对钢渣基层混合料体积稳定性、集料级配、力学性能的影响规律研究，开发了钢渣基层不均匀膨胀抑制技术，提出了公路钢渣水泥稳定类基层设计及应用技术，钢渣基层混合料的浸水膨胀率降低至 0.16% 以下，满足道路基层混合料技术要求和路用性能。基于室内研究成果，在 G109 惠农至黄渠桥段改扩建工程四标段铺筑钢渣基层试验段 600m，试验段各项指标满足相关技术要求。

（4）钢渣沥青混凝土级配设计和路用性能研究。针对宁夏地区钢渣特性，开展了 SMA-13、AC-13、AC-20、ATB-25 沥青混合料级配设计方法和路用性能研究，研究了不同钢渣掺量、级配类型对沥青混合料体积稳定性、高温稳定性、低温抗裂性等的影响规律，提出了不同混合料类型的级配设计方法。通过大量试验研究及室内试验评价，钢渣沥青混合料其高温稳定性、水稳定性、低温抗裂性、钢渣马歇尔试件的体积膨胀率等路用性能满足技术要求。基于室内研究成果，在 G109 惠农至黄渠桥段改扩建工程四标段铺筑钢渣沥青混凝土上面层试验段 1000m，试验段各项指标满足相关技术要求。

（三）经验与亮点点评

大宗工业固废道路资源化综合利用科技示范工程依托乌海至玛沁公路惠农（蒙宁界）至石嘴山段项目组织实施，通过开展工业固废道路资源化综合利用科技示范，对提升大宗工业固废综合利用水平、提高资源利用效率、促进宁夏绿色交通高质量发展具有重要意义。在示范规模方面，全线 44km 路基路面 100% 实现固废资源综合利用，工业固废利用量不少于 280 万 t。全线 44km 路面应用全粒度矿渣集料路面梯级利用技术，建立全粒度钢渣集料精细加工生产线一条，年产钢渣集料 10 万 t；面层应用废旧橡塑改性沥青技术不少于 15km。高填方路基段应用粉煤灰、煤矸石路基填筑技术不少于 15km。在示范效果方面，实现固废替代面层集料量 80% 以上，替代基层碎石量 50% 以上。节约砂石、集料量不少于 200 万 t。降低胶凝材料成本不少于 15%，节约水泥用量不少于 3 万 t，实现全固废基小型预制构件替代普通水泥混凝土小型预制构件 100%。预计减少碳排放量不低于 2 万 t。后期，可以在乌海至玛沁公路惠农（蒙宁界）至石嘴山段项目进一步应用煤矸石填筑路基、粉煤灰填筑路基、铺筑钢渣基层、铺筑钢渣沥青路面等技术。宁夏在沥青路面废旧材料高效循环再生利用方面的经验，为大宗工业固废道路资源化综合利用效益评价及减碳核算提供科学依据，值得借鉴。

第二节　宁夏高速公路能源可持续利用

一、S50 海平高速全路段开展分布式光伏电站

(一)背景介绍

新能源汽车技术日趋成熟,增长速度加快,已成为汽车产业转型发展的主要方向和促进世界经济持续增长的重要引擎,是应对气候变化、推动绿色发展的战略举措,也是交通领域实现碳达峰、碳中和的主要途径。2020 年 8 月,交通运输部发布《关于推动交通运输领域新型基础设施建设的指导意见》,鼓励在服务区、边坡等公路沿线合理布局光伏发电设施;2022 年 5 月,交通运输部发布《扎实推动"十四五"规划交通运输重大工程项目实施工作方案》,要求在高速公路、港口码头等建成一批分布式新能源+储能+微电网项目。围绕交通资产能源化、交通用能绿色化,发展"交通+光伏"模式是交通行业实现"双碳"目标的有效途径。2021 年,宁夏全区共有高速收费站 101 个(包括撤销的省界站和未使用站),适合建设分布式光伏发电项目收费站约为 90 个,可利用开发光伏发电总体面积约为 45 万 m^2,预计可建设安装分布式光伏发电装机容量约为 34MW。

在高速公路周边发展分布式光伏电站具有以下三个优势:

(1)节电效益高。全区有 57 个收费站采用电锅炉供暖预计采暖期每月电费支出约 285 万元,每年仅供暖期电费支出约 1425 万元;隧道电费支出也较大,仅六盘山特长隧道平均每月电费支出 50 多万元,每年电费支出 600 多万元。高速公路收费站及适合区域利用其屋顶资源、隧道出入口附近、部分边坡、中分带、高速公路立交匝道圈、红线以内闲置土地等建设分布式光伏电站,可有效减少上述区域内用电主体的电费支出,减少成本开支。

(2)为智慧高速建设提供基础保障。通过光伏发电项目的建设,可为 5G 基站、高速门架系统、发光二极管(Light-Emitting Diode,LED)情报板等设备提供辅助用电。对于宁夏今后智慧高速公路发展,全面提升高速公路服务能力和数字化运维能力提供基础电力支持。

(3)解决用电紧张。分布式光伏发电的特点是自发自用、余电上网。降低了对大电网的依赖程度,在用电高峰期可以降低用电成本。与此同时,也会改善少电、缺电地区的电力供应情况。分布式光伏发电是接入配电网,发电用电并存,可以最大限度地就地消纳。

(二)案例内容

S50 海原至平川(宁甘界)高速公路分布式光伏发电项目(一期)项目选址位于宁夏回族

自治区海原县境内S50海原至平川(宁甘界)高速公路(简称"海平高速")红线范围内相关区域。项目建设地点为海平高速主线收费站、甘盐收费站、西安镇收费站及西安服务区的院内、建筑屋顶、周边护坡以及高速公路沿线边坡、匝道圈等。海平高速全长43km,总体沿东西走向,项目所在地属于太阳能资源最丰富区,满足铺设光伏面板的倾角和日照要求。围绕海平高速服务区、收费站,以及道路边坡等相关区域建设光伏电站,既可以充分利用高速公路路域闲置土地资源,又能缓解区域电力负荷压力、提高公路沿线设施供电的保障性。设计单位为中交公路规划设计院有限公司(简称"中交公规院")。针对本项目,宁夏交通建设股份有限公司将联合中交公规院、中国公路学会、海平项目公司共同开展高速公路边坡光伏稳定性、光伏发电碳排放及碳汇测算等多项课题研究,申报立项地方标准,为本项目设计、施工、验收及后期推广奠定基础。建设及运营单位为宁夏交通建设股份有限公司与国能集团宁夏电力公司成立的合资公司,负责海平高速分布式光伏电站项目的投资、建设与运营。海平高速于2021年初正式开工,2023年底已经实现通车。海平高速分布式光伏电站与海平高速同步施工建设、同步投入运营。"双同步"不仅可以大幅降低光伏电站、高速公路边坡的建设成本,还可以降低施工作业安全风险。海平高速分布式光伏发电项目全路段计划规划容量12.51MW,分两期实施。其中,一期主要建设在收费站和服务区以及服务区临近高速公路填方路段边坡坡面,装机容量为3.5MW,其中2.13MW自发自用,1.37MW余电上网。即光伏项目部分发电供海平高速服务区、收费站及路域相关用电设施等使用,多余发电并入国家电网,按照地方脱硫煤标杆电价进行销售。从2023年起算,生产运行期25年。二期主要建设在高速公路填方路段边坡坡面、匝道圈内,装机容量为9.01MW。项目二期计划在一期并网运营3年内建成。

设计方案主要包括以下四个方面:

(1)西安服务区光伏电站设计方案。利用高速公路两侧服务区建筑屋顶、护坡坡面以及沿线高速公路等资源安装光伏,可利用屋顶面积500m²,利用服务区周边护坡面积7700m²,安装容量为0.91MW;沿线高速公路(里程桩号为K79—K82,南侧填方部分单排布置,部分双坡双排布置,可利用长度约2000m)安装容量1.95MW。西安服务区及临近填方边坡计划总装机容量为2.86MW(图9-4)。

(2)主线收费站光伏设计方案。利用收费站建筑屋顶、护坡坡面、沿线公路等资源安装光伏,可利用屋顶面积980m²,利用收费站生活区护坡面积260m²,安装容量0.02MW;利用沿线公路护坡(里程桩号K103—K105+500,南侧填方单排布置,可利用长度1000m)安装容量0.22MW。主线收费站计划总装机容量为0.24MW。

(3)甘盐池互通收费站光伏设计方案。利用收费站建筑屋顶、护坡坡面等资源安装光伏,可利用屋顶面积3936m²,安装容量为0.05MW;收费站生活区护坡(里程桩号AK1—

EK0)安装容量为0.18MW。甘盐池互通收费站计划总装机容量为0.23MW。

图9-4 宁夏海平高速公路管理有限公司西安服务区分布式光伏电站效果图

(4)西安镇互通匝道收费站光伏设计方案。利用收费站建筑屋顶、护坡坡面等资源安装光伏，可利用屋顶面积3936m²，安装容量为0.04MW；收费站生活区护坡(里程桩号AK0—EK0)，安装容量为0.13MW。西安镇互通匝道收费站计划总装机容量为0.17MW。一期光伏发电供收费站、服务区及就近用电设施使用，多余发电并入10kV电网。经综合评估，全部投资税前财务内部收益率为7.59%，项目具有一定的盈利能力。

(三)经验与亮点点评

宁夏海平高速公路管理有限公司围绕交通运输"双碳"目标愿景在服务区、收费站、路基边坡等区域开展的服务区分布式光伏电站项目有助于推进落实交通强国建设宁夏试点工作安排，完善交通运输环境保护和节能减排工作机制，构建"四绿一治"的绿色交通治理体系，助力国家"双碳"目标实现。项目完全依托海平高速开展，不再占用高速公路红线范围外的土地等其他资源，采用"自发自用、余电上网"模式，自主运营、自负盈亏，为区内交通运输行业碳减排与碳汇实现作出积极贡献，值得借鉴。

二、银川市北京东路收费站布设光伏发电

(一)背景介绍

2021年，宁夏已经建成全球最大单晶硅棒及切片生产基地，单晶硅棒产能41GW，占全国的25%；硅片产能22GW，占全国的11%；电池片产能10GW，占全国的7.5%。

银川市北京东路收费站占地面积约为4.4万m²(67.2亩)，总建筑面积约为1.63万

m^2,月均电费约为3.1万元,月均用电量约为6.63万 kW·h,路网应急指挥中心建成启用后,每月用电量将增加至12万 kW·h,年用电量为144万 kW·h。

(二)案例内容

由于北京东路收费站用电量大,拟采用发电全部自用模式(图9-5)。

图9-5 北京东路收费站停车场、屋顶及匝道护坡光伏安装示意图

经测算,可利用收费站房屋顶及高速公路匝道护坡进行建设的面积为8806 m^2,采月屋顶固定阵列式安装540W单晶硅太阳能光伏组件块,装机容量1.12MW,配套建设14套逆变器,1000kV·A箱式变压器1套。初步预估投资预算约486.44万元。光伏项目建成后,年均利用1284h,年发电量为144.2万 kW·h,基本可达到100%自用消纳。按日平段电价0.4983元/kW·h计取,每年可节约电费约72万元。按经营期25年计算,累计可节约电费约1800万元。项目投资税后财务内部收益率为6.18%,资本金财务内部收益率为7.66%,投资回收期为12.6年,总投资收益率为4.67%,项目资本金净利润为12.7%。

(三)经验与亮点点评

银川市北京东路收费站沿线光伏发电项目充分利用光能,在大幅节约能源的同时实现收益,值得借鉴。

三、吴忠市关马湖收费站布设光伏发电

(一)背景介绍

吴忠市关马湖收费站分新旧两个站区,旧站区占地面积约为3894m^2(约5.84亩),新站

区占地面积约为3.35万m²(约50.3亩),总建筑面积约为7573m²,2021年开始改造为电锅炉采暖。冬季每月电费约为8万元,夏季每月约为3万元。

(二)案例内容

吴忠市关马湖收费站初步计划采用30%自用余电上网模式(图9-6)。

图9-6 关马湖收费站屋顶光伏安装示意图

经测算,可利用收费站屋顶面积约为4475m²,总装机容量为0.508kW·h,配套建设逆变器4套、汇流箱1套。经营期为25年,项目计划总投资为219.83万元。光伏项目建成后,年均利用小时数为1275h,年发电量为64.7万kW·h,其中30%自用消纳电量,电价按0.5354元/kW·h计取,其余部分按照0.2595元电价上网。每年可节约电费约10.4万元,售电收益约为11.8万元,在计算期内,销售收入总额为766.61万元。项目投资税后财务内部收益率为12.01%,资本金财务内部收益率为25.39%,投资回收期为8.13年,总投资收益率为9.56%,项目资本金净利润为32.35%。

(三)经验与亮点点评

吴忠市关马湖收费站沿线光伏发电项目充分利用光能,在大幅节约能源的同时实现收益,值得借鉴。

四、宁夏高速公路收费站充电桩

(一)背景介绍

随着国家节能减排、能源安全战略的推进,近年来国内新能源汽车呈现爆发式增长,其必要的充电配套设施的建设需求也随之扩大。从宁夏回族自治区发改委获悉,截至2021年10月28日,全区新能源汽车保有量约1.6万辆,银川市现有7000多辆。2021年上半年新能源汽车增量为1092辆,同比去年增加244.48%。新能源汽车技术日趋成熟增长速度加快,已成为汽车产业转型发展的主要方向和促进世界经济持续增长的重要引擎,是应对气候变化、推动绿色发展的战略举措,也是交通领域实现碳达峰、碳中和的主要途径。

推动清洁能源产业发展工作将围绕充电基础设施建设进行,为推广新能源汽车奠定基础。截至2021年10月28日,银川市已建成新能源汽车充电桩1828个,充电桩的保有量还比较低,不能满足新能源车充电的需求(图9-7)。

图9-7 宁夏主要高速服务区充电桩

为解决新能源汽车高速充电难问题,满足群众的出行需要,在高速公路沿线收费站大力建设充电桩,有效缓解新能源汽车高速出行的"里程慌",为旅客提供安全、便捷、高效、智能的出行体验。

(二)案例内容

宁夏计划前期在银川东、平罗、吴忠、中卫、固原5个门户收费站,以及北京东路、贺兰山路、机场北、平吉堡、花马池5个收费站,共10个收费站建设安装功率为120kW的新能源汽车快充设备(表9-1)。

宁夏高速公路收费站充电桩安装数量 表9-1

序号	站名	安装数量(个)
1	银川东收费站	2
2	平罗收费站	1
3	吴忠收费站	2
4	中卫收费站	2

续上表

序号	站名	安装数量(个)
5	固原收费站	2
6	北京东路收费站	2
7	贺兰山路收费站	2
8	机场北收费站	2
9	平吉堡收费站	1
10	花马池收费站	1
合计		17

截至2022年底，银川市共建成新能源汽车公用充电站246座，充电桩2254个。至2025年底，银川市规划建设充电桩累计达到4000个（其中包括直流桩3330个，交流桩670个），可满足约2万辆电动汽车充电需求，车桩比达到5∶1。

（三）经验与亮点点评

宁夏高速公路收费站充电桩项目以构建覆盖自治区的充电基础设施服务网络、促进各类型新能源汽车发展应用为目标，桩站先行、适当超前推进自治区充电基础设施建设，以点带面，覆盖全区，充分发挥规模优势，进一步满足广大群众多样化的出行需要，营造新能源汽车畅行高速的良好环境，为新能源电动车用户绿色出行提供便利，值得借鉴。

第三节　宁夏载运工具能源利用清洁化

一、宁东基地氢能产业核心示范区

（一）背景介绍

宁东基地"依煤而建、因煤而兴"，是国家重要的大型煤炭生产基地、"西电东送"火电基地、我国最大的煤制油、煤基烯烃生产基地、现代煤化工产业示范区，不仅是西北唯一产值过千亿元的化工园区，还是区域工业经济的稳定器和动力源。随着碳达峰碳中和目标的提出，高产值生产任务与高能耗、高排放环境问题间的矛盾日益尖锐。除了火力发电之外，宁东能源化工基地每年消耗煤炭9000多万t，其中5000万t用于煤化工，占比超过了50%。而作为煤化工的基础原料，煤制氢的消耗量每年高达240万t，至少需要消耗2880万t标煤、产生5600万t的二氧化碳排放量。目前，行业内采用光伏发电来进行的电解水制绿氢项目的平均成本为每标方 1.7~2 元,而煤制氢成本仅为每标方 0.7~0.8 元。氢气是现代煤化工的重要基础原料,氢能源已成为宁东基地破解能源资源环境瓶颈的"金钥匙"。宁东能源化工基地年日照时间超过 3000h,太阳能有效发电时间超过 1700h,利用太阳能光伏电制备绿氢具有得天独厚的优势。显然,生产利用绿氢可以释放巨大的环保效益。理论上,宁东基地每年可以用绿氢部分替代约 120 万 t 的煤制氢。

(二)案例内容

在宁东基地,大部分的氢气主要是通过碳与水反应得来的煤制氢,俗称"灰氢"。这样的生产方式成本低,但是能耗、水耗、二氧化碳排放量大。从 2019 年开始,宝丰能源集团氢能公司组建技术攻关小组,研发以太阳能发"绿电",电解水制"绿氢""绿氧",直供煤化工生产系统的总体技术方案。传统的碱水电解槽制氢规模大多为 200~300 标方/h,最大的也不超过 500 标方/h,难以完成每小时生产 10000 标方氢气的任务。2021 年 4 月,全新的集散控制系统通过安装、调试,在宁东正式投产。该系统由太阳能发电,电解水制出的绿氢和绿氧之后成功耦合进了宝丰能源的煤化工生产系统,实现了稳定运行和规模化生产,每年可以生产 2.4 亿标方的绿氢,是目前世界单厂规模最大的电解水制氢项目。2022 年,宁夏宝丰能源依托"国家级太阳能电解水制氢综合示范项目"首创将"绿氢""绿氧"直供化工系统,用"绿氢"替代原料煤、"绿氧"替代燃料煤生产高端化工产品,打通了用新能源替代化石能源实现碳中和的科学路径(图 9-8)。

图 9-8 宁夏宝丰能源"国家级太阳能电解水制氢综合示范项目"实景图

2021 年 5 月,宁夏首个,也是西北地区正式投运的第一个加氢站建成,每天可以为 50 辆氢燃料电池重型货车加注氢气。宁夏宁东能源化工基地年产 400 万 t 煤制油、320 万 t 煤基烯烃、600 万 t 煤化工下游产品,部分氢能源车每 2d 就要到这里加氢。2022 年,宁夏宝丰能源企业总的光伏发电的建设规模已经达到了 100 万 kW。其中,氢能制储加一体化示范项目采用的质子交换膜(PEM)电解水制氢技术环保、占用场地少、具有发展潜力,为国外大部分气体龙头企业所推崇,但是在国内仍处于产业化示范阶段。宁夏京能宁东发电公司从煤炭绿色运输的角度考虑,在制、储、加、用,在宁东基地氢能产业的发展规划上,从上游的绿色发电、到中游的绿电制氢、再到下游的煤化工产业耦合应用,已经形成一个完整的氢能产业链闭环。

(三)经验与亮点点评

宁东基地氢能产业核心示范区大力实施清洁能源产业培育工程,加快建设宁东光伏产业园和新能源产业园,重点发展光伏、光热等绿色能源、可再生能源制氢、储能电池和材料等上下游一体化产业,实施集中式光伏电站工程、屋顶分布式光伏发电试点工程、规模化可再生能源制氢示范工程、绿氢耦合煤化工示范工程、绿氢加注和液化及氢制氨等储运示范工程、绿氢储能和燃料电池示范工程、氢能重卡组装及推广应用工程、天然气掺氢示范工程,推动形成以光伏发电、绿氢制备、储运、应用为主的新能源产业生态圈,打造国家可再生能源制氢耦合煤化工产业示范区、西部绿氢产业示范基地和宁夏氢能产业先行区。围绕着"绿氢"产业,宁东基地正在煤化工耦合、绿氢制氨、精细化工用氢、天然气掺氢、氢能交通等多个领域重点发力。氢能源货车和加氢站只是这个传统的能源化工基地变化的一个小小缩影。一项项技术创新、一个个应用场景,都在见证记录着宁东基地从煤化工"领跑者"向氢能"领跑者"的蜕变。事实上,根据宁东基地最新的发展规划,到2025年,绿氢的年产能将达到8万t以上,每年可以降低煤炭消费90万t,减排二氧化碳220万t;氢能装备制造业初具规模,建成氢能汽车零部件、电解槽生产制造基地;氢能科技研发和创新能力有效提升,关键核心技术孵化转化,氢能产业总产值预计达到260亿元规模,其思路与做法值得借鉴。

二、宁东氢动力机车

(一)背景介绍

内燃机车以内燃机作为原动力,通过传动装置驱动车轮转动实现前进。目前,在我国铁路上采用的内燃机车绝大多数配备柴油机。燃油或柴油在汽缸内燃烧,将产生一氧化碳、二氧化碳、二氧化氮、二氧化硫等废气。绿色发展是建设美丽中国、实现高质量发展的内在要求,目前的载运方式并不环保。

(二)案例内容

为实现宁东铁路既有内燃机车的氢动力升级,中车大同电力机车有限公司、宁夏宁东铁路有限公司等企业合作成立"西创氢动力技术协作联盟",在多方强强联合下,"宁东号"氢动力机车应运而生。2023年6月15日,"宁东号"氢动力机车在中国中车下线(图9-9)。

图 9-9 "宁东号"氢动力机车

"宁东号"氢动力机车采用了平台化、模块化设计,能够根据用户需求配置不同的牵引功率。机车搭载着轨道交通领域最大功率燃料电池系统,装车功率高达 800kW。动力电池系统兼容钛酸锂、磷酸铁锂等电池类型,能够根据运用工况、用户经济性能需求灵活配置。通过动力系统模块化配置,加磷酸铁锂电池配套,最高可以满足 2000kW 轮周功率需求。同时,机车储供氢系统的最大容量高达 270kg,2h 即可完成一次加氢,最长单机连续运行时间约为 190h。"宁东号"氢动力机车通过对老旧内燃机车车体、转向架等部件进行改造修复,延长了相关部件寿命,扩展配置后,可以替代目前 90% 以上的内燃调车机车,大幅延长了机车服务周期。此外,氢动力机车可以实现无弓网运行,节约了用户电气化改造的建设成本。

(三)经验与亮点点评

氢动力机车清洁环保,排出物只有水,完全实现了碳和污染物的零排放,而且运行静音效果明显,提升了司乘人员的舒适度。"宁东号"氢动力机车是目前氢燃料电池装机功率最大的氢动力机车,也是我国首台由内燃机车改造而来的氢动力机车,其成功交付标志着我国氢能应用转化技术再攀高峰,具备对已有内燃机车进行"绿色、智能"再造的实力。相较传统的内燃机车,氢动力机车的氢燃料电池能量转换效率大幅提高,可以在制动时回馈吸收能量,实现机车的节能高效运行,值得借鉴。

三、宁夏氢能全产业链协同发展

(一)背景介绍

近年来,宁夏大力支持氢能产业发展,出台《关于加快培育氢能产业发展的指导意见》,谋划实施了一批太阳能电解水制氢及综合应用示范项目,逐步构建了创新能力强、产业化水平高、示范应用领先的氢能产业体系。2021 年,宁东基地获批成为国家氢燃料电池汽车上海、郑州示范城市群成员,成为西北地区唯一获得示范资格的开发区,承担清洁低碳氢应用示范和500辆氢能重卡示范推广任务,推动化工园区低碳物流体系建设和氢能交通平价商业化运营。

(二)案例内容

2022年,由国家能源集团国华投资公司牵头打造的宁夏氢能全产业链创新生态项目开工建设(图9-10)。该项目将新建装机容量620MW、年均发电量9.83亿kW·h光伏场站,2座制氢规模达每小时2万 m^3 的制氢站,2座加氢站及配套输氢管线等设施。项目建成后,预计可年产4509t高纯氢,每年可减少二氧化碳排放量74.6万t。该项目位于宁夏宁东能源化工基地,包括光伏发电、电解水制氢、加氢站及氢能重卡等子系统,预计2023年底建成投产,建成后所制绿氢部分供给加氢站,完成周边火电厂与煤矿之间运输煤炭的氢能重卡氢气加注工作。

图9-10 宁夏氢能全产业链创新生态项目

2023年10月10日,全国最大的"新能源+制氢"耦合化工全产业链示范项目——国华投资(氢能公司)宁夏分公司宁东可再生氢碳减排示范区项目枣泉加氢站建成中交(图9-11)。枣泉加氢站站内设置2座氢气长管拖车位、2台氢气压缩机、2组储氢瓶组(总储氢量778.68kg)、2台加氢机等设备。远期预留87.5MPa管束式储氢瓶组2组;加氢规模为1000kg/d,投运后每日可为50辆氢燃料电池重卡提供加氢服务。

永利加氢站站内设置45MPa管束式储氢瓶组6组,总储氢量1557.36kg,远期预留87.5MPa管束式储氢瓶组2组;设置氢气长管拖车位2座,单辆氢气长管拖车水容积24m^3。加氢站用电来自12万kW光伏绿电,所制氢气为绿氢。正式投运后,每日可为150辆氢燃料电池重卡提供加氢服务,加氢规模达3000kg/d(图9-12)。

宁夏各地有效利用太阳能、风电资源,有效支撑了宁夏氢能全产业链协同发展。例如:吴忠市通过可再生能源制氢合成氨,在太阳山开发区等园区、开发区建设加氢站,开展氢能重卡物流运输,加快构建氢能上下游全产业链。

图 9-11　宁东可再生氢碳减排示范区项目枣泉加氢站

图 9-12　宁东可再生氢碳减排示范区项目永利加氢站

(三)经验与亮点点评

宁夏氢能全产业链协同发展不仅形成了可再生能源制氢、煤化工绿氢替代、氢储运、加氢、氢能车辆应用的全产业链,还带动了宁夏各地绿色工业经济,对实现碳减排具有示范效应,值得借鉴。

第四节　宁夏综合交通运输服务资源整合

一、宁夏新华物流铁海联运

(一)背景介绍

长久以来,宁夏外贸进出口货物运输存在困难,主要包括以下四个方面:

(1)海运费高涨,空箱箱源和舱位紧张。2020年下半年以来,全球疫情导致国际物流供应链受到巨大影响,国际海运费高涨,"一箱难求、一舱难求"问题突出,宁夏进出口企业普遍面临着较大的海运困难。

(2)港口换装成本高,易发生货损,操作环节多。目前宁夏与各港口之间的货物运输,主要采用普通高栏车公路运输方式,需要在港口拆装箱,这增加了物流成本,同时在拆装箱过程中易发生货损,且影响整体物流时效。在现有模式下,在出口业务方面,如果将海运空箱调运至宁夏本地装箱,面临着空箱调运成本高、船公司免箱期不足、产生高额滞箱费的困难。在进口业务方面,如果将海运进口的原装集装箱直接运至宁夏,也会面临着空箱运回港口归还成本压力大、船公司免箱期不足、产生高额滞箱费的困难。

(3)铁路运输费用相比公路运费高。一是由于铁路是站到站运输,两端"门—站"短途接送运输费用较高。二是目前宁夏所属的兰州铁路局银川货运中心给予的铁路运价下浮优惠程度不足,特别是轻泡货类,铁路运输单吨费用远高于公路运输,导致大部分宁夏货物采用高栏车经公路运输到港。

(4)进出口企业的货运代理渠道复杂,未能与港口、铁路、船公司、货场直接结算,货代公司存在多级委托、层层加价现象。目前,宁夏进出口企业一般将"海运+港口"业务委托港口货代公司完成,将"港口—宁夏"之间的内陆运输委托运输公司完成。由于渠道复杂,市场报价各异,客户支付成本偏高,难以形成集约化规模化发展。

(二)案例内容

"一单制"铁海联运业务模式指的是由单一承运人承担"内陆—港口—国外目的港"全程责任,签发具有物权凭证的全程联运提单,通过一次结算、一次保险,全程由一个且不变的集装箱装载,在铁路运输和海运转换运输方式的过程中不对货物进行换装作业的多式联运组织形式。该模式有助于降低综合物流成本,提升全程运输效率。宁夏新华物流股份有限公司(简称"新华物流")联合天津港集团及北部湾集团和主要集装箱班轮船公司共同打造银川—天津港、银川—钦州港"一单制"铁海联运班列和泛亚铁路班列的业务模式。2022年3月28日,一班次火车从中国铁路兰州局集团有限公司银川货运中心南站货场驶出,开往天津港,48h后将抵港直装远洋船出口至东亚、南美等国家。班列上满载着86个标准集装箱的氨基酸、枸杞、增碳剂、硅锰合金等宁夏外贸货物。这班次火车全程"一单到底""一箱到底"的班列开创了宁夏对外贸易出口运输的铁海联运物流新模式(图9-13)。

"一箱到底"、保税物流模式进口货物可以有效提升货物通关和运输效率,降低货物转运风险和国际物流成本。2023年2月12日,一班次火车从俄罗斯符拉迪沃斯托克(海参崴)海运至天津港,通过"天津港—银川"点对点货运班列直运至银川铁路南站货场。班列上满载着 58 车 1500t 的俄罗斯进口亚麻籽。这班次火车全程"一箱到底"、一站式无缝对接的班列,标志着宁夏铁海联运"一箱到底"国际货运进口通道正式开通(图 9-14)。

图 9-13　银川—天津港"一单制"铁海联运班列开通

图 9-14　宁夏铁海联运"一箱到底"国际货运进口通道开通

作为"西部快线"银川—天津港"一单制"铁海联运班列和"南向通道"项目的主营方,新华物流与 200 多个国家和地区的 800 多个港口实现贸易往来,截至 2023 年 8 月底,共发运 46 列 2506 车,货重 8.16 万 t,货值超过 1 亿美元。

(三)经验与亮点点评

宁夏"一单制"业务模式主要包括以下六个特点:

(1)由船公司或国铁提供宁夏—国外目的港全程服务,新华物流代客户向船公司或国铁一次性结算涵盖门—站短途倒运、铁路运费、港口费、海运费的包干费用。船公司或国铁签发以银川为启运地的联运提单。

(2) 保证出口货物的海运箱源和舱位需求,提前锁定海运价格和铁路价格(以货物进入银川南站的日期,锁定当期海运费)。

(3) 在银川南站货场提供集装箱,货物在工厂装入海运箱或铁路箱后直至国外目的地,全程不需要进行换装箱作业,避免货物损耗。

(4) 港口开辟绿色集疏港通道,提供出口抵港直装和进口卸船直提服务,提供码头提前集港和晚集港服务,确保港口作业效率。

(5) 保证铁海联运全程价格优势,铁路运输(含海运空箱调运至宁夏的铁路运费)不超过同期公路运价,海运费确保同等条件下最优惠。

(6) 不影响客户原来货代渠道。客户除直接向船公司或者新华物流下达铁海联运委托并结算外,也可以委托原渠道的货运代理商向船公司下达铁海联运委托。

新华物流铁海联运充分发挥天津港及钦州港服务辐射功能,加强铁路及铁海联运通道建设,有助于贯彻国家"一带一路"倡议,共同推进交通强国建设,值得借鉴。

二、宁夏河东机场空铁联运

(一) 背景介绍

河东机场高铁站占地面积4.07万m^2,于2019年12月29日正式开通运营,2023年客流量为774.01万人。站房在地下一层,建筑面积2110m^2;候车大厅面积1500.8m^2,可容纳1200人;售票厅面积237.38m^2。办理旅客乘降,组织到发线2条、2个站台,衔接银川、中卫、西安方向。利用银西高铁、银中城际列车(银兰高铁银川—中卫段)进机场、银川机场三期扩建和机场周边路网改造的契机,银川航空港综合交通枢已建成集航空、高铁、汽运等多种交通方式为一体的现代化、立体化、零距离换乘的综合枢纽。其中,高铁站和航站楼之间换乘距离只有68m,是国内最短的换乘通道。旅客步行3min即可到达航站楼安检口,真正实现空铁快捷"零换乘"。

(二) 案例内容

铁路部门高度重视与机场集团的合作,通过签订战略合作协议、打通信息共享渠道、强化空铁联运宣传、完善联运服务产品等措施,积极探索深化铁路与民航协同发展、共同便利大众出行的"空铁联运"模式,推出了"宁来宁往·空铁联运"产品(图9-15)。

河东机场高铁站图定列车40班次,目前因疫情影响开行12班次,停运28班次,其中开往银川方向7班次,开往中卫南方向4班次,开往西安北方向1班次,近期日平均发送人数568人,平均到达人数574人。机场高铁站列车到发时段:8:00—9:00有3班次,11:00—

13:00 有 2 班次,15:00—18:30 有 3 班次,19:30—22:15 有 3 班次。机场集中起飞和到达时间段为 11 时至 14 时,18 时至 20 时,在这期间开行银川方向高铁 3 班次,中卫南方向高铁 2 班次。截至 2022 年 6 月 27 日,机场高铁站到发 17.5 万人,河东机场吞吐量为 170.8 万人,占比 10.2%。

图 9-15　银川河东国际机场空铁联运闸机

(三)经验与亮点点评

宁夏河东机场空铁联运实现空铁线上一键联订,推行空铁联运高铁票价减免,提供空铁联运无缝隙"一站式"服务,以及相应的免费住宿、餐食、休息等服务,为旅客提供更好的出行体验,值得借鉴。

第五节　宁夏综合交通绿色发展经验总结

近年来,宁夏回族自治区综合交通绿色发展取得了显著的成果,其经验主要集中在以下四个方面:

(1)宁夏高速公路材料可持续利用。宁夏沥青路面废旧材料高效循环再生利用科研和工程试点取得了显著业绩,工业固废道路化利用工作潜力很大。宁夏针对沥青路面就地冷再生、乳化沥青厂拌冷再生、沥青路面就地热再生等技术已开展较为系统的研究,已取得一定的科研成果,区内沥青路面再生技术体系基本形成。此外,宁夏围绕地区煤矸石、粉煤灰、钢渣等工业固废已开展煤矸石路基填筑、粉煤灰路基填筑、钢渣基层材料组成设计、钢渣沥青混凝土级配设计等关键技术和路用性能研究,目前应用效果良好。

(2)宁夏高速公路能源可持续利用。宁夏高速公路光伏应用工作取得了突破性进展。

2023年9月底，宁夏首条高速公路分布式光伏发电量突破200万kW·h，其中，自用电量106.5万kW·h，节约电费58.6万元，另有上传国网电量105.2万kW·h，收益27.3万元，总计创造收益85.9万元。宁夏银百项目全线9处光伏发电站年发电量合计约118万kW·h，自用和余电上网各占总发电量50%，年收益合计46万元，按光伏使用寿命25年计算，可创造收益1130万元。按发电100度需要燃煤0.04t计算，每年可节约燃煤472t，25年可节约11800t。此外，宁夏高速公路收费站已安装充电桩设备。

（3）宁夏载运工具能源利用清洁化。宁夏载运工具能源利用清洁化工作取得了突破性进展。2022年，宁夏全区新能源汽车保有量超过2.54万辆，占汽车总量的1.29%，比2021年增加1.49万辆，增长141.9%，高出全国均值75个百分点，呈高速增长态势。2023年宁夏新增新能源公交车615辆，新能源更新率达100%、占比达到65%，新增纯电动巡游出租汽车605辆。目前，宁夏正在加快推进氢能重卡等氢燃料电池汽车的生产与投入工作，大力发展绿色氢能。

（4）宁夏综合交通运输服务资源整合。宁夏物流铁海联运工作领先，多种交通方式零距离换乘取得新纪录。宁夏新华物流股份有限公司与天津港集团及北部湾集团和主要集装箱班轮船公司已联合推出"一单制"铁海联运班列和泛亚铁路班列的铁海联运模式，已实现银川至天津港、银川至钦州港铁海联运物流一单到底；宁夏河东机场和高铁站无缝衔接、零距离换乘，高铁站和航站楼之间的连廊为108m，是国内最短的换乘通道。宁夏积极探索深化铁路与民航协同发展、空铁联运模式，已推出"宁来宁往"空铁联运产品，已实现空铁线上一键联订，"一站式"客运服务无缝衔接。

碳达峰、碳中和目标对我国交通运输领域而言，既是行业发展的重大挑战，也是行业绿色转型的重要机遇，极大增强了行业推进碳减排工作的紧迫感和积极性。交通运输是支撑我国实现碳中和目标的关键领域，做好交通运输碳达峰和碳中和工作，事关国家气候工作全局，也事关交通强国建设大局。宁夏综合交通绿色发展的探索与经验可借鉴、可复制、可推广。相关实践成果为加快交通强国建设、确保"双碳"目标实现以及推动人类命运共同体构建提供了强而有力的支撑。

本章参考文献

[1] 宁夏公路管理中心.《全固废胶凝材料道路工程应用技术规范》等两项宁夏地方标准顺利开题[EB/OL].（2023-05-08）[2023-06-15]. https://jtt.nx.gov.cn/xwzx/jtyw/202305/t20230508_4056185.html.

[2] 胡俊.变废为宝 宁夏公路养护探索绿色新模式[EB/OL].（2020-07-25）[2023-06-06]. https://www.sohu.com/na/409719217_120229638.

[3] 石嘴山发布.工业固废由"包袱"变财富，宁夏首次！[EB/OL].（2023-04-03）[2023-06-06]. https://

mp.weixin.qq.com/s/PRJVDgoadfNuvKKLIOKq9g.

[4] 陆化普,冯海霞.交通领域实现碳中和的分析与思考[J].可持续发展经济导刊,2022,32(Z1):63-67.

[5] 宁夏交通建设股份有限公司.S50海平高速公路分布式光伏发电项目实施方案[R].宁夏银川:宁夏交通建设股份有限公司,2023.

[6] 宁夏交投集团.国企三年改革|宁夏海平高速公路管理有限公司:以科技创新为载体 赋能高质量发展[EB/OL].(2022-12-13)[2023-06-06].https://www.nxcig.com/art/2022/12/13/art_17_3545.html.

[7] 于晶,姚淑玲.宁夏已经建成全球最大单晶硅棒及切片生产基地[EB/OL].(2021-12-24)[2023-06-16].https://baijiahao.baidu.com/s?id=1720032659652736258.

[8] 宁夏交投高速公路管理有限公司.宁夏高速公路收费站及适合区域分布式光伏发电项目实施建议书[R].宁夏银川:宁夏交投高速公路管理有限公司,2021.

[9] 盖锡咨询.到2025年光伏装机超过18.5GW!宁夏中卫市能源产业发展"十四五"规划发布[EB/OL].(2023-04-13)[2023-06-16].http://www.gessey.com/h-nd-16892.html.

[10] 汽车之家.宁夏多个高速路服务区安装充电桩 盐池、宁东即将启用运营[EB/OL].(2020-12-04)[2023-06-06].http://www.powerlife.com.cn/23413.html?ivk_sa=1024320u.

[11] 宁夏交投高速公路管理有限公司.高速公路收费站充电桩项目建设方案[R].宁夏银川:宁夏交投高速公路管理有限公司,2021.

[12] 银川市发展和改革委员会.关于银川市充电基础设施运营情况的信息[EB/OL].(2023-03-16)[2023-06-28].https://fgw.yinchuan.gov.cn/gzdt/tpxw/202303/t20230316_3997401.htm.

[13] 氢云链.煤制氢总量13%将被绿氢替代 宁东基地大力发展绿氢产业[J].上海节能,2021,396(12):1327.

[14] 中国产业发展促进会氢能分会.宁东基地:向氢能"领跑者"蜕变[N].中国改革报,2022-01-05(7).

[15] 中国中车."氢"装上阵!"宁东号"氢动力机车在中国中车下线[EB/OL].(2023-06-15)[2023-06-16].https://mp.weixin.qq.com/s/YKGgReoYb7xHUm-TpH3O9g.

[16] 中国氯碱工业协会.宁夏氢能全产业链创新生态项目开工建设[J].中国氯碱,2022,540(11):64.

[17] 煤炭深加工现代煤化工.国家能源集团宁夏氢能全产业链创新生态项目开工!年产4500吨绿氢![EB/OL].(2022-10-21)[2023-06-28].https://mp.weixin.qq.com/s?__biz=MzA3OTU0MTgwMw==&mid=2652112651&idx=3&sn=018f3442b5aca1231b7a48acfa15a0c8.

[18] 氢云链.4吨/天!国家能源集团宁东2座加氢站全部中交[EB/OL].(2023-10-12)[2024-01-10].https://www.163.com/dy/article/IGS3F7Q005387A5L.html.

[19] 氢启未来网.项目速递:2023年7—11月加氢站项目一览[EB/OL].(2023-12-07)[2024-01-10].https://baijiahao.baidu.com/s?id=1784615838698513590.

[20] 张国长.吴忠太阳山"中国氨氢谷"引起关注获"最具潜力奖"[EB/OL].(2022-07-12)[2023-06-16].http://news.sohu.com/a/566561037_120930510.

[21] 董大正.宁夏首次开启"一单制"铁海联运物流新模式[EB/OL].(2022-03-29)[2023-06-06].https://

baijiahao. baidu. com/s？id＝1728629441441917147.

[22] 金台咨讯. 宁夏铁海联运"一箱到底"国际货运进口通道开通[EB/OL].（2023-02-13）[2023-06-06］. https：//baijiahao. baidu. com/s？id＝1757682465087041889.

[23] 金卡读城. 全国千万级别机场旅客吞吐量[EB/OL].（2024-01-09）[2024-01-10］. https：//baijiahao. baidu. com/s？id＝1787588947284932610.

[24] 兰州铁路. 聚焦银西高铁丨空铁联运的河东机场站[EB/OL].（2020-12-18）[2023-06-06］. https：//m. thepaper. cn/baijiahao_10453059.

[25] 中国航空. 银川河东国际机场首获国际机场协会服务质量两项大奖！[EB/OL].（2023-03-11）[2023-06-06］. http：//www. aviation. cn/2020/0311/65571. html.

[26] 宁夏回族自治区交通运输厅办公室，宁夏银百高速公路建设管理有限公司. 宁夏首条高速公路分布式光伏应用初显成效[EB/OL].（2023-10-18）[2024-01-10］. https：//jtt. nx. gov. cn/xwzx/jtyw/202310/t20231018_4313637. html.

[27] 姜雪城. 宁夏交通运输交出2023年亮眼"成绩单"[EB/OL].（2024-01-06）[2024-01-10］. http：//www. nx. xinhuanet. com/20240106/41c49f599406479a8b0bb8425d994e67/c. html.

第十章

宁夏综合交通绿色可持续发展与投融资创新

近年来,受新冠疫情冲击、经济潜在增长率下降等因素影响,宁夏财政收入增速下降,地方政府债务风险、财政支出可持续性风险愈发显著,财政腾挪空间十分有限,宁夏财政收支平衡压力呈明显加大趋势。2022年,宁夏全区一般公共预算收入完成460.1亿元,一般公共预算支出完成1583.5亿元,财政支出远超财政收入,对中央转移支付依赖程度连年上升。自2021年中央对宁夏转移支付首次突破千亿元大关后,2022年中央一般公共预算较上年增长16.3%。在交通运输基础设施领域,2022年宁夏交通运输、仓储和邮政业固定资产投资规模达232.8亿元,其中52%以上来源于一般公共预算。

深入推进绿色交通发展,是交通运输系统深入贯彻落实习近平生态文明思想的具体体现。实现综合交通绿色可持续发展,是一项系统性工程,需要统筹做好交通基础设施建设养护、智能化综合交通体系建设、绿色车辆装备更新改造、绿色建筑材料创新等多领域工作,投资需求巨大。依赖原有以财政资金投入为主的投融资模式已无法有效满足新发展时期宁夏综合交通绿色可持续发展的要求,创新实施多样化的投融资方式已成为破解资金约束难题、实现绿色发展目标的关键保障。

近些年来,通过多元化投融资手段,宁夏公路交通保持了较为平稳的发展态势,发展水平跃上新台阶。自治区第十三次党代会确定的发展战略及交通运输发展重点任务,要求宁夏交通运输必须创新发展模式、夯实实施路径、强化融合发展、突破瓶颈制约。为推进宁夏绿色交通体系可持续发展,充分发挥出新时期下交通运输基础设施建设工作中的基础性、先导性、战略性作用,急需从科学控制负债规模、发挥存量资产优势、创新投融资机制、拓宽筹资渠道等方面提出解决保障存量项目运维、新增基础设施有序建设的策略与路径。

第一节 交通基础设施投资建设政策环境

为推进我国综合交通运输体系现代化建设,党中央、国务院先后印发了《交通强国建设纲要》《国家综合立体交通网规划纲要》等,要求完善"政府主导、分级负责、多元筹资、风险可控"的交通运输资金保障和运行管理体制,进一步加大有效投资力度和扩大范围,发挥发挥交通运输行业在促投资、稳增长中的重要作用,适度超前推动交通基础设施建设,当好我国经济社会高质量发展的开路先锋,国家先后出台了多项投融资扶持政策,支持交通基础设施建设。

一、国家层面宏观政策

(一)银行业保险业支持公路交通高质量发展

2022年4月,《中国银保监会交通运输部关于银行业保险业支持公路交通高质量发展的意见》印发,文件指出,公路交通发展是交通强国建设的重要组成部分,要充分发挥交通作为中国现代化开路先锋的作用,不断增强公路交通对经济社会发展全局和国家重大战略保障能力,更好地满足人民群众对美好生活的需要。

(1)要求银行保险机构按照市场化、法治化原则,精准聚焦支撑国家重大战略实施的公路交通重大项目,进一步加大支持力度、提高服务水平、强化风险管控,为加快建设交通强国提供有力的金融支持。

(2)要求地方各级交通运输主管部门要积极发挥行业主管部门作用,按照市场规律持续深化公路投融资改革,合理筹划、科学管理,不断提升公路项目商业可持续能力,保障金融机构合法权益,为金融支持公路交通高质量发展提供良好保障。

(3)要求银行保险机构落实主体责任,完善内部规章制度、操作流程和风险控制措施。要求银行保险机构加强贷前尽职调查,重点审核项目合法合规性、资金充足性、效益稳定性等,充分识别和评估项目建设风险及经营风险,严格按照项目工程、资金使用进度和资本金到位情况发放贷款,严格贷款支付审核,监督贷款按规定用途使用。同时,要求坚决落实防范化解地方政府隐性债务风险的各项要求,不得违规提供融资(表10-1)。

对银行保险机构和交通运输主管部门的要求   表10-1

机构	具体举措
要求银行保险机构	(1)聚焦重点领域和重大项目,提高金融资源配置效率。 (2)依法合规做好政府收费公路项目配套融资,在落实好分账管理的前提下,根据剩余专项收入情况提供项目配套融资。 (3)进一步优化公路项目还款安排,合理安排债务本息还款宽限期,原则上不超过建设期加1年。 (4)稳妥有序开展业务创新,为符合条件的项目提供绿色金融、资产证券化(ABS)、基础设施领域不动产投资信托基金(REITs)等支持。 (5)支持保险公司参与公路交通建设,通过债权、股权、股债结合、资产支持计划和私募基金等形式参与公路交通建设。 (6)稳妥做好存量债务风险化解,有序推进收费公路存量债务接续

续上表

机构	具体举措
要求地方各级交通运输主管部门	（1）加强公路交通项目管理，不断完善行业发展政策、公路交通发展规划，加强政府投资项目管理、专项资金管理等。 （2）完善公路项目市场化运营机制，持续发展自主经营，积极拓展路衍专营。路衍专营要做到独立运营、分账管理。 （3）建立完善多元化投融资机制。加强地方政府专项债券支持的公路项目管理，对纳入政府性基金管理的通行费等收入和纳入企业收入管理的经营性专项收入实行分账管理。 （4）切实加强资金协同保障，严格执行固定资产投资项目资本金制度，加大车购税向中西部和东北部的补贴倾斜力度，落实好各项资金来源和偿债责任。 （5）深化可行性研究论证，科学合理测算项目交通量、通行费收入等，确保可行性研究报告编制质量。 （6）坚决遏制新增地方政府隐性债务，切实落实举债终身问责制和债务问题倒查机制

（二）扎实稳住经济一揽子政策措施

2022年5月，《国务院关于印发扎实稳住经济一揽子政策措施的通知》（国发〔2022〕12号）印发，包括财政政策、货币金融政策、稳投资促消费等政策、保粮食能源安全政策、保产业链供应链稳定政策、保基本民生政策6个方面共33项措施。其中，在交通领域，部署了包括加快推动交通基础设施投资、加大对民航业企业的纾困支持力度、完善交通物流保通保畅政策等在内的涉及交通运输行业的一系列举措，进一步稳投资促消费、保障产业链供应链稳定，保持经济运行在合理区间（表10-2）。

与交通领域相关的金融扶持政策　　　　　表10-2

机构	具体举措
财政政策	措施：加快地方政府专项债券发行使用并扩大支持范围。 （1）抓紧完成今年专项债券发行使用任务，加快今年已下达的3.45万亿元专项债券发行使用进度，在6月底前基本发行完毕，力争在8月底前基本使用完毕。 （2）在依法合规、风险可控的前提下，财政部会同人民银行、银保监会引导商业银行对符合条件的专项债券项目建设主体提供配套融资支持，做好信贷资金和专债资金的有效衔接。 （3）在前期确定的交通基础设施、能源、保障性安居工程等九大领域基础上，适当扩大专项债券支持领域，优先考虑将新型基础设施、新能源项目等纳入支持范围
货币金融政策	措施：加大金融机构对基础设施建设和重大项目的支持力度。 （1）政策性开发性银行要优化贷款结构，投放更多更长期限贷款。 （2）引导商业银行进一步增加贷款投放、延长贷款期限。 （3）鼓励保险公司等发挥长期资金优势，加大对水利、水运、公路、物流等基础设施建设和重大项目的支持力度

续上表

机构	具体举措
稳投资促消费等政策	措施一：加快推动交通基础设施投资。 (1)对沿江沿海沿边及港口航道等综合立体交通网工程,加强资源要素保障,优化审批程序,抓紧推动上马实施,确保应开尽开、能开尽开。 (2)支持中国国家铁路集团有限公司发行3000亿元铁路建设债券。 (3)启动新一轮农村公路建设和改造,在完成今年目标任务的基础上,进一步加强金融等政策支持,再新增完成新改建农村公路3万km、实施农村公路安全生命防护工程3万km、改造农村公路危桥3000座。 措施二：稳定和扩大民间投资。 (1)启动编制国家重大基础设施发展规划,扎实开展基础设施高质量发展试点,有力有序推进"十四五"规划102项重大工程实施,鼓励和吸引更多社会资本参与国家重大工程项目。 (2)鼓励民间投资以城市基础设施等为重点,通过综合开发模式参与重点领域项目建设
保产业链供应链稳定政策	措施一：加大对民航等受疫情影响较大行业企业的纾困支持力度。 (1)增加民航应急贷款额度1500亿元,并适当扩大支持范围,支持困难航空企业渡过难关。 (2)支持航空业发行2000亿元债券。 (3)统筹考虑民航基础设施建设需求等因素,研究解决资金短缺等问题;同时,研究提出向有关航空企业注资的具体方案。 措施二：统筹加大对物流枢纽和物流企业的支持力度。 (1)2022年,中央财政安排50亿元左右,择优支持全国性重点枢纽城市,提升枢纽的货物集散、仓储、中转运输、应急保障能力,引导加快推进多式联运融合发展,降低综合货运成本。 (2)2022年,中央财政在服务业发展资金中安排约25亿元支持加快农产品供应链体系建设,安排约38亿元支持实施县域商业建设行动。 (3)加快1000亿元交通物流专项再贷款政策落地,支持交通物流等企业融资,加大结构性货币政策工具对稳定供应链的支持。 (4)在农产品主产区和特色农产品优势区支持建设一批田头小型冷藏保鲜设施,推动建设一批产销冷链集配中心

(三)盘活存量资产扩大有效投资

2022年5月,《国务院办公厅关于进一步盘活存量资产扩大有效投资的意见》(国办发〔2022〕19号)印发,旨在盘活存量资产,形成存量资产和新增投资的良性循环,提升基础设施运营管理水平、拓宽社会投资渠道、合理扩大有效投资以及降低政府债务风险、降低企业负债水平,为推动经济社会发展提供了重要支撑。文件就存量资产盘活给出了相应的政策举措,其中涉及与交通相关的政策如下。

(1)在重点方向方面,分别从重点领域、重点区域、重点企业入手,提出了盘活资产的相关要求(表 10-3)。

盘活存量资产重点方向相关举措　　　　表 10-3

重点方向	具体举措
重点领域	(1)重点盘活存量规模较大、当前收益较好或增长潜力较大的基础设施项目资产,包括交通、仓储物流、新型基础设施等。 (2)统筹盘活存量和改扩建有机结合的项目资产,包括综合交通枢纽改造等
重点区域	(1)推动建设任务重、投资需求强、存量规模大、资产质量好的地区,积极盘活存量资产,筹集建设资金,支持新项目建设,牢牢守住风险底线。 (2)推动地方政府债务率较高、财政收支平衡压力较大的地区,加快盘活存量资产,稳妥化解地方政府债务风险,提升财政可持续能力,合理支持新项目建设。 (3)围绕落实京津冀协同发展、长江经济带发展、黄河流域生态保护和高质量发展等区域重大战略等,鼓励相关地区率先加大存量资产盘活力度,充分发挥示范带动作用
重点企业	引导支持基础设施存量资产多、建设任务重、负债率较高的国有企业。鼓励民营企业根据实际情况,参与盘活国有存量资产,积极盘活自身存量资产,将回收资金用于再投资,降低企业经营风险,促进持续健康发展

(2)在优化完善存量资产盘活方式方面,文件提出了"推动基础设施领域不动产投资信托基金(REITs)健康发展、规范有序推进政府和社会资本合作(PPP)"等方面的举措,其中与本书相关的两个方面如下:

①发挥国有资本投资、运营公司功能作用。鼓励国有企业依托国有资本投资、运营公司,按规定通过进场交易、协议转让、无偿划转、资产置换、联合整合等方式,盘活长期闲置的存量资产,整合非主业资产。通过发行债券等方式,为符合条件的国有资本投资、运营公司盘活存量资产提供中长期资金支持。

②探索促进盘活存量和改扩建有机结合。因地制宜积极探索污水处理厂下沉、地铁上盖物业、交通枢纽地上地下空间综合开发、保障性租赁住房小区经营性公共服务空间开发等模式,有效盘活既有铁路场站及周边可开发土地等资产,提升项目收益水平。在各级国土空间规划、相关专项规划中充分考虑老港区搬迁或功能改造提升,支持优化港口客运场站规划用途,实施综合开发利用。

(3)在加大盘活存量资产政策支持方面,提出了多方面、多项政策,其中与交通相关的三项举措如下:

①有效提高项目收益水平。研究通过资产合理组合等方式,将准公益性、经营性项目打包,提升资产吸引力。

②完善规划和用地用海政策。坚持先规划后建设,对盘活存量资产过程中确需调整相关规划或土地、海域用途的,应充分开展规划实施评估,依法依规履行相关程序,确保土地、

海域使用符合相关法律法规和国土空间用途管制要求。

③落实财税金融政策。落实落细支持基础设施 REITs 有关税收政策。鼓励符合条件的金融资产管理公司、金融资产投资公司通过发行债券融资,解决负债久期与资产久期错配等问题。

(4)在用好回收资金增加有效投资方面,做好以下工作:

①引导做好回收资金使用:鼓励以资本金注入方式将回收资金用于具有收益的项目建设,充分发挥回收资金对扩大投资的撬动作用;对地方政府债务率较高、财政收支平衡压力较大的地区,盘活存量公共资产回收的资金可适当用于"三保"支出及债务还本付息。

②精准有效支持新项目建设:优先支持综合交通和物流枢纽等重点领域项目,重点支持"十四五"规划102项重大工程。

③加强配套资金支持:对回收资金投入的新项目,地方政府专项债券可按规定予以支持;鼓励银行等金融机构按照市场化原则提供配套融资支持。

为了落实好上述意见,国家发展改革委又印发了《办公厅关于做好盘活存量资产扩大有效投资有关工作的通知》(发改办投资〔2022〕561号),布置了7项落实举措,包括:建立协调机制,统筹推动盘活存量资产工作;建立盘活存量资产台账,精准有力抓好项目实施;灵活采取多种方式,有效盘活不同类型存量资产;推动落实盘活条件,促进项目尽快落地;加快回收资金使用,有力支持新项目建设;加大配套政策支持力度,扎实推动存量资产盘活;开展试点示范,发挥典型案例引导带动作用。

(四)支持民间投资发展

2022年10月,《国家发展改革委关于进一步完善政策环境加大力度支持民间投资发展的意见》(发改投资〔2022〕1652号)印发,目的是加大政策支持,用市场办法、改革举措激发民间投资活力,有利于调动各方投资积极性、稳定市场预期、增加就业岗位、促进经济高质量发展。与交通基础设施关联性比较大的具体举措包括:

(1)支持民间投资参与102项重大工程等项目建设。根据"十四五"规划102项重大工程、国家重大战略等明确的重点建设任务,选择具备一定收益水平、条件相对成熟的项目,多种方式吸引民间资本参与。支持民营企业参与铁路、高速公路、港口码头及相关站场、服务设施建设。

(2)发挥政府投资引导带动作用。用好政府出资产业引导基金,加大对民间投资项目的支持力度。推动政府和社会资本合作(PPP)模式规范发展、阳光运行,引导民间投资积极参与基础设施建设。

(3)鼓励民间投资以多种方式盘活存量资产。支持民间投资项目参与基础设施领域不动产投资信托基金(REITs)试点。提升民营企业参与基础设施 REITs 试点的积极性,拿出优质项目参与试点,降低企业资产负债率,实现轻资产运营,增强再投资能力。鼓励民间资本通过政府和社会资本合作(PPP)等方式参与盘活国有存量资产。

(五)交通物流领域金融支持与服务

2023 年 2 月,《中国人民银行交通运输部中国银行保险监督管理委员会关于进一步做好交通物流领域金融支持与服务的通知》(银发〔2023〕32 号),创新交通物流领域金融支持与服务,支持流通体系建设,降低物流成本,助力国民经济循环畅通、产业链供应链稳定,促进交通物流与经济社会协调可持续发展。对于物流设施支持建设和政策扶持主要有以下两个方面:

(1)加大配套融资等市场化资金支持力度,助力交通物流基础设施和重大项目建设。

①金融机构要加强对政策性开发性金融工具投资交通物流项目的配套融资支持。积极支持完善综合交通网络布局,重点支持出疆入藏、中西部地区、沿江沿边沿海战略骨干通道及西部陆海新通道、城市群城际通道、交通一体化、革命老区公路等建设。

②开发性政策性金融机构和商业银行等要加大对"十四五"规划 102 项重大工程交通物流项目、交通运输"十四五"相关规划项目等的融资支持力度。积极做好融资对接,支持农村骨干路网提档升级、基础路网完善、城乡道路衔接,加快乡村资源路、产业路、旅游路建设,完善农村配送网络。鼓励做好航运企业金融服务,提高海运、水运信贷和保险供给,适度降低融资成本,支持建设国际海运、内陆水运物流网络。

(2)优化交通物流领域债券融资安排,提升发债融资便利度。发挥好债券市场融资功能,有力支持符合国家发展规划重大交通物流项目投资建设。支持汽车金融公司、金融租赁公司等非银行金融机构发行货运物流主题金融债券。鼓励道路水路货物运输(含港口)、物流仓储配送(含快递)等交通物流领域企业在银行间债券市场发行公司信用类债券筹集资金。中国银行间市场交易商协会、银行间市场基础设施要在新冠疫情及经济恢复阶段持续对相关企业债券发行注册、登记托管等开通绿色通道,做好债券发行服务,优化业务办理流程,对债券融资交易费用能免尽免,降低发债融资成本,提升便利度。

二、宁夏关于交通基础设施投融资的相关政策制度

2021 年 4 月,自治区交通运输厅印发了《宁夏回族自治区交通运输厅交通专项资金管理办法》《宁夏回族自治区交通运输厅项目库管理办法》,加强和规范交通专项资金的使用、管理和监督,提高资金使用效益。专项资金指国家和自治区安排用于交通运输事业发展的各项财政性预算资金,包括中央车购税转移支付资金、成品油税费改革转移支付资金、政府债券资金及中央和自治区财政预算安排的其他资金(表 10-4)。

专项资金及其使用范围 表 10-4

重点方向	专项资金的使用范围
中央车购税转移支付资金	高速公路、普通国省道、农村公路、公路安全生命防护工程、危桥改造工程、普通公路灾害防护工程、综合交通枢纽工程、扶贫公路、旅游公路、国防交通等基础设施项目建设
成品油税费改革转移支付资金	(1) 普通公路养护维修支出。包括普通国省道公路日常养护、养护工程、养护管理站房及附属设施建设维护、普通公路服务区及附属设施、公路养护单位管理费用及全区农村公路养护补贴支出等。 (2) 道路运输发展支出。包括公路客运站场建设、乡镇运输服务站、交通枢纽工程建设补贴支出及其他道路运输事业发展支出等。 (3) 交通综合执法保障支出。包括路政执法管理、公路治超、执法装备设备、应急处置、交通运输安全、工程质量监督管理、人员培训、宣传教育等其他交通综合执法类支出。 (4) 科技教育项目等事业发展支出。包括公路科技创新研究、交通信息化建设、专业人才培养及宣传教育等其他交通事业发展支出
政府债券资金	收费公路和非收费公路等交通基础设施项目的建设
中央和自治区财政预算安排的其他资金	公路交通事业发展、债务偿还、PPP 项目资金补贴及交通运输厅各级预算单位运行管理支出等其他专项资金

2022 年 6 月,自治区财政厅、交通运输厅制定了《宁夏回族自治区道路运输服务高质量发展资金管理办法》,在"十四五"时期每年设置 1.52 亿元专项奖补资金,从车辆运营补助、助推行业发展 2 个方面设置 20 余项奖补标准。其中,费改税补贴直接发放给农村客运经营者和巡游出租汽车驾驶员;农村客运涨价补贴,主要用于农村客运公交化改造、城市公交延伸、农村客运新能源车辆推广、农村客运安全生产管理提升、农村交通物流发展、农村水路客运发展等项目;城市交通发展奖励资金涨价补贴,主要支持城市交通领域新能源汽车运营。计划每年设置 500 万元专项资金支持各地公交都市示范城市建设和 300 万元专项资金支持各地绿色货运配送示范城市建设,剩余资金主要支持城市公共交通领域新能源汽车的运营、充电设施站点建设维护、新能源出租汽车购置奖补等。

2023 年 1 月,为深入贯彻落实《国务院办公厅关于进一步盘活存量资产扩大有效投资的意见》,宁夏印发了《自治区人民政府办公厅印发〈关于进一步盘活存量资产扩大有效投资行动方案〉的通知》(宁政办发〔2022〕74 号),重点提出了三个方面的举措:一是用好基础设施领域不动产投资信托基金(REITs)和资产证券化等金融工具;二是规范有序推进政府和社会资本合作(PPP);三是探索促进盘活存量和改扩建有机结合的综合开发利用方式,因地制宜积极探索交通枢纽地上地下空间综合开发,有效盘活既有铁路场站(机场、高铁、综合交通枢纽)及周边可开发土地等资产,提升项目收益水平。同时,文件还提出了发挥行业龙头企业重要作用,通过兼并重组、产权转让等方式加强存量资产优化整合,提升资产质量和规模效益。通过混合所有制改革、引入战略投资方和专业运营管理机构等,提升存量资产项目的运营管理能力。

第二节 宁夏公路基础设施可持续发展思路

"十四五"期,宁夏交通基础设施建设和养护任务仍然比较重,还需要一定资金投入,为确保交通运输固定资产投资计划按期完成,必须解放思想,创新工作思路,打通投融资渠道,拓宽投资项目资金来源。总体思路:压实各级政府财政投入的职责,盘活存量交通资产(包括交通场站设施和高速公路等)吸引社会资本投入,创新"交通+产业"等融资发展。

一、切实落实财政资金投入

2021年全国交通运输工作会议强调了新发展阶段交通运输的属性和定位:作为基础性、先导性、战略性、服务性行业的地位没有变;"适度超前"发展的阶段性特征和要求没有变;在经济社会发展中"先行官"的职责和使命没有变。《交通运输领域中央与地方财政事权和支出责任划分改革方案》明确:提高交通运输基本公共服务供给效率,着力解决交通运输领域发展不平衡不充分问题,不断增强人民群众的获得感、幸福感、安全感是各级财政事权。因此,财政应该责无旁贷地出资建设交通基础设施,一是坚持用足用好车辆购置税、成品油税费改革返还交通资金等交通专项资金,并形成资本金来源主渠道;二是各级政府,特别是自治区、地级市、县(市、区)三级政府应统筹本级财力和国有资本经营预算等资金,设立交通发展专项资金,用于支持交通基础设施建设。

二、盘活存量交通设施资产

经过多年投资与建设,宁夏在基础设施领域形成了一大批存量资产,为经济社会发展提供了重要支撑和保障。与此同时,也在一定程度上存在重视做增量、忽视优存量的倾向,存在资产低效使用、财政负担过重、债务风险增加等问题。当前交通运输行业已转向高质量发展阶段,在基础设施领域需更好统筹存量和增量,实现由粗放型外延式发展向集约型内涵式发展转变,发挥市场在资源配置中的决定性作用,用存量换增量,以资产换资本。

公路服务区和汽车客运场站综合开发是推动产业深度融合发展的新需要。2021年2月,中共中央、国务院印发《国家综合立体交通网规划纲要》,对推进交通与相关产业融合发展作出部署。实施公路服务区和汽车客运场站综合开发,推动"上下游、左右向"产业联动,在设施规划布局、资源综合利用、业务组织协同、主体多元合作等方面实现融合发展,进而带动相关产业衍生互动、高质量发展,为经济社会发展带来新动能。目前,宁夏回族自治区共有 41 对服务区,受限于交通车流量和地区经济发展,虽不具备东部省份服务区商业化的规模,但在打造地方服务方面颇具地方特色,如全国首创的京藏高速公路永宁服务区"老兵+"崇军服务站受到热议。对此,可结合宁夏地区特色,积极"融合当地人文特色,引进当地知名品牌,构建具有本路段特色的公路服务区和汽车客运场站商业综合体模式",提升造血能力。

三、高速公路资产证券化

通过资产证券化,可以把流动性较弱的高速公路优质固定资产变为流动性强的金融证券,一方面盘活了存量资产,另一方面可以吸引社会资本进行广泛的投资,从而丰富高速公路的融资渠道,分散投融资双方的风险,降低投资者的成本。我国的高速公路具有很强的社会公共属性,其收益资格来自国家批准的特许经营权,经过国家的审批认证,其收益能够得到一定的保证,信誉也较为良好,属于较好的品类。发行 REITs 打通了"投资—运营—退出—再投资"的完整链条,能广泛吸引社会资本参与基础设施建设。作为市场化的投融资工具,公募 REITs 对于盘活存量资产、增强资产流动性,同时,募集资金可用于新项目的投资建设或存量项目的提升改造,可实现资源优化高效配置,打造投资滚动发展的良性循环,带动企业乃至整个行业投资规模的增长。

四、与关联产业深度融合

一是利用矿场资源补偿公路建设。资源补偿的主要目标是弥补项目财务不平衡的缺陷。资源开发所能带来的高于自身行业要求的超额收益能够平衡公路建设项目的收益缺口,总体上使项目整体具有投资可行性。矿产资源类项目与公路类项目合并实施,一方面可以为高速公路项目提供原材料供给,另一方面可以通过矿产资源类项目的收益反哺公路建设项目的资金缺口。利用矿权融资支持交通基础建设,可有效缓解当前交通事业发展面临资金压力。同时,从运作模式上看,资源补偿不涉及地方政府的未来财政支出责任,因而没有地方政府债的风险,相对而言合规属性比较强。宁夏矿产资源分布集中,清洁能源优势突出,《宁夏回族自治区矿产资源总体规划(2021—2025 年)》提出积极推进"净矿"出让。宁夏已具备了探索资源补偿公路建设的条件。

二是实施"交通+旅游"。贺兰山东麓葡萄酒产业以独特的优势,正在成为宁夏一、二、三产业融合度最高的产业,也是"交通+产业"融合发展的新引擎。按照《宁夏贺兰山东麓葡萄酒产业高质量发展"十四五"规划和 2035 年远景目标》(简称《规划》)要求,未来将依托贺兰山东麓旅游景点、酒庄资源,开发葡萄酒旅游精品线路。葡萄酒旅游精品线路北起大武口贺东,止于青铜峡,自北向南依次经过贺兰县金山、西夏区镇北堡、永宁县贺兰神、玉泉营、青铜峡市鸽子山等葡萄酒产业镇,路线全长约186km,串联核心区约50家酒庄,覆盖全区酒庄总数的54%,辐射酿酒葡萄种植区约17万亩(约113.3km²)。可结合宁夏回族自治区葡萄酒产业发展规划,实现"交通支撑文旅、文旅反哺交通"的良性循环发展。

第三节 宁夏交通基础设施可持续发展路径

一、宁夏重点公路基础设施项目建设融资

(一)实施"公路建设+矿产资源"综合开发

路衍经济有利于地方政府盘活存量资源,扩大区域产业增量,通过交通连接区域内经济要素和资源禀赋的方式,起到促进产业融合发展的纽带作用。《宁夏回族自治区矿产资源总体规划(2021—2025年)》提出积极推进"净矿"出让,为增强高速公路项目的投资吸引力,可结合"十四五"期净采矿权出让工作,为投资人配套提供矿产开发资源。吴忠市矿产地相对集中,矿产资源优势明显,开发利用强度较高,开发潜力大。在吴忠市开展试点,依法有序推进资源量查明、土地权属清晰、符合准入条件的净采矿权出让。以建筑用砂岩、建筑用砂矿产资源匡算,吴忠市建筑用砂岩储量6191.2万 m³,建筑用砂储量7923.5万 m³,出让总金额约为2亿元。

(二)盘活服务区存量资产

路衍经济也可以考虑盘活存量交通资源,扩大区域产业增量,其中服务区是一个较好的存量交通资产。目前,宁夏回族自治区共有41对服务区,受限于交通车流量和地区经济发展,虽不具备东部省份服务区商业化的规模,但在打造地方服务方面颇具地方特色。高家闸服务区项目位于G110与S104交叉口处,占地41437m²(约62亩),依托贺兰山、镇北堡等旅游资源,具备建设普通国省干线公路特色示范服务区的条件。结合宁夏地区特色,积极打造"融合当地人文特色,引进当地知名品牌,构建具有本路段特色的公路服务区和汽车客运场站商业综合体模式",可有效提升造血能力。

(三)发行REITs赋能交通建设

宁夏地区高速公路大部分为政府收费还贷路,建议以青银高速公路银古段、青银高速公路古王段、定武高速公路孟银段公路等三条高速公路的REITs项目为试点,创新政府还贷公

路权益转让、产权交易等方面的政策和举措,建立健全相应的配套政策,增强公路建设创新发展动力。及时总结评估宁夏高速公路 REITs 项目试点经验,强化试点质量和效益。研究制定《宁夏交通基础设施公募 REITs"十四五"实施方案》,从项目权属、运营时间、财务要求、法律要求、募资用途等方面研究建立和规范适合宁夏回族自治区区情的交通基础设施 REITs 发行配套制度和实现路径,加强政策指导和支持。

二、宁夏农村公路建设和养护投融资

(一)深化涉农资金统筹使用

统筹涉农资金统筹使用,是中央深入推进涉农领域"放管服"改革、进一步推动审批权下放、赋予地方必要的统筹涉农资金自主权的重要举措,有利于激励地方政府积极主动作为。各城市统筹使用涉农资金可以均衡考虑辖区内农业、农村、农民相关的生产生活项目,促进资金使用效益最大化。以 2020 年为例,宁夏在自治区层面共下达各类涉农资金近 140 亿元;固原市西吉县 2022 年统筹整合各级各类财政涉农资金 9.18 亿元,其中涉及农村公路建设养护和安防工程的接近 1 亿元,很好地解决了农村公路建设养护资金的投入问题。宁夏回族自治区共有 22 个县级行政单位,如果每个县级行政单位每年能够统筹出来 5000 万元的涉农资金,用于农村公路建设养护,将极大缓解地方资金投入不足的问题。

(二)用好增减挂钩政策融资

(1)由财政资金直接投资增减挂钩项目实施,通过节余指标流转或者节余指标自用实现财政收入,直接用于农村公路等建设。

(2)授权国有交通企业实施,由国有交通企业作为实施主体,可向金融机构申请贷款、发行企业债券等,捆绑农村公路项目建设,通过国有企业与政府签订的商业协议作为项目还款来源。

(3)政府对项目进行公开招商,吸引社会资本进入,解决增减挂项目实施过程中的资金问题,同时捆绑农村公路项目。

(三)创新养护模式降低成本

(1)创新设立"建养一体"项目模式。将新改建工程、养护工程、日常养护均打包进长寿命周期建设和养护项目,科学确定长寿命周期内年度养护路段和养护方案。

(2)分级管理实现农村公路精细化考核。继承"县道县管、乡村道乡镇管"的责任机制,管养单位分别与各责任主体签订施工合同,实行"分级考核模式",根据考核结果支付管养费用。

(3)提升公路建设养护的专业化和机械化程度。通过建立科学高效的长寿命养护管理体系和养护决策机制,优化养护工程设计方案,统筹各年资金分配,在年均养护资金不增加的情况下,可提升整体资金使用效率,实现农村公路建设管养经济成本降低的同时,农村公路建设和养护水平稳步提升。

三、推动客运场站综合开发政策创新与实践

出台城市公共交通和汽车客运站用地综合开发技术指南,指导城市积极推行功能复合、立体开发、公交导向的集约紧凑型发展模式,支撑建设更加绿色高效的韧性城市。建立用地综合开发收益反哺机制,将一定比例的综合开发收益反哺城市公共交通企业、汽车客运站经营者,促进经营主体可持续发展。统筹策划全区城市公共交通场站和汽车客运场站综合开发,强化客运场站综合开发项目落地实施,以此建立新的投融资平台,创新"场站综合开发+公路等设施建设"的投融资模式,吸引社会资本参与。

自治区层面成立"道路客运场站"的经营企业,对全区二级上规模的道路客运场站进行综合规划,统筹推进全区场站综合开发,建设"场站交通+商贸综合体",提升收益的同时,以此为依托建立新的投融资平台,通过发债等方式吸引社会资本参与公路建设的范围和强度,也可以进行银行贷款。目前,全自治区共有23家二级以上汽车客运站,如果全面实施综合开发,按照典型案例收益,每年按照200万元的收益,全区道路客运场站将获得5000万元的收益。未来,可以拓展到城市公共交通、城市停车场等领域,推动更大范围的综合开发,尽可能地盘活交通资产,进一步提高收益。

四、申请开展里程税试点

目前,我国公路税费主要采取车辆购置税和按照车辆消耗成品油(柴油和汽油)的一定比例征收新增消费税及其附加税(简称"车辆燃油税")的方式。车辆燃油税也是目前世界上征收公路资金的主要方式。公路里程税是一种按照车辆行驶里程征税缴费的制度安排,从经济学的角度,公路里程税制度也许能够比实施成品油税费改革制度更好地体现"使用者付费"的原则。鉴于宁夏新能源汽车保有量逐年攀升,特别是在客运领域,新能源汽车的推广尤其普及,可以考虑申请开展里程税试点示范工作,选择城市客运(公交和出租汽车)和道路客运领域,采取里程税模拟实验,即通过对营运车辆用电、用油的情况,以及运行里程和运行成本进行监测,在此基础上,开展里程税合理费率体系设计、里程税总体改革方案和制度体系设计,以及配套政策体系设计(包括正确处理好里程税与现行车辆燃油税、车辆购置税、车辆通行费,以及财政预算管理的关系)等工作,为全国实施里程税提供实验支撑和研究支撑。

第四节 政 策 建 议

一、改革农村公路养护体制

在自治区交通运输厅和人事厅等部门的指导下,地级市、县(市、区)加快开展农村公路养护管理体制改革,把农村公路管理纳入各级政府的职责范畴,纳入交通主管部门的行业管理,合理划分农村公路的管理层次和管理权限,建立适宜的农村公路管理运行机构,统一运行机构相关人员的待遇标准,将运行机构和人员经费纳入本级公共财政预算,加大履职能力建设和管理养护投入力度,确保相关人员收入稳定,待遇不滑坡,增强养护管理人员的工作积极性,各层级建立好与本级政府相关部门的协同管理机制。

二、推进交通场站综合开发

自治区出台综合客、货场站用地综合开发扶持政策、技术导则和相关标准,推动具备条件的综合客、货场站存量用地有序实施综合开发,新增用地建立规划、设计、建设、运营高度协调的综合开发机制。指导城市统筹考虑规划调整、用地审批、项目设计、验收等环节,建立全链条、高效率的多部门协同推进综合开发机制。引导各地加大实施综合开发扶持力度,提供证照办理便利和税收优惠等政策支持;给予加油站、加气站、充电站等项目的对外经营资质许可,切实提高资源集约节约利用水平,增加经济收益。

三、探索政府还贷公路 REITs 试点

积极推广资产证券化等方式多渠道筹措资金,实现存量资产价值最大化,最大限度盘活既有资产。鉴于宁夏地区高速公路大部分为政府收费还贷路的实际,自治区应积极探索开展试点,建议以青银高速公路银古段、青银高速公路古王段、定武高速公路孟银段公路3条高速公路 REITs 项目为试点,创新政府还贷公路权益转让、产权交易等方面的政策和举措,建立健全相应的配套政策,增强公路建设创新发展动力。强化试点质量和效益,及时总结评估试点经验,为西部地区高速公路盘活存量资产提供典型样板。

四、"创新公路+产业融资模式"

强化投融资模式创新,建立"公益性交通项目+经营性路衍经济项目"投融资模式,鼓励以资源变资本等方式多渠道筹措资金,实现存量资产价值最大化。充分撬动沿线文化、旅

游、物流、矿产等资源发展,深度参与综合开发,融入地方经济发展。一是实施公路建设+矿产资源综合开发。二是依托葡萄酒产业开发"交通+旅游"。三是实施农村公路资源路、产业路、路网联通路建设,服务乡村产业发展,同时吸收社会资本作为合作方参与捆绑项目建设,解决公路建设所需资金,推动农村特色产业发展进入快车道。

五、支持农村公路建管养

结合《自治区提升农村公路质量服务乡村振兴三年攻坚行动方案》,给予配套的政策、资金、技术和人员支持。改革农村公路管养体制,将农村公路发展纳入政府考核体系,进一步夯实各级政府在农村公路方面的支出责任。加大涉农资金对农村公路建设管养的投入力度,将农村公路建设管养项目优先纳入乡村振兴项目库。制定和完善农村公路养护技术政策、技术规范和养护管理办法,加强农村公路管理养护人才队伍建设。建立农村公路技术状况检测体系,推动市、县制定实施方案,将养护精准化落到实处。

本章参考文献

[1] 郭健.交通基础设施投融资机制改革的国际经验及启示[J].理论学刊,2019,6:68-74.

[2] 王秋金.交通基础设施投融资模式探索与思考[J].中国中小企业,2020,11:211-212.

[3] 马德隆.交通基础设施投融资改革与发展研究[J].中国物价,2021,1:35-39.

[4] 白涛.财税体制改革背景下交通基础设施投融资改革思路研究[J].交通财会,2022,2:41-47.

[5] 陈新忠,杨君伟,王铁铮.REITs模式在水利工程建设筹融资中的应用[J].水利财务与经济,2021,4:13-16.

[6] 杨彦伟.关于我国不动产投资信托基金(REITs)发展的探讨[J].中国总会计师,2022,1:125-127.

[7] 宫传凯.国内基础设施REITs基础资产发展探究[J].金融经济,2021:162-163.

[8] 鲁筱,叶剑平.我国REITs发展的关键路径研究[J].建筑经济,2022,43(1):11-18.

[9] 曹翔.高速公路行业融资新方向:基础设施公募REITs[J].交通财会,2021,(8):4-12+16.

[10] 崔敏,王婧,黄丽雅,等.我国交通基础设施领域投融资困境与REITs探索[J].公路,2022,67(1):291-294.

[11] 蓝玉涛,高睿晶,张天佑.投融资创新环境下交通基础设施建设与运输服务领域投融资模式的选择[J].公路交通科技(应用技术版),2019,15(1):1-3.

[12] 赵莹.探索交通基础设施建设最新的投融资模式[J].营销界,2021,34:100-101.

[13] 陈银娥,李鑫,尹湘.中国发展交通基础设施建设长期债券的思考[J].宏观经济研究,2020,2:154-164.

[14] 岳宇君,胡汉辉.国外城市ICT基础设施投融资机制及其对我国的启示[J].经济问题探索,2017,1:38-43.

第十一章 >>>

宁夏综合交通绿色发展的体制机制

经过多年的发展，宁夏铁路、公路、民航、水运等领域基础设施建设和运输服务品质得到了长足发展，综合交通运输体系已经基本适应经济社会发展的需求。面向未来，加快推进交通运输行业绿色低碳转型，需要进一步从规划、建设、运输组织服务等层面整合协调，尤其是改革创新综合交通行政管理体制、统筹协调机制、标准规范体系和农村公路养护管理体制，统筹铁路、公路、民航、水运等运输方式规划建设、运输服务和安全管理等工作，健全相关政策、制度，统一标准规范，推进跨部门、跨方式、跨层级的共建共治，支撑绿色综合交通体系建设。

第一节 完善综合交通行政管理体制

一、行政管理体制改革需求

一般来说，政府规模、结构、组织形态和管理方式是由政府职能决定的，政府职能规定了政府活动的基本方向、根本任务和主要作用。政府职能是政府依法对社会生活诸领域进行管理所担负的职责和功能，简单说就是政府能做什么。政府职能是行政管理的基础，政府职能决定了行政管理的范围、深度、广度和组织形式。2019年10月31日，中国共产党第十九届中央委员会第四次全体会议表决通过了《中共中央关于坚持和完善中国特色社会主义制度、推进国家治理体系和治理能力现代化若干重大问题的决定》，提出我国政府职能为经济调节、市场监管、社会管理、公共服务、生态环境保护五个方面。

体制改革是指克服发挥政府职能中的体制弊端，使各种体制适应社会主义现代化建设的需要。自1992年改革开放转型后❶，我国正式宣布进一步加快体制改革，以适应改革开放转型新形势。实施体制改革的目的是：加快建设服务政府、责任政府、法治政府。一是推进政府职能转变，按照政企分开、政资分开、政事分开以及政府与市场中介组织分开的原则，合理界定政府职责范围，加强各级政府的社会管理和公共服务职能。二是健全政府决策机制，健全科学民主决策机制，完善重大事项集体决策、专家咨询、社会公示和听证以及决策失误责任追究制度。改革开放以来，我国分别在1982年、1988年、1993年、1998年、2003年、2008年、2013年、2018年和2023年进行了九次国务院机构改革，历次改革主线始终清晰，即

---

❶ 在我国，1992年以前以计划经济为主体，1992年后实行经济改革，以社会主义市场经济为主体。

转变政府职能,机构改革的主要目标是建立大部门制。2013年第七次国务院机构改革后,交通运输部的职责为:统筹规划铁路、公路、水路、民航发展,加快推进综合交通运输体系建设。

推进行政管理体制改革,是激发经济发展和社会活力的重要手段,能够为经济社会发展提供坚实的保障。在我国社会主义市场经济发展过程中,政府调节作用的重要性日益凸显,不断改革行政管理体制能够更好发挥政府作用,不断增强市场在资源配置中的决定性作用,推动有效市场和有为政府更好结合。综合交通绿色发展是绿色生活方式的重要组成部分,我国交通运输已经进入高质量发展的新阶段,绿色交通体系建设将逐步转入以生命周期节能降碳为重点战略方向、实现生态环境质量改善由量变到质变的关键时期,需要通过体制改革完善交通运输低碳转型发展路径,大幅提升交通运输绿色发展水平,不断降低碳排放强度等,支撑和保障绿色交通体系建设,服务国家碳达峰碳中和战略。

经过多年的改革发展,宁夏综合交通运输体系建设取得了显著成效,但是仍存在不同运输方式间缺乏有效衔接和统筹发展、城乡交通运输发展不协调、相关部门间沟通协调机制不畅、城市交通管理"职能交叉、政出多门"、城市交通供需不平衡、行业管理"重项目、审批,轻宏观、协调;重管理、轻服务"等问题,交通运输作为现代化建设的开路先锋,是政府的重要组成部分,为了充分发挥基础性、先导性和战略性作用,解决上述问题,需要加快转变职能,深入推进交通行业政企分开、政资分开、政事分开、政社分开,简政放权,完善对交通运输行业的经济调节、市场监管、社会管理和公共服务职能,建设职能科学、结构优化、廉洁高效、人民满意的服务型交通运输行业主管部门,打破综合交通运输服务在推进均等化、普惠化过程中的体制机制藩篱,加快消除交通运输行业体制性、机制性、结构性矛盾,最大化释放综合交通运输体系支撑和引领作用。

当前,宁夏综合交通正进入需要更加重视各种运输协调发展的阶段,强调综合交通的高质量发展、系统规划建设的精准施策、建设时序的科学安排、综合服务高体验感的导向。在体制机制创新方面,应建立一体化交通运输管理体系,实行大部门制,构建"大交通"管理体制,统筹管理或协调全市综合交通运输工作。建议将自治区发展和改革委员会的地方铁路规划建设管理职责、指导协调铁路道口监护管理和综合治理等行政职能划入自治区交通运输厅,并实际负责综合交通运输体系规划、地方铁路建设职责。

二、行政管理体制改革思路

根据中央关于深化行政管理体制改革的总体部署,以建设服务型、责任型、法治型和廉洁型等政府部门为宗旨,以构建现代综合交通运输体系为目标,以政府职能转变为核心,按照"大部制"改革要求,统筹管理公路、铁路、民航、水运、邮政、城市交通等领域,加快建立一体化的综合交通管理体制机制,通过理顺职责关系,明确强化责任,优化组织结构,完善体制机制,推进依法行政,提高行政效能等路径,实现综合交通运输管理权责一致、分工合理、决策科学、执行顺畅、监督有力,为加快形成宁夏现代综合交通运输体系提供体制保障。深化体制以改革坚持以下几个原则:

(1)坚持以人为本。要把满足经济社会发展和人民日益增长的美好生活需要和不断提升的服务水平要求,作为交通行政管理体制改革的根本出发点和落脚点,着力解决人民群众最关心、最直接、最现实的交通问题,建立完善的交通运输行政管理体制,提供优质的运输服务。

(2)坚持统筹协调。要利于发挥交通运输对经济社会发展的基础性、战略性和先导性作用,利于统筹城乡和区域的协调发展,利于实现各种运输方式管理的相对集中和统一,促进各种运输方式相互衔接,发挥整体优势和组合效率,实现综合运输全过程、各环节的无缝衔接和一体化运行。

(3)坚持权责一致。交通行政管理机构职能的配置要在职权法定的基础上,实现权力和责任的统一,确保执法有保障、有权必有责、用权受监督、违法受追究,交通行政管理机构必须根据法律、法规赋予的执法手段行使权力,违法或者不当行使职权的,应承担法律责任。

(4)坚持转变职能。加快政府交通行政管理职能的转变,把不该由政府管理的事项转移出去,把应该由政府管理的事项切实管好,从制度上更好地发挥市场配置资源的基础性作用,更加注重政府提供交通公共产品和公共服务的职能,强化执行和执法监管职责,增强突发事件处置的能力,推进基本公共服务的均等化。

交通行政管理体制改革要做到理顺体制,必须明确交通行政管理职能设置,根据职能需要,设置必要的机构,明确其职责。结合我国行政管理体制改革总体思路,宁夏综合交通运输行政管理策略有以下几个方面:

(1)强化公共服务职能。交通基础设施领域的公共服务。加快建设综合交通运输网络,在整合既有交通基础设施的基础上,加强综合交通信息网络建设、构建能力充分、布局合理的综合交通运输网络。发挥各种运输方式的比较优势,促进各种运输方式的协调、有效衔接,促进运输过程一体化。

(2)加强监管职能。交通运输产品是"准公共产品",兼有"公共品"和"私人品"的特性,政府必须与市场一起参与运输资源的配置、运输产品的提供,并在共同提供运输产品时,使运输市场运作达到最佳效率与效益。要做好以下工作:交通基础设施领域的市场监管,如交通基础设施建设市场秩序的维持和管理、准入和退出管理、建设质量监管、反垄断、政策引导和扶持以及交通基础设施投资运营监管等;交通运输市场的监管,如运输市场的准入和退出管理、价格监管、服务质量监管、线路审批、政策引导和扶持等。

(3)突出规划职能配置。发挥规划的龙头作用,推动形成规划、建设、运营、管理一体化的综合交通管理体制。规划是交通发展决策活动的主要职能,是为实现新发展战略的总体谋划,是把战略目标与实施计划连接起来的纽带。是政府履行经济调节、市场监管、社会管理和公共服务职责的重要依据,要切实加强政府对规划的制修订及执行力度。交通宏观规划包括交通发展战略研究和发展规划制定。

(4)注重各种方式综合协调职能。加强综合运输政策、管理规章制定职能部门。从交通运输与经济、社会、资源、环境协调发展以及各种运输方式协调发展出发,制定相关法规,引导各种运输方式协调发展。进一步调整综合业务管理部门职能配置和组织机构设计,更好地适应综合运输发展要求。

在具体改革路径上,建议宁夏深入实施自治区、设区市和县(市)三级政府"一区一厅""一市一局""一县一局"的大部门制管理模式改革,统筹管理公路、水路、海事、铁路、城市客运、民航、物流和邮政,甚至城市道路和交管职责。各级交通运输管理机构承担促进各种交通运输方式的衔接、综合交通枢纽中各种运输要素的衔接、城市和农村交通运输的衔接等职责。强化决策、指导、协调与监督以及公共关系、应急管理等职能,将行政执行性事务交给专业管理机构。加强行业战略规划、综合规划、总体规划、布局规划。加强交通重点建设工程的监督管理、收费公路运营的监督管理、综合交通运输融资平台的建设与监督管理。承担协调和办理中央垂直管理的海事、民航、邮政、铁路管理机构及其他上级垂直管理机构的涉地工作职责。三级交通运输主管部门之间具有上级对下级的业务指导关系,各级机构对本级政府负责。

三、自治区综合交通改革策略

自治区层面的综合交通运输管理具有承上启下的作用,一方面传承中央交通运输管理体制机制,另一方面指导下级政府开展综合交通运输管理体制建设。2017年9月19日,宁夏回族自治区机构编制委员会印发《关于自治区交通厅承担行政职能事业单位改革涉及机构编制事项调整的通知》(宁编发〔2017〕54号),同意将原本由宁夏公路管理局、自治区道路运输管理局、自治区地方海事局等事业单位承担的行政许可事项回归厅机关相关处室;整合原本由宁夏公路管理局、自治区道路运输管理局、自治区地方海事局(自治区航道水运管理局、船舶检验局)承担的公路路政、道路运政、水上交通执法职能,组建宁夏交通运输综合执法监督局;撤销自治区地方海事局等相关单位,注销事业单位法人。本次改革针对自治区交通系统事业单位层级多、数量大、垂直管理等特点,将行政许可等职能剥离划归机关,将公路路政、道路运输、水上交通执法职能整合,组建统一的交通运输综合执法机构,进一步优化了交通系统内部的职能结构和组织结构。但是,这一轮综合交通管理体制改革完成后,自治区层面交通系统与其他行业部门之间仍存在权责不清的现象。一是不同运输方式及形态仍然分属不同的政府部门管理,仍然没有形成涵盖各种交通运输方式的大部门管理架构。铁路交通相关职能未纳入交通部门管理。从管理职责看,宁夏交通运输厅负责自治区公路、道路、水上交通管理职能,铁路交通的管理未被纳入其管理范畴。目前,自治区层面的铁路规划建设、铁路道口监护管理和综合治理等铁路行政职能仍属于自治区发改委。二是已划归交通运输管部门的职能与其他行业主管部门仍存在职权交叉。

交通发展规划职能与其他部门存在交叉。自治区交通运输厅职能包含拟订交通运输行业发展规划、年度计划并监督实施。在实际工作中,《宁夏回族自治区综合交通运输体系"十四五"发展规划》由自治区发改委牵头编制。

参照国务院机构改革的原则和方向,宁夏回族自治区层面应继续推进综合交通运输"大部制"改革,加快建立一体化的综合交通管理体制机制。将原交通运输厅负责公路、水路、城市客运交通的职责,以及地方政府其他部门负责地方铁路(包括城际轻轨)、民航机场、综合运输协调等职责,整合划入新的交通运输厅;同时由其负责协调中央垂直管理的海事、民航、邮政、铁路等管理机构的涉地相关工作。在自治区层面由交通运输厅统筹管理公路、铁路、民航、水运、邮政、城市交通、物流等领域,推动形成规划、建设、运营、管理一体化的综合交通管理体制,加快推动各种交通方式实现综合一体、服务协同、深度融合。打破区域和部门间的分散治理,大力推进"跨部门、跨方式、跨区域"协同共建共治,推动完善自治区交通运输厅与交通运输部及部管国家局之间的工作协调机制,形成政府善治、市场巧治、社会共治的长效机制,促进各种交通运输方式融合发展。

在管理职责方面。自治区交通运输厅负责拟订本省综合交通运输发展的总体规划、各种专项规划及分年度实施计划,并协调、指导和监督执行;负责统筹资金安排,严格审核、审批及许可,加强质量、安全和服务监管;指导交通运输基础设施的建设、维护和运营管理;指导和监督道路运输、水路运输、城市客运管理、铁路运输、民航运输、邮政及物流等;组织指导行政规费征收与稽查;指导规范各类行政执法等。

(一)宏观决策职能

根据地方经济社会发展需求,结合国土空间规划等,适时调整综合交通发展战略、拟定发展规划和政策,加强对交通系统的总需求和总供给的宏观调控;组织实施公路、铁路、水路、民航、邮政行业、城市交通、物流等规划、政策和标准,承担涉及综合运输体系的规划协调工作,促进各种运输方式相互衔接;集中精力实现对交通发展薄弱环节的突破、对关键部位的培育、对优先领域的开拓,在关节点上激发活力,引导交通运输与经济、社会、资源、环境全面协调可持续发展。

（二）公共服务职能

要不断加快建设综合交通运输网络，在整合既有交通设施的基础上，加强综合交通信息网络建设，构建能力充分、布局合理的综合交通网络；要不断提高综合运输领域的公共服务水平，充分发挥各种运输方式的比较优势，加快交通信息和资源的整合与共享，促进各种运输方式的协调衔接、运输过程的一体化发展，实现综合运输的"零换乘"和"无缝衔接"。

（三）市场监管职能

加强对交通基础设施领域和运输市场的监管力度，完善交通运输市场的运行准则，规范运输市场行为，保证市场的有序运行，强化政府的行政许可管理、有效监督和调控指导，而不是直接参与市场主体决策。

规范建设市场的准入和退出管理、建设质量监管等工作，同时要不断强化交通管理部门在反垄断和基础设施投融资、运营和维护养护过程中的监管职能。

完善运输市场的准入和退出管理、价格监管、服务质量监管、线路审批、政策引导和扶持及其政策法规和制度建设，实现政府与市场在运输资源配置、运输产品提供等方面的协同与分工，提高运输市场的运营效率和经济效益。

组织实施综合行政执法，规范和监督管理执法活动，负责全区公路路政、道路运政、水路运政、航道行政、地方海事行政、交通运输工程质量监督管理、交通运输安全生产监督管理等执法门类的行政处罚及与行政处罚相关的行政检查、行政强制等执法工作的监督指导。

（四）综合协调职能

包括各种交通运输方式的综合协调和可持续发展；交通运输财政、融资和票制票价的协调和管理；交通安全及交通环保工作的协调；交通建设和运输企业国有资产管理的协调。

四、城市级综合交通改革策略

参照自治区层面交通运输事业单位改革涉及机构编制事项调整工作，各地市也开展了交通运输行业事业单位改革，在组织架构上，基本上形成了"一个行政局，三个事业机构"的格局，即市级交通运输局一个政府组成部门，以及市级公路管理部门、交通运输综合执法部门和道路运输服务部门三个事业结构，除了执法机构统一命名和规范化建设外，另外两个事业机构的名称各有所不同。从职能设置上，五个地级市都实现了综合交通运输规划编制职能的划入，每个五年的综合运输体系发展规划和城市综合交通体系规划均由交通部门完成。

相对于省级综合交通管理职责来说，地级市综合交通运输管理工作将更加具体，在执行中央和省政府的政策时,更多任务是如何让政策开花结果,真正发挥作用。地级市除了具有省级交通运输管理部门的区域交通系统建设任务之外,还将在很大程度上承担城市内部综合交通运输体系的建设。可以说,地级市综合交通管理体制改革也是最能实现综合交通管理改革的示范区。目前来看,地级市综合交通管理方面也存在一定的问题,具体表现为:

(1)不同运输方式及形态仍然分属不同的政府部门管理,仍然没有形成涵盖各种交通运输方式的大部门管理架构。铁路交通和民航相关职能未纳入交通部门管理职责范畴,特别是银川、固原和中卫三个拥有机场的城市,以及五个城市均没有设置地方铁路和国家铁路协调职能。

(2)已划归交通运输管部门的职能与其他行业主管部门仍存在职权交叉。五个地级市的交通运输局均编制了综合交通运输体系"十四五"发展规划,但是五个城市中,仍有城市没有明确由交通运输部门进行主导编制,例如:吴忠市交通运输的职责之一是会同有关部门组织编制市区综合运输体系规划。

(3)随着城市化和机动化的快速发展,建设绿色出行体系、缓解城市交通拥堵将成为地级市,尤其是人口较多、土地资源有限的地级市重要交通职能之一;此外,如何优化各种交通运输方式的衔接,最大限度实现各种交通运输方式的综合效率,将成为地级市综合交通管理体制改革的重要取向,尤其是城市内道路和城市外公路的无缝衔接、综合交通枢纽内外的无缝衔接。

综上,地级市综合交通管理体制改革仍需继续深化,地级市交通运输主管部门的管理职责应当确定为:贯彻执行国家、省级各种交通运输规划计划,细化分解并组织落实;承担高速公路、国省道、城市道路、地方航道、地方铁路等建设、维护、运营的属地事务管理;承担市本级港口、机场、综合交通枢纽的建设、维护、运营的行业管理责任,并组织与监督行政执法;组织与监督市本级城市客运的行业管理,拟订并指导、协调和监督执行城乡交通一体化的政策措施;指导和监督本地道路运输管理、水路运输管理、行政规费征收与稽查;依法定权限负责组织与监管本级各类行政执法;协调县(市)级交通运输主管部门的工作。

(一)宏观决策职能

根据地方经济社会发展需求,结合国土空间规划等,制定、调整综合交通发展战略规划和政策,加强对交通系统的总需求和总供给的宏观调控;承担涉及综合运输体系的规划协调工作,促进各种运输方式相互衔接;引导交通运输与经济、社会、资源、环境全面协调可持续发展。

(二)公共服务职能

市域综合交通运输网络建设、综合交通信息网络建设;提高综合运输领域的公共服务水平,充分发挥各种运输方式的比较优势,加快交通信息和资源的整合与共享,促进各种运输方式的协调衔接、运输过程的一体化发展,实现综合运输的"零换乘"和"无缝衔接"。

(三)市场监管职能

加强对交通基础设施领域和运输市场的监管力度,完善交通运输市场的运行准则,规范运输市场行为,保证市场的有序运行,强化政府的行政许可管理、有效监督和调控指导,而不是直接参与市场主体决策。规范建设市场的准入和退出管理、建设质量监管等工作,完善运输市场的准入和退出管理、价格监管、服务质量监管、线路审批、政策引导和扶持及其政策法规和制度建设。

(四)综合执法职能

城市道路和公路、道路运输、水路运输、海事及交通环保等交通行业的综合行政执法职能,按照执法分工范围依法履行交通行政处罚、行政监督检查和行政强制措施等执法职能。

(五)综合协调职能

包括各种交通运输方式的综合协调和可持续发展;交通运输财政、融资和票制票价的协调和管理;交通安全以及交通环保的协调;交通建设和运输企业国有资产管理的协调。

(六)缓解城市交通拥堵

通过制定综合交通发展规划、出台交通需求管理政策和城市交通引导城市发展策略等,制定缓解城市交通拥堵的政策,并实施政策和措施,监督实施效果。

县级市、县可以参考地级市综合交通管理体制机制实践,开展综合交通管理体制改革,构建"大部制"管理模式,建立综合协调机制,推进辖区内综合交通安全、便捷、绿色、高效、经济、包容、韧性发展。

第二节 优化综合交通协同管理机制

交通运输治理体系和治理能力就是交通运输行业的制度安排和制度执行力,深化综合交通运输改革的总体目标,就是要实现交通运输治理体系和治理能力的现代化。其中,行政管理体制建设是基础,综合协调机制是关键,建立跨部门协调机制仍是解决综合交通运输问题的重要途径和方式。

综合协调机制是指行政主体为达到一定的行政目标而引导行政组织、部门、人员之间建立良好的协作与配合关系,以实现共同目标的行为。随着政府管理职能的调整,行政组织内部的职能分工也越来越细化,交通运输更是如此,需要建立起一整套机关内外部协调机制,为实现综合交通运输服务现代化,需要建立城市交通运输主管部门内部、上级部门及其与城市发改、建设、规划、财政、公安等部门的协调机制,充分发挥各种运输方式行业主导部门、各类相关行业主管部门的积极性,促进协同共赢。

国内城市十分重视通过建立跨部门协调机制来解决实际问题,通过建立交通运输系统内部、交通运输系统与外部系统、交通系统各行政层级之间的协调机制,解决综合交通运输发展过程中的重大问题,取得了显著成效(表11-1)。

国内省市建立的综合交通协调机制 表11-1

序号	省、市	协调机制
1	北京	北京市为全面推进京津冀区域交通一体化协同发展,不断改进提升综合运输服务,北京市交通委会同民航华北局、北京铁路局、北京市邮政管理局、北京市气象局,积极探索建立北京市综合运输服务工作机制,通过建立日常的沟通联系机制、专项工作会商机制、信息交换共享机制、安全应急保障机制,来加强市交通部门与民航、铁路、邮政、气象等部门的工作融合与衔接
2	上海	上海市在决策协调层面,形成了联席会议、办公室、领导小组等形式的议事决策平台约60个,其中在省、直辖市层面有长三角地区合作与发展联席会议,在市级层面有交通协调保障联席会议、静态交通领导小组、交通节能减排联席会议、道路安全联席会议、内河水运发展领导小组、推进公交优先发展联席会议、地方海事机构与水上公安机关联动联勤协作会议等,行业管理层面还有大量一事一议的协调平台;在执行层面,依据市、区(县)两级交通管理体制,界定了两级政府在规划、建设、运输、组织和执法等方面的分工和责权范围,在具体管理上形成了并联审批、联勤联动等工作机制。上海、苏州两地还建立了综合交通对接工作机制
3	江苏省	江苏全省积极推动综合交通运输规划体制机制改革创新,围绕推动规划纵向协同、横向融合,在全国率先建立省市县三级交通规划协同机制,打破了传统各运输方式相对独立的规划思路,推动了规划在市县的落地见效
4	深圳	深圳市为保证城市总体规划、土地利用规划与综合交通运输体系规划及各交通专项规划的协调,建立了规划双审查机制。对于综合交通运输体系规划,由市规划和国土资源委员会与市交通运输委员会联合委托规划机构来编制;交通专项规划中涉及土地使用的部分需要通过规划部门的审查,规划部门编制的规划中涉及交通的部分需要通过交通部门的审查。这种"双审查"机制有力地保证了交通相关规划的合理性。此外,还建立了市交通拥堵治理联席会议机制

续上表

序号	省、市	协调机制
5	南京	南京市为有效推进"公交都市"建设工程,专门成立了由市长任主任,相关副市长任副主任,相关市属局委办、区政府和企业主要领导任委员,办公室日常工作由市交通运输局承担的"城市公共交通委员会",负责研究制定全市"公交都市"建设规划、计划,出台相关重大政策、扶持措施,建立市、区和部门联动综合保障机制,统筹协调解决城市公共交通发展过程中的重大问题
6	杭州	杭州市为解决日益严重的交通拥堵问题,成立了由市政府主要领导担任组长,分管副市长担任副组长的"杭州市治理城市交通拥堵工作领导小组",负责协调城市拥堵治理的各项工作措施的推进和落实

对于在短时间内通过体制改革无法解决的实际问题,鼓励省级、市级、县级等政府结合自身实际,通过创新协调机制来解决,归纳起来,可以建立如下几种类型协调机制,打破区域和部门间的分散治理,大力推进"跨部门、跨方式、跨区域"协同共建共治,促进综合交通运输体系的协调发展。

(1) 推动完善自治区交通运输厅与交通运输部及部管国家局之间的工作协调机制,尤其是对接各类国家级交通基础设施规划、立项、建设、管理等工作,以及综合交通枢纽、多式联运、综合运输服务等方面的先行先试。

(2) 建立沿黄城市群综合交通运输协同发展机制,统筹推进银川、石嘴山、吴忠、中卫、固原等地级市在综合交通基础设施、运输服务、安全监管、综合执法等方面的工作;完善跨区域的交通、气象、公安、环保等不同部门之间的协同机制,共同解决普遍性和基础性区域综合交通发展问题,以及突发性区域交通安全问题等。

(3) 推动完善自治区层级、设区市层级、县(市)层级之间的工作协调机制,一方面对接国道、铁路等重大交通基础设施布局和建设,以及开展跨区域运输服务对接;另一方面,对接省道、农村公路设施一体化,以及交通行业大数据互联互通和协同管理等工作。

(4) 推动完善不同交通运输方式之间的衔接机制,坚持零距离换乘和无缝衔接的原则,强化综合交通枢纽内不同方式之间在运力匹配、时间衔接等方面的工作。再者,按照绿色交通体系建设的要求和趋势,逐步优化铁路、公路、民航等不同方式的运输结构,力求更加绿色化。

(5) 推动完善交通、气象、公安、环保等不同部门之间的协同机制,通过建立日常的沟通联系机制、专项工作会商机制、信息交换共享机制、安全应急保障机制,加强交通部门与其他部门的工作融合与衔接,尤其是开展重大风险防范、安全应急救援、重大活动联动等工作。

第三节 健全绿色交通发展标准体系

行业综合监管是综合交通管理体制改革的重要方向和任务之一，加强综合交通运输行业综合监管，是交通运输主管部门的重要职责，这就要求加强行业管理相关制度、法规、标准规范建设，尤其要充分发挥标准化在推进治理体系和治理能力现代化中的基础性、引领性作用，以及保证行政执法的透明和公正，为交通运输行业提供基本、可靠的保障。

宁夏回族自治区十分重视标准化建设，2022年印发了《宁夏回族自治区推动高质量发展标准体系建设方案（2021年—2025年）》，以推动高质量发展为目标，优化标准供给结构，夯实质量安全标准底线，打造标准化示范工程，加快建设引领全区高质量发展的标准体系，更好地发挥标准化在推动产业发展、促进科技进步、规范社会治理中的引领、支撑作用。

一、成立综合交通标准规范建设机构

落实《宁夏回族自治区交通运输厅关于推进交通运输治理体系和治理能力现代化的实施意见》（宁交办发〔2021〕30号）工作安排，成立宁夏交通运输标准化技术委员会，承担提出交通运输领域标准化工作的政策和措施建议、编制交通运输重点领域标准体系、组织开展标准宣贯等工作职责。

（1）科学建设委员队伍，在参与单位上尽可能涵盖科研院所、高等学校、重点企业、行业管理部门，交通方式上要涵盖公路、铁路、民航、城市交通、交通管理等领域，此外，吸收国家和行业标准化委员会的委员进入，以便及时了解掌握、传达交流最新的国家政策和标准化建设。

（2）完善标委会制度建设。根据《中华人民共和国标准化法》《全国专业标准化技术委员会管理办法》等法律和制度文件，参照国家和行业标准化技术委员会建设经验，建立健全宁夏交通运输标准化技术委员会规章制度，包括标准化技术委员会章程、秘书处工作细则等。

（3）做好标委会工作计划。结合绿色交通运输体系建设需要，参照《综合交通运输标准体系》《绿色交通标准体系》《道路交通管理标准体系》，编制符合宁夏交通运输发展需求的绿色交通发展标准体系。制订年度标准立项、制修订、复审、宣贯培训等工作计划，按计划推进各项工作，确保取得实效。

二、研究制定宁夏绿色交通标准体系

按照"七绿一治"推进宁夏绿色交通体系建设的原则,即绿色规划、绿色建设、绿色维护、绿色工具、绿色管理、绿色服务、绿色修复、污染防治,积极建设覆盖全环节全生命周期绿色化交通发展的标准体系,进一步推动交通运输领域节能降碳、污染防治、生态环境保护修复、资源节约集约利用方面标准补短板、强弱项、促提升,加快形成绿色低碳运输方式,促进交通与自然和谐发展,为助力黄河流域生态保护和高质量发展先行区建设提供有力支撑。

标准体系建设要适应加快建设交通强国的需要,发挥基础保障作用;坚持人与自然和谐共生的原则,强化标准间相互协调、相互补充;重点领域和关键环节集中发力,加快推进服务碳达峰碳中和目标、深入"打好污染防治攻坚战"的重点标准供给;注重科技创新成果转化为标准的进程,促进节能环保新技术、新设备、新材料、新工艺等方面标准的有效供给。

宁夏绿色交通标准体系主要包括综合交通运输、公路和水路领域与绿色交通发展直接相关的技术标准和工程建设标准,以及优化交通运输结构、促进绿色交通出行所涉及的综合交通运输和城市客运服务标准。标准的设置充分体现新能源与清洁能源应用、能耗能效、碳排放控制、节能设计与管理、核算与监测,以及大气污染防治、水污染防治、噪声污染防治、固体废弃物处置和船舶污染物综合排放等方面内容,此外,还包括环境保护技术、生态环境修复等标准。

标准体系包括基础通用标准、运输服务标准、工程设计标准、信息化标准、安全应急标准、统计评价标准、运输装备和产品标准,以及其他相关标准。其中,基础通用标准包括术语和绿色低碳评价两个方面。运输服务标准主要包括客运服务标准(综合客运枢纽、旅客联程联运)、货运服务标准等。工程设施标准主要包括综合客运枢纽、综合货运枢纽和复合通道及交叉设施的技术标准。信息化标准主要包括客运服务(客运枢纽、旅客联程联运)、货运服务(货运枢纽、货物多式联运服务)等标准。安全应急标准主要包括旅客联程联运和货物多式联运过程中的客运、货运安全应急相关标准。统计评价标准主要包括综合交通运输统计、评价、监督考核相关技术标准。运输装备和产品标准主要包括载运工具标准、装载单元标准、换装换乘设备标准和邮政业产品装备标准。其他相关标准主要是相关标准化技术委员会已制定的与绿色交通运输相关的其他标准。

三、开展重点领域标准研究制定工作

(一)交通基础设施领域

公路工程新技术、新材料、新工艺中的应用标准规范。综合交通枢纽建设规范;综合客运枢纽无障碍环境建设、综合货运枢纽换装设施设备配置要求；邮政快递末端综合服务场所设计指南等。公路绿色建造养护、公路碳减排计量方法、公路服务设施设计等领域标准规范。农村公路安全设施设计细则；农村公路技术状况评定标准、农村公路数字化管理技术要求；农村物流共同配送中心建设规范等。

(二)运输装备与服务领域

冷藏保温车选型技术要求；新能源营运车辆选型、配置要求与维护修理规范；智能集装箱、交换箱等运载单元设备标准；无人车、智能仓储和分拣系统技术要求；自动驾驶营运车辆安全技术要求；冷链运输单元、快递循环包装箱技术要求等。旅客联程运输服务质量要求、客票服务系统建设要求；旅客行李直挂装载转运装备技术要求和装载转运操作规程；联运旅客行李电子射频标签数据规范；适老化出行服务规范。"互联网+应用"、物联网、人工智能等领域在交通运输领域融合的标准规范。

(三)加快完善城乡客运一体化法规和标准规范体系

围绕《道路运输条例》法规，研究应用城市公共交通线路延伸相关标准规范实施，公交化运行的城际客运和农村客运管理标准规范，为城乡客运一体化发展提供标准规范依据。城乡客运一体化规划建设、线路开设、调整和撤销、评估考核、退出运营等方面的标准，推进全区各市执行统一标准，完善城乡道路客运一体化标准规范体系，为城乡客运一体化规范化发展提供依据和保障。

第四节 改革农村公路养护管理体制

在自治区交通运输厅和人事厅等部门的指导下，地级市、县(市、区)加快开展农村公路养护管理体制改革，把农村公路管理纳入各级政府的职责范畴，纳入交通主管部门的行业管理，合理划分农村公路的管理层次和管理权限，建立适宜的农村公路管理运行机构，统一运行机构相关人员的待遇标准，将运行机构和人员经费纳入本级公共财政预算，加大履职能力建设和管理养护投入力度，确保相关人员收入稳定，待遇不滑坡，增强养护管理人员的工作积极性，各层级建立好与本级政府相关部门的协同管理机制。

紧紧围绕实施乡村振兴战略、统筹城乡发展和推进农业农村现代化，认真落实习近平总书记关于"四好农村路"的重要指示精神和党中央、国务院决策部署，深化农村公路管理养护体制改革，加强农村公路与农村经济社会发展统筹协调，形成上下联动、密切配合、齐抓共管的工作局面,推动农村公路高质量发展,为加快推进农业农村现代化提供更好保障。

(一)积极稳妥开展市、县农村公路养护管理体制改革

落实《国务院办公厅关于深化农村公路管理养护体制改革的意见》(国办发〔2019〕45号)中关于"将农村公路养护资金及管理机构运行经费和人员支出纳入一般公共财政预算"的要求,在自治区交通运输厅和人事厅等部门的指导下,地级市、县(市、区)加快开展农村公路养护管理体制改革,把农村公路管理纳入各级政府的职责,纳入交通主管部门的行业管理,合理划分农村公路的管理层次和管理权限,建立适宜的农村公路管理运行机构。

(1)自治区、市级人民政府加强统筹和指导监督。自治区人民政府制定相关部门和市、县级人民政府农村公路管理养护权力和责任清单,强化统筹和政策引导,建立健全规章制度,筹集养护补助资金,加强养护管理机构能力建设指导,对市、县级人民政府进行绩效管理。

(2)县级人民政府履行主体责任。县级人民政府要按照"县道县管、乡村道乡村管"的原则,建立健全农村公路管理养护责任制,明确相关部门、乡级人民政府农村公路管理养护权力和责任清单,并指导监督相关部门和乡级人民政府履职尽责。

(3)发挥乡村两级作用和农民群众积极性。乡级人民政府要确定专职工作人员,指导村民委员会组织好村道管理养护工作。村民委员会要按照"农民自愿、民主决策"的原则,采取一事一议、以工代赈等办法组织村道的管理养护工作。鼓励农村集体经济组织和社会力量自主筹资筹劳参与农村公路管理养护工作。

(二)统一运行机构相关人员的待遇标准

按照"有路必养、养必到位"的要求,将农村公路养护资金及管理机构运行经费和人员支出纳入一般公共财政预算,加大履职能力建设和管理养护投入力度。统一运行机构相关人员的待遇标准,做到公平公正,并将运行机构和人员经费纳入本级公共财政预算,加大履职能力建设和管理养护投入力度,确保相关人员收入稳定,待遇不滑坡,增强养护管理人员的工作积极性,最终形成自治区、地级市、县(市、区)三级结构合理、对口顺畅的管理体系。在此基础上,各层级建立好与本级政府相关部门的协同管理机制,进一步夯实农村公路的监管基础。

(三)加强农村公路管理养护人才队伍建设

加大培训力度,提高管理养护人员工作水平;加快完善县、乡、村三级路长制,各级路长负责相应农村公路管理养护工作,建立"精干高效、专兼结合、以专为主"的管理体系,实现政府统筹、行业指导、部门联动、齐抓共管的农村公路管养格局。

本章参考文献

[1] 汪光焘,陈小鸿,叶建红,等.城市交通治理现代化理论构架与方法初探[J].城市交通,2020,95(2):1-14.

[2] 姜彩良,龚路阳.我国交通运输管理体制改革[M].北京:人民交通出版社股份有限公司,2020.

[3] 荣朝和.关于我国尽快实行综合运输管理体制的思考[J].中国软科学,2005,(2):10-16.

[4] 吴昊.论交通运输综合化的发展趋势[J].综合运输,2009,334(6):4-8.

[5] 王先进,杨雪英.国外交通行政管理体制[M].北京:人民交通出版社,2008.

[6] 刘淑妍,张斌.中国城市交通治理现代化转型的思考[J].城市交通,2020,94(1):59-64.

[7] 张晓春.协同治理与品质提升—超大城市交通治理的思考[J].交通与运输,2018,199(5):1-3.

[8] 戴长征.中国国家治理体系与治理能力建设初探[J].中国行政管理,2014(1):2.

[9] 俞可平.衡量国家治理体系现代化的基本标准—关于推进"国家治理体系和治理能力的现代化"的思考[J].党政干部参考,2014(1):3.

[10] 刘淑妍,张斌.中国城市交通治理现代化转型的思考[J].城市交通,2020,18(1):6.

[11] 高峻.基于整体性治理的中心城市交通管理体制创新[D].武汉:武汉大学,2011.

[12] 于珊.深圳市交通运输行业一体化管理体制研究[D].大连:大连海事大学,2012.

[13] 林家彬,张同林.创新和完善城市社会治理研究[M].北京:经济科学出版社,2017.

[14] 王慧娇.论我国有限政府的构建[J].法制与社会:旬刊,2015.

[15] 唐晓天.江西安远:多措并举深化农村公路管理养护体制改革[J].当代农村财经,2022(3):66.